고전식탁

세상관찰자 **서부국** 지음

닦어내고 우려낸 지혜와 사색의 맛집

함향

고전식탁

초판 2022년 9월 20일
2쇄 2023년 4월 15일

글	서부국
펴낸이	임규찬
펴낸곳	함향 출판등록 제2018-000007호
주소	부산광역시 동래구 명륜로69 상가동 1001호
E-mail	phil8741@naver.com
블로그	blog.naver.com/hamhyangbook
편집디자인	씨에스디자인
인쇄	인쇄출판 유신

글 ⓒ 서부국

ISBN 979-11-978814-2-8
가격 : 17,000원

도서출판 함향은 함께 향유합니다.
차례는 마지막 쪽에 있습니다. 책의 실용성을 강화했습니다.

들어가는 글

30여 년 신문기자로 일하며 밥그릇을 얻었습니다. 책 읽고 글 쓰는 시간이 많았는데 직업상 하다 보니 지적 영양이 오롯이 제게 오진 않더군요. 퇴직할 날이 다가왔습니다. '그 영양소 제대로 먹어 봐야겠다.' 막연해 보였던 결심이 퇴직 후 실천을 낳았습니다. 동서양 고전 문학 작품 읽기와 쓰기.

새삼 깨달았습니다. 거작을 써낸 작가들은 한결 같이 거인이라는 걸. 그들의 뼈는 이중 구조였습니다. 보통 인간이 갖추는 골격과는 달라 보입니다. 눈에 보이지 않는 다른 뼈 조직이 있는 겁니다. 성장판이 닫히고, 이 세상을 떠난 후에도 이건 계속 성장합니다. 영양을 보내는 건 그들이 이 세상에 내보낸 책이죠. 긴 세월, 세계 각국에서 그 책을 읽는 이가 책장을 넘길 때마다 영양이 흘러 나와 작가의 뼛속으로 날아듭니다. 그들이 어떻게 거인이 됐는지 아시겠지요.

이들 거인은 혼자만 몸을 불리지 않습니다. 독자와 함께 향유하지요. 독자를 눈으로 먹게끔 하는 식탁으로 불러냅니다. 이름하여 '고전 식탁'입니다. 저도 그 성찬을 먹으며 살을 찌웁니다. 제가 받아본 밥상 중 지적 영양이 알차다고 느꼈던 걸 소개합니다.

먹거리를 원산지별로 볼까요. 국내외 명작을 아울러야겠지요. 신토불이랬으니 우리 작품 먼저! 우리 고전·서양 고전·인문 고전·역사 고전·과학 고전. 한 밥상에 5권의 고전을 올렸습니다. 이렇게 일곱 번 밥상을 차렸습니다. 이제 그 식탁에 여러분을 초대합니다.

일곱 식탁에 차례로 앉아 성찬을 즐기셨다면 할 일이 하나 남았습니다. 이제 그 맛을 떠올리며 글을 적어 보는 겁니다. 서평이 되겠지요. 독서는 글쓰기로 연결돼 호모 부커스는 호모 스크립투스가 됩니다. 이쯤 되면 스스로 '군침 도는 고전 식탁'을 차릴 수도 있겠네요. 그렇게 된다면 그 식탁에 누굴 초대하시겠습니까? 우아한 시간을 만들어 보세요.

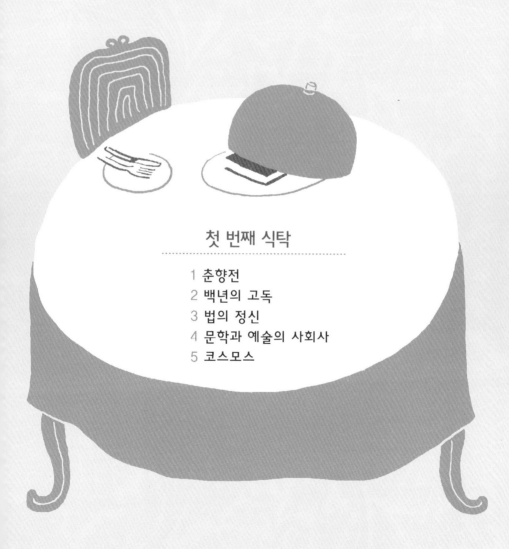

첫 번째 식탁

고전식탁

춘향전

작자 미상

「춘향전春香傳」은 위험한 책이다. 우리나라를 대표하는 고전이라며 일독을 권했을 때 상대방이 발칵 역정을 낼 확률이 높아서 그렇다. "아, 내용을 다 아는디 뭐 땀시 읽어라 그라요?" 읽어 본 이는 물러서지 않는다. "테레비에서 본 게 다가 아니랑께." 솔깃한 상대방이 「춘향전」을 읽게 되었다면? 춘향의 매력에 푹 빠진다, 틀림없이. '테레비'에서 봤던 그녀가 아니네! 책을 읽은 이는 눈부시다. 우리 문학 성좌에서 첫 번째로 빛나는 별을 만나서다.

고전, 읽기 힘들다는 꼬리표를 달았다지만 「춘향전」은 예외다. 만남-이별-재회라는 간결한 서사, 선善이 완승하는 해피엔딩. 속이 뻥 뚫린다. 요즘 같은 스트레스 사회에서 이만한 청량음료가 없다. 원작자를 모르는, 조선 숙종 이후 탄생한 춘향전이 우리나라 고전 중 차지하는 위치는? 단연 앞자리다. 그 저력은 이렇다. 우선, 소설로서 이룬 성과가 압권이다. 이본異本, 기본 줄거리는 비슷하면서 세부 내용이 다른 책이 120여 종에 이른다는 사실만 봐도 그렇다. 백 개 넘는 얼굴을 가진 한국 고전계 여신이다. 시대를 담아내는 유연한 몸을 자랑한다. 전승 설화에서 출발해 판소리 →소설→공연·영상물로 장르를 갈아탔다. 오늘날 우리는 「춘향전」을 종합 예술로 만난다. 재생산하는 맥박이 힘차다. 창극·영화·오페라·연극·뮤지컬 같은 다양한 장르에서 환영받으니 국민 문학작품이라 부를 만하다. 「춘향전」은 〈카르멘〉처럼 세계무대에서 주목받을 역량을 갖춘 우리 고유의 문화자산이다. 아직 그 쓰임새를 읽어내지 못하는 점은 아

성춘향과 이몽룡은 남원 광한루에서 처음 만나 서로 한눈에 반한다

쉽다.

이본이 많다는 건 개작이 널리 이뤄졌다는 방증. 인쇄술이 보급되기 전 서적은 필사筆寫돼 읽혔다. 이 과정에서 서사의 변형이 일어난다. 필사자가 자기 입맛대로 슬쩍 가필한다. 당대 민심이나 사회상을 반영해 분위기를 달리한 경우도 보인다. 「춘향전」 저술에 참여한 작가가 한둘이 아니다. 이런 고전은 서양에도 없다.

「춘향전」은 익살소설. 땅이 꺼져도 웃을 줄 아는 우리 선조를 만난다. 웃는 민족은 강하다. 꼼꼼히 살펴보면 이 소설엔 근엄하고 무게 잡는 양민이 없다. 위선을 걷어찬다. 이본 속 춘향은 단아하기는커녕 아주 욕쟁이다. 몽룡은 어떨까. 좀 모자란 양반 도령 그 자체다. 제 욕심 채우려고 몸종 방자와 너나들이서로 너니 나니 하고 부르며 허물없이 말을 건넴. 또는 그런 사이를 해도 부끄러운 줄 모른다. 암행어사로 출두할 땐 좀 멋있긴 하다. 그런데 그까지다. 거지 행색이었던 자신을 홀대한 기생에 앙심을 품는 걸 봐선 대인은 아니다. 명색이 어사인데! 인간 냄새가 나서 정이 가긴 한다.

　못난 수령 변학도는 욕을 많이 먹지만 사실 춘향전에 이바지하는 공이 크다. 깨지는 만큼 춘향과 몽룡이 돋보이니까. 몽룡과 백년가약을 맺은 춘향에게 수청을 강요한 변학도는 말싸움에서 박살 났다. "충신불사이군忠臣不事二君이요, 열녀불경이부烈女不更二夫라 했더이다. 충신은 두 임금을 섬기지 않고, 열녀는 두 지아비를 섬기지 않는다고 했거늘 백성의 지아비인 수령께서 어찌 수청을 들라 합니까." 춘향의 논리에 반박할 틈이 없다. 조선의 첫 번째 윤리 이데올로기를 부정하는 순간 천하의 개차반이 될 판이다. 변학도가 졌다. 똑똑한 기생 춘향. 열녀 이데올로기를 내세워 심신을 지켰다 이본 속 춘향은 속으로 '열녀 정절은 개뿔'이라고 코웃음 쳤을지도 모르지만. 변학도는 적당한 욕망은 인생에 활력을 주지만 제어 못 하면 제 무덤을 파게 된다는 교훈을 증명한 인물이다.

「춘향전」은 뮤지컬과 연극 같은 다양한 장르로 변신한다. 변학도 앞에 관기들이 나와 얼굴을 선보이는 장면

「춘향전」에는 이처럼 당대 병폐를 풍자한 대목이 많다. 고단한 삶을 웃음으로 달래야 했던 백성이 떠올라 가슴이 짠해진다. 조선은 철저하게 신분을 따지는 계급 사회였다. 양반과 상민의 긴장을 녹일 해방구를 통치자는 살폈을 터이다. 이 고전은 그런 점에서 윗사람 구미에 맞았다. 위선에 능한 양반을 등장시켜 평민의 속을 확 뚫어줬다. 지배계층은 사회 불만을 묽게 만드는 효과를 아는지라 "애헴 고약한지고"하면서도 넘어가야 했다. 이 고전에는 조선 후기 사회의 차별·비리·욕망·절망이 드러난다.

「춘향전」을 읽으면 어디선가 창이 들려온다. 판소리계 소설이기 때문이다. 소리 나는 문장이다. 조선 후기숙종 말~정조 판소리 〈춘향가〉가 문자로 모습이 달라졌다. 「춘향전」 활자는 음표 같다. 책에서 튀어 오른다.

"춘향이가 그제야 못 이기는 모습으로 겨우 일어나 광한루 건너갈 제, 대명전大明殿 대들보의 명매기 걸음으로, 양지陽地 마당의 씨암탉 걸음으로, 흰모래 바다의 금자라 걸음으로, 달 같은 태도 꽃다운 용모로 천천히 건너간다. 월越나라 서시西施가 배우던 걸음걸이로 흐늘흐늘 건너온다."

춘삼월 광한루에서 그네를 뛰는 춘향을 보고 한눈에 반한 몽룡. 방자에게 그녀를 데려오라고 명한다. 박속 같은 흰 살결이 창공을 배경으로 드러났으니 몽룡이 눈멀었다. 부름을 받은 후에 미래 낭군을 향해 아장아장 다가가는 아리따운 16세 춘향. 예쁘장스레 걷는다. 명매기귀제비 걸음, 씨암탉 걸음, 금자라 걸음. 윤슬처럼 반짝이는 우리말이다. 현대 한글로 푼 춘향전에는 이처럼 조선 후기 전라지역 백성들이 사용했던 언어가 흐른다. 청처지다아래쪽으로 살짝 늘어지다 모모이면면이 날진길들이지 않은 야생 매로 별칭이 날지니·산지니. 집에서 기르는 매는 수진·수지니·보라매라 불렀다. 엄급급여율령사파쐐귀신을 쫓는 주문. 되살려내고픈 고운 우리말이다.

「춘향전」은 속담도 새로이 만들어냈다. '춘향이가 인도환생人道還生했나'. 죽었던 춘향이 인간 세상에 다시 태어났다는 말. 정절이 굳센 여인을 이른다. '춘향이네 집 가는 길 같다'. 찾아가는 길이 복잡할 경우를 비유한 속담이다. 광한루에서 춘향을 만난 몽룡이 어디 사는지를 물었다. 춘향이 골탕 먹인다고 일부러 복잡하게 설명하는 대목에서 비롯됐다. 제2 주인공들인 몽룡·향단·방자·월매·변학도를 끌어댄 속담은 통용되지 않았다.

이 고전은 제목 그대로 춘향이 우위인 소설이다. 그녀가 몽룡을 골랐다. 첫날밤을 보내기 전 노래와 문답을 하면서 몽룡의 머릿속 무게를 재본 후 신랑감으로 받아들였다.

「춘향전」 속엔 영호남이 맞서는 흔적이 보인다. "사람이 나도 산세를 좇아 나느니라. 경상도는 산이 험준하여 사람이 나도 우악하고, 전라도는 산이 촉하기로 사람이 나면 재주 있고, 충청도는 산세가 유순하여 사람이 나면 유순하고, 경기도 삼각산은 범이 걸터앉고 용이 웅크린 산세라 사람이 나면 유순하고도 강직하니, 알자 하면 아주 알고 모르자면 정주딘 것 상관없이 칼로 베고 소금을 뿌리느니라." 방자가 춘향을 몽룡에게 데려가려고 겁주는 대목이다. 영남인을 대놓고 깎아내리면서 호남인은 치켜세웠다. 영호남을 가르는 지역주의 냄새가 난다. 일부 고사본古寫本. 손으로 베껴 써 옛날부터 전해 오는 책 저자나 필사자가 전라도 출신이었을까.

「춘향전」은 인간의 욕망과 심리를 따라간다. 맛난 음식과 비싼 가구를 갖고 싶은 욕심, 미인을 첩으로 두려는 사대부 욕정, 인생 반전을 신분 세탁으로 얻으려는 승부수, 충돌하는 정절 이데올로기와 자유 연애관, 경제력을 가진 중간 계층이 등장해 흔들리는 양반 신분제…. 지역 분권에 관심을 둔 독자라면 춘향전 속에서 수도를 중심으로 한 일극 체제가 보이는 독선을 잡아낸다. 당찬 춘향도 별수 없다. 모진 형벌을 당한 후 칼을 쓰고 옥에 갇히자 '한양' 쪽만 바라본다. 수도 이름만 바뀌었을 뿐 지금도 이 나라는 서울 중심으로 굴러간다. 지역 청년들은 여건만 되면 고향을 떠난다. 여주인공이 첫사랑을 지킨 대가로 한양 입성권을 얻고 정렬부인조선 시대 정조와 지조를 굳게 지킨 부인에게 내리던 칭호에 봉해져 육 남매를 낳아 명문 가문을 일군다는 '춘향전 신화'가 이어지는 셈이다. 춘향이 고향으로 돌아와 지역을 일군다면 좀 좋은가.

「춘향전」을 살짝 꼬집어보았다. 싫든 좋든, 바람직하든 않든 간에 이 고전은 이 땅 위에서 지금까지도 이어지는 적나라한 욕망을 까발린다. 그 모습이 궁금한 이가 「춘향전」을 펼친다.

＊읽고 인용한 책 : 「춘향전」 송성욱 풀어 옮김, 민음사·「이고본 춘향전」 성현경 풀고 옮김, 보고사

- 색色다른 이본 춘향전

조선 시대 「춘향전」은 '19금禁'이었다.

"애고, 망측해라. 제미× 개×으로 열두 다섯 번 나온 녀석, 눈깔은 얼음에 자빠져 지랄 떠는 소 눈깔같이, 최 생원의 호패 구녁같이 똑 뚫어진 녀석이, 대가리는 어러동산에 무른 다래 따먹던 덩덕새 대가리 같은 녀석이, 소리는 생고자 새끼같이 몹시 질러 하마터면 애 떨어질 뻔하였잖아!"

광한루에 그네 타러 온 춘향에게 몽룡 몸종인 방자가 접근해 수작을 걸었다. 호들갑을 떨며 몽룡이 원하는 바를 바락 소리쳐 알리자 춘향이 욕을 바가지로 쏟아냈다. 이본 춘향전에서는 자주 욕설이 등장한다. 읽는 재미를 더해주는 감초다. 욕감태기는 주로 몽룡이다. 암행어사이지만 신분을 속이고 비렁뱅이 꼴로 장모 월매를 찾았다가, 밭일하는 노인에게 춘향의 근황을 물었다가, 동네 선비들 농간에 속아 애먼 묘소에 곡

하다가, 변학도의 생일잔치에선 기생과 짐짓 수작하다가 욕을 번다. 욕설은 익살맞고, 묘하게 통쾌감을 준다. 찌꺼기 감정을 밀어내주니까. 몽룡이 욕먹는 장면은 지배 계급인 양반에 대한 야유일 수도 있겠다.

야한 묘사는 성인급이다. 잠자리에서 남자가 여성 옷을 어떻게 벗겨야 하는지 춘향은 자세하게 설명한다. 16세 동갑인 몽룡과 춘향이 방중술에 능숙한 건 좀 과하다. 아무래도 필사자 입김이 작용한 듯하다. 두 남녀는 첫정을 나누기 전에 나체로 서로 업어주기를 하며 시시덕거린다. 몽룡을 등에 업은 춘향이 소리를 내지른다.

임권택 감독 〈춘향뎐〉

"애고 나는 못 업겠소. 등어리에 구멍 나겠소. 마른 땅에 말뚝 박듯 꽉꽉 찔려 못 업겠소."

「이고본 춘향전」에는 주해가 많다. 성현경 번역본은 1270개의 주석註釋을 달았다. 몽룡은 춘향과 첫날밤을 보내기 전 마신 합환주에 취흥이 올라 짝타령을 부른다. 바리가·구마가駒馬歌라고도 불리는 타령. 역사 속 유명 인물 네 명이 짝지어 등장한다.

"거미줄이 교묘해도 누에에는 미치지 못하다던 왕원지王元之로 한 짝하고, 글을 잘 지어 천하에 모르는 이가 없다 하던 구양수歐陽修로 짝을 짓고, 맑은 바람은 천천히 불어 물결은 일지 않는다고 하던 소동파蘇東坡로 웃짐 쳐서, 위수는 달을 감춘다던 황노직黃魯直으로 말 몰려라."

덩더꿍덩더꿍~. 송나라 문장가 네 명을 내세운 짝타령을 잇는 노래는 고금 명필왕희지·위 부인·채중랑·회소이 등장하는 바리바닥에서 아가리 쪽으로 벌어져 올라가 아가리의 지름이 20cm 이상인 토기가.

몽룡이 한양으로 가야 하니 춘향과 이별이다. 회자정리會者定離를 담은 명시와 고사가 쏟아진다. 읽는 이 마음을 저며낸다. 「춘향전」에서 흘러 나오는 진한 인문학의 향기에 정신이 아득해진다. 이 맛에 고전을 읽는다.

*읽고 인용한 책 : 「이고본 춘향전」 성현경 풀고 옮김, 보고사

- 문답으로 푸는 춘향전 궁금증

▸ **시중에 출간된 「춘향전」이 많은데 어떤 책을 골라야 할까?**

청소년·성인용으로 구분해 보면 좋겠다. 성인용은 대개 이본이다. 이 경우 인용한 중국 한시와 고사성어에 주석을 잘 단 책이 무난하다. 중국 고전에 나오는 영웅호걸·대학자·성인 같은 유명 인물의 얘기가 고소하다. 남녀 교합을 적나라하게 묘사한 대목, 육두문자가 가득한 대화가 많

「춘향전」 한글 영인본

아 청소년이 보기엔 적당치 않다. 중세 서양 고전은 나름대로 이런 상황에 손을 썼다. 야한 대목이 나오면 모국어가 아닌 라틴어로 적었다. 그 바람에 당시 학생들이 스스로 라틴어를 공부하게 하는 소득(?)을 올렸다고 한다. 우리나라에선, 구한말 계몽주의 지식인들은 이본 춘향전 내용이 음란하다며 뜯어고쳤다. 독서 역량을 키우는 순서는 이렇다. 「정본 춘향전」→「이본 춘향전」→「춘향전」 관련 전문 연구 서적영상물이나 공연 포함.

▶ 춘향전군春香傳群이란 무얼 뜻하는지?

판소리 〈춘향가〉가 문자로 정착하면서 재생산이 이어져 파생 이본異本이 100편을 넘었다. 그 전체를 춘향전군이라 한다. 「별춘향전」·「열녀 춘향수절가」·「남원고사」·「옥중화」이해조 개작 같은, 이본이 많다. 한문본은 한시 「춘향가」유진한,1754를 필두로 「광한루기」·「이익부전」·「광한루악부」가 뒤를 이었다. 한글본·한문본·외국어 번역본일어·중국어·영어·불어·러시아어·독일어 외 다수가 국내외에 나왔다. 우리 고전 중 춘향전이 외국어로 가장 많이 번역됐다. 일본에 제일 먼저 진출한 고전 역시 「춘향전」이다. 「계림정화 춘향전鷄林情話 春香傳」이란 제목으로 1882년 6월 25일~7월 23일 아사히신문에 20회 실렸다. 한국 학계는 「계림정화 춘향전」을 최초의 외국어 번역본으로 본다.

▶ 「춘향전」 필사본筆寫本과 판본板本은 어떻게 다른가?

필사본은 베끼는 과정에서 오탈자와 내용 첨삭이 뒤따라 어떤 필사자는 그런 사실을 밝히면서 독자에게 양해를 구했다. 지면 훼손으로 판독이 어려워 후대 연구자가 곤란을 겪기도 한다. 판본은 판독이 어렵지 않고, 서체 자체가 연구 대상이 된다는 점에서 주목을 받는다. 판본에는 장구점을 글 중간중간에 넣었다. 판각한 곳에 따라 완판完板 경판京板으로 구분한다. 당시 완산完山, 전주과 서울에서 판을 새겼다. 여기에 판수16장·30장·33장·35장·84장가 붙는다. 예를 들어 '열여춘향슈졀가 완판 84장본 영인'은 완산에서 판각한 84개 판본을 인쇄했다는 의미다. 이 판본은 19세기 「춘향전」 이본 중 〈별춘향전〉 계열에 속하며, 작품성이 뛰어나고, 춘향의 신분을 관기가 아닌 양반 서녀庶女. 첩이 낳은 딸로 설정해 한결 우아한 자태를 보여준다.

▸「춘향전」에 나오는 내용은 모두 허구인가?

16세 몽룡과 춘향이 혼인? 가능하다. 경국대전에 따르면 당시 남녀가 15세·14세면 결혼이 허용됐다. 연애하며 놀았던 몽룡이 1년 만에 장원 급제한 설정은 '소설'로 봐야 한다. 생원시·진사시에 합격하는 과정 없이 가장 경쟁이 치열한 문과1만여 응시자 중 33명을 최종 선발에서 장원하기란 사실상 불가능이다. 몽룡이 연고지에 암행어사로 파견되는 대목은 조선시대 상피제相避制에 어긋난다. 신임 부사가 성대하게 행렬을 꾸미고 부임하는 장면은 당시 관행과 일치한다.

＊참고한 책 : 「고전소설 속 역사 기행」 신병주·노대환 지음, 돌베개

백년의 고독

가브리엘 마르케스1927~2014

　외로움과 고독을 구분해 보고 싶을 때 읽는 소설이다. 긴 시간을 의미하는 '백년', 오랜 기간 인간이 고독을 겪었다면 어떤 모습으로 변하는가를 알게 된다. 듣기만 해도 죄의식을 불러들이는 단어인 근친상간도 사랑일까. 이 불편한 소재를 등장시킨 작가의 의도를 곰곰 생각하다 보면 책 읽는 시간이 쏜살같이 흐른다. 참혹한 주인공의 운명에 독자 마음엔 깊은 상처가 난다. 묘한 일은, 책을 덮은 후 일어난다. 인간과 삶을 향한 연민이 새록새록 올라와 마음에 새살이 돋는다. 마법처럼.

　저자는 스페인어로 이 작품을 썼다. 1982년 노벨문학상을 탔다. 23년간 구상한 후 18개월 만에 끝냈다. 문학 용어로 '마술적 사실주의' 계열. 재밌게 읽혀 후대의 찬사가 잇따랐다. 밀란 쿤데라1929~가 찬미자 중 한 명. 그는 마르케스와 어깨를 겨룬 당대 유명 작가였다. 자존심을 잠시 내려놓고 이 책에 별 여섯 개를 달았다. 중남미 문화와 역사에 생소한 독자가 이 책을 독파했다면 쿤데라의 점수보다 더 줬을 게 분명하다. 새로운 문학 대륙을 탐사하게 해 준 데 대한 감사 표시로. 마지막 서너 페이지 내용, 그 절정은 누군가에게 얘기하고 싶게 만드는 마력을 지녔다.

　그 정도로 마르케스는 타고난 이야기꾼이다. 대작가인 백남준1932~2006이나 파블로 피카소1881~1973가 그랬다. 두 사람이 가진 공통점. 예술이 뭐냐는 질문에 "사기!"라고 외쳤다. 마르케스에겐 "문학이란 무엇인가"라고 질문해볼 만하다. 대답이 본문 중 한 문학청년의 입에서 나온다. "문학은 인간을 조롱하려고 만든 가장 좋은 장난감." 농담 반, 진담

반이다. 남미식 해학일 수도 있겠다.

　창작 산고가 컸다. 현실+환상, 역사+설화, 객관+주관=문학적·마술적 사실주의. 이 소설이 사용한 서사 등식이다. 마르케스는 이걸 막상 소설에 적용하자니 마음이 편치 않았다. '독자가 뭔 소리를 하냐며 비웃겠지?' '뜨거운 얼음 운운하면 형용모순이라며 비난할 거야.' 결국 마음 먹은 대로 썼다. 결과는 대작 탄생이었다. 여기에 후일담 하나. 마르케스는 지인으로부터 받은 프란츠 카프카1883~1924의 소설 「변신」을 읽었다. 밤새 갑충으로 변한 주인공 잠자가 아침을 맞는 모습을 묘사한 첫 문장으로 독자에게 강렬한 충격을 안겼던 그 걸작. '이렇게 소설을 써도 되는군.' 저자는 용기를 얻었다. 「백년의 고독」을 여는 첫 문장을 쓴 후 내던졌던 펜을 다시 집어 들었다. 그리하여 마르케스는 카프카에게 진 글빚을 갚았다. 세계 수많은 독자에게 감동을 선사하는 방식으로.

　마르케스는 유년기부터 문학 온기에 둘러싸여 자랐다. 1927년 3월 6일 콜롬비아 아라카타카에서 12남매 중 장남으로 태어나 그곳 외가에서 8살 때까지 자랐다. 현실 감각이 뛰어난 육군 대령 출신 외할아버지는 손자에게 사회라는 정글에서 생존하는 투지를 일깨워 주었다. 외할머니는 자상한 분이었다. 토속 전설과 구전 설화를 어린 마르케스에게 자주 들려줬다. 손자가 소설가가 될 줄 아셨나 보다. 이보다 값진 선물이 있을까. 「백년의 고독」 속엔 외조부모를 닮은 주인공이 나온다. 고독한 삶을 좇는 아우렐리아노 부엔디아 대령과 가문 지킴이자 현명한 우르술라 할머니. 손자는 외조부모의 은혜를 이렇게 갚았다.

　유서 깊은 고향의 문화와 역사, 개성 강한 그곳 주민은 마르케스에게 강한 인상을 남겼다. 소설에 나오는 노란 나비 떼, 양철 지붕을 인 집, 눈이 쌓인 산은 현지에 가면 보게 되는 풍경이다. 아라카타카는 마르케스 덕에 이름난 문학 기행지가 됐다. 작가가 자란 이곳의 외조부모 생가

예술가들은 「백년의 고독」을 즐겨 읽는다. 고전 애독자인 화가 김성룡에게 이 소설에 어울리는 자신의 작품을 추천해 달라고 했더니 이 그림을 보냈다. 〈세토 내해內海의 랭보〉 2005

는 2010년 '마르케스 문학관'으로 바뀌었다. 보고타엔 '마르케스 문화원'이 들어섰다. 이곳 주민은 한때 마을 이름을 '아라카타카-마꼰도'로 개칭하는 투표찬성이 많았지만 기권도 상당해 부결됐다를 할 정도로 고향을 빛내준 그를 자랑스럽게 여겼다. 마꼰도는 소설에 등장하는 가상 마을이다. 인도 작가 R.K 나라얀1906~2001이 '말구디'란 허구 도시를 만들고, 미국 소설가 윌리엄 포크너1897~1962가 소설 속 지명 '요크나파토파 카운티'를 애용했듯, 마르케스는 마꼰도를 세웠다.

「백년의 고독」은 환상 소설이다. 현실과 그 세계가 분리되지 않고 겹쳤다. 침대 시트에 올라탄현실 등장인물이 갑자기 승천환상세계해 사라진다. 저자는 '제3의 현실'이라 불렀다. 눈에 보이는 현실이 전부가 아니다. 색다르게 공간을 해석하니 시간 통념이 깨졌다. 시간 속에 시간이 흐르고, 유령이 나이가 들어 또 죽다니! 사실史實과 허구를 뒤섞는 기법은 후대 작가들에게 인기를 끌었다. 책 속 아우렐리아노 대령이 일으킨 37차례 반란은 실제 '콜롬비아 1000일 전쟁'1899~1902에서 따왔다. 1928년 시에나가 학살 사건은 소설 속에서 마꼰도 주민 3408명이 몰살당하는 장면으로 바뀐다. 신화도 끌어들였다. 아우렐리아노 대령은 황금으로 작은 물고기 세공품을 만들었다가 다시 녹여 같은 형태로 제작하는, 무한 반복 작업만 한다. 산 정상까지 바위를 밀어 올렸다가 굴러떨어지면 다시 올려야 하는 천형을 묵묵히 수행하는 그리스신화 속 고독한 시시포스처럼. 낯설면서도 익숙한 서사를 잘도 이끌어 간다마르케스 자서전 제목이 「이야기하기 위해 살다」이다. 아라비안나이트 같은 외국 설화와 남미 대륙 창세기도 서사에 녹였다. 한 문장이 길디길어 한두 페이지를 넘겼다. 만연체 필법이다. 박상륭1940~2017 소설처럼. 웃기면서도 우울한 해학과 라틴 아메리카의 정열이 어울렸으니 다른 대륙 문학에서는 볼 수 없는 매력이 솟구친다.

중남미에서 마르케스의 대중적 인기는 뜨겁다. 그는 가보Gabo란 애칭으로 불린다. 2020년 숨진, 약사였던 부인 메르세데스 바르차와 두 아들을 책 속에 카메오처럼 등장시켜 독자를 웃겼다. 아내가 쏟아낸 잔소리에 열 받아 남편이 집 안 물건을 박살 내는 장면. '아내는 자기 잔소리에 그토록 강력한 힘이 숨겨져 있다는 사실에 놀라고'라고 익살스럽게 썼다. 그는 동료 작가와 사생활 문제로 주먹다짐을 벌였던 다혈질. 성매매를 다룬 작품을 발표해 여성 단체가 항의하는 사태도 빚었다.

이 책을 재미로만 평가할 수 없다. 주제가 묵직하다. '인간 탐구와 구원'. 노벨재단이 밝힌 노벨상 수여 이유가 이랬다. "빈곤한 중남미와 약자 편에 서서 서구가 이들에 행한 경제적 착취와 국내의 압제를 까발렸다." 치열한 작가 정신을 높이 샀다는 말이다.

「백년의 고독」은 50여 년간 세계 35개국에서 다양한 언어로 번역돼 5000만 부 이상이 팔렸다. '독서를 하지 않는 시대'에 살아남았다. 짧게 줄인 줄거리는 이렇다. '근친결혼을 한 탓에 저주받은 후손이 태어난다는 예언으로 고통받는 부엔디아 가문은 마꼰도라는 새 마을을 세운다. 가족은 6대 100여 년에 걸쳐 고독 속에서 몸부림치는데….'

책 앞머리에 가계도가 실렸다. 후손이 선조 이름을 대물림해 인물 구분이 헷갈리기 때문이다. 근친혼까지 감행하니 더 그렇다. 가계도는 연정 관계로 비틀어진 혈맥, 본부인·정부情婦·자식 간 갈등으로 가족이 겪는 극한의 고독을 상징한다. 혈육 간 무시무시한 성욕이라니, 중남미의 유별난 동족애를 달리 표현한 걸까. 사랑하는 남성이 막상 청혼하면 번번이 거절하는 여자, 자신을 포함해 그 누구도 사랑하지도, 사랑할 수도 없는 존재로 태어나 쓸쓸히 죽음을 맞이하는 남자…. 이성과 부조리가 공존하는 허구지만 한편으론 어두운 인간의 무의식을 엿보는 듯하다.

마르케스는 조국인 콜롬비아와 그 어머니 대륙인 중남미가 처한 엄혹한 현실을 작품에 투영시켰다. 그는 1982년 12월 8일 '라틴 아메리카의 고독'이라는 주제로 노벨문학상 수상을 수락하는 연설을 하면서 목청을 높였다. "콜롬비아·멕시코·아르헨티나 같은 중남미 여러 국가는 서양 열강에 침략·수탈·압살당했습니다. 안으로는 내전·독재·약탈에 시달립니다. 저는, 세계 변방으로 밀려나 고립된 이 라틴 아메리카의 상황을 고독이라고 부릅니다. … 우리는 인류 모두를 치유하는 데 힘을 보태야 합니다." 소설 속에서 유토피아를 꿈꾸며 건설됐던 마꼰도는 스러졌지만 현실 세계에서만큼은 '활짝 갠 유토피아를 향해' 전진하는 노력을 중단하면 안 된다고 외쳤다. 인류가 잊지 말아야 할 유훈이다.

※읽고 인용한 책 : 「백년의 고독 1·2」 가브리엘 마르케스 지음, 조구호 번역, 민음사

- 마르케스는 전생에 마법사였나

　가브리엘 호세 데 라 콘코르디아 가르시아 마르케스는 콜롬비아 출신 소설가다. 알베르 카뮈1913~1960처럼 저널리스트였고, 정치운동가로 활약한 마당발이었다. 그는 진짜 마술가가 되고 싶었지만 그건 못 이뤘다. 그 대신 펜으로 마술을 부렸다. '마술적 리얼리스트'란 별칭을 얻었다. 노벨문학상 수상자가 된 이후인 2007년 6월 고향 아라카타카를 찾았다. 마르케스가 탄 기차가 고향 역에 도착하자 고향 주민들이 떠들썩하게 반겼다. 그는 몰려온 인파를 보며 중얼거렸다. "마법이 현실에서 실현됐구나."

　마르케스는 자신에게 노벨문학상을 안긴 「백년의 고독」을 애지중지했을 법하다. 그런데 꼭 그렇지는 않았다고 한다. "사람들은 내가 쓴 다른 작품은 읽어 볼 생각을 하지 않더군. 그 책에만 왜 그렇게 관심을 가지는지 몰라." 독자들의 편식(?)을 못마땅하게 여겼다. 스스로 가장 높

은 점수를 매긴 작품은 1975년 출간된 「족장의 가을」이다. 그가 쓴 소설 중 실험성이 가장 돋보였다. 평단에서도 작품성을 놓고 평가가 엇갈렸다. 독자들 역시 이 소설이 어려웠을 터이다.

생전의 마르케스왼쪽와 고인이 된 부인 메르세데스 바르차

 마르케스는 호르헤 루이스 보르헤스, 알레호 카르펜티에르, 카를로스 푸엔테스, 마리오 바르가스 요사, 훌리오 코르타사르 같은 걸출한 남미 작가들과 나란히 섰다. 그는 특종 보도를 많이 한 민완 기자였다. 하지만 고국인 콜롬비아에선 기자 생활을 오래 하지 못했다. 1955년 자국 해군을 비판하는 기사를 쓴 후 혹독한 대가를 치렀다. 재직 신문사가 문을 닫고 본인은 파리 특파원직을 접었으니까. 고국을 떠나 멕시코·프랑스·베네수엘라·미국 등으로 떠돌았다. 쿠바 국영 통신사프렌사라티나에서 일하며 피델 카스트로와 친하게 지내 좌파 작가로서 색채가 진해졌다. 이런 경향은 「백년의 고독」 속에서 가톨릭을 '비호감'으로 그려내는 쪽으로 나타났다. 권력에 당한 핍박, 원치 않은 추방은 작가 정신에 불을

댕겼다. 말년엔 '흑마술'이 찾아들었다. 암·치매 같은 질병을 앓게 되자 "명성이 내 삶을 뒤흔들었다"라며 은둔자로 살았다. 손녀가 납치됐다가 구출되는 파란을 겪었다. 2014년 4월 17일 87세로 눈을 감았다. 당시 후안 마누엘 산토스 콜롬비아 대통령은 3일간의 국상 기간을 정한 후 "천년 같은 고독과 슬픔이 느껴진다"라고 비통을 나타냈다.

당시 독자들은 노란 색종이 나비를 접어_{소설 속에 나오는 이 나비는 죽음을 의미한다} 날리면서 슬픔을 나눴다. 문학이 가진 가치를 일깨운 마르케스는 노란 종이 나비를 타고 하늘로 날아올랐다.

- 영상물로 속속 옮겨지는 작품들

아들 호세 아르까디오가 침실로 들어서자 총성 한 발이 울린다. 아들 몸에서 선혈이 흘러 나와 방바닥을 타고 거리와 도로 위를 건너 어머니 우르술라가 사는 집에 도착한다. 핏줄기를 본 어머니가 아들의 죽음을 직감하고 내지르는 절규가 귀에 들리는 듯하다.

마르케스 소설 「내 슬픈 창녀」는 영화로 만들어졌다. 매매춘을 다뤄 논란을 빚었다

시청각을 자극하는 「백년의 고독」 속 한 대목이다. 이를 접한 영화제작자라면 '그림'이 그려졌을 터이다. 할리우드 영화제작자인 하비 와인스타인이 그랬다. 마르케스에게 「백년의 고독」을 영화로 만들자고 졸랐다. 결과는 실패. 마르케스가 그러자면서도 실현 불가능한 조건을 붙였기 때문. "내 작품을 영화로 만들되 2분 분량으로 한 달에 한 번, 100년 동안 개봉하시오."

마르케스는 생전에 이 작품만큼은 스크린으로 옮기는 데 동의하지 않았다. 가족의 증언을 종합해 보면 그가 생각했던 바는 이렇다. '상영시간이 길어봤자 서너 시간인 영화가 길고도 긴 6세대 가문 얘기를 소화할 수 있을까. 스페인어가 아닌 다른 언어로 영화를 만들어 봤자 제대로 전달되겠어?' 자신보다 독자들이 더 사랑해 주고 노벨문학상을 안겨준 작품이라 애정이 남달랐으리라. 그는 스페인어를 아꼈다. 이 소설만큼은 오롯하게 언어 영역에 남겨 순혈성을 영원히 보존해야 한다고 생각했을 수도 있겠다.

「백년의 고독」을 읽어보면, 하비 와인스타인의 처지가 이해된다. '영화로 만들기에 딱 좋다'란 생각이 든다. 현실에선 일어날 수 없는 기괴한 사건과 풍경, 무엇보다 화려한 색감과 영상미 넘치는 장면이 풍성하다. 「백년의 고독」이 영상물로 옷을 갈아입기를 미루는 동안 이 소설은 세계 40여 언어로 번역되었다.

마르케스가 걸었던 '영상물 제작 봉인 수문'은 풀릴 조짐을 보인다. 그가 타계한 5년 후인 2019년 3월 넷플릭스가 「백년의 고독」을 영상물 TV 시리즈로 만드는 판권을 유족에게서 샀다고 발표했기 때문.

다른 작품, 이를테면 「콜레라 시대의 사랑」 「예고된 사랑의 연대기」 같은 작품은 일찍이 영화로 소개됐다. 국내에서는 소리꾼 이자람이 마르케스 단편 소설 「대통령 각하, 즐거운 여행을」을 판소리로 재창조〈이방인의 노래〉해 눈길을 끌었다.

이제 활자에서 영상으로 옮겨질 「백년의 고독」이 어떤 모습일지 기대를 모은다.

법의 정신 🍽

몽테스키외|1689~1755

구하라법·민식이법·윤창호법. 최근 우리나라 여론을 달궜던 '인명법 人名法'이다. 정식 법명이 아니라 사람 이름이 붙어 이렇게 부른다. 사회적 공분 후 법이 제정·개정됐다는 게 공통점이다. 구하라법은 부양 의무를 게을리한 직계존속이 1순위로 자녀의 재산을 상속하지 못하도록 한 민법 개정안이다. 20대 국회에서 발의됐지만 통과하지 못했고, 21대 국회에서도 전면 시행이 미뤄졌다. 사후약방문격인 법 개정을 서둘러도 모자랄 판에 왜 이리 미적댈까. 그러는 동안 비슷한 피해가 잇따를 게 분명한데 말이다.

어린이보호구역 내 교통안전을 강화한 '민식이법', 음주 운전의 처벌 강도를 높인 '윤창호법'은 제정돼 시행 중이다. 어린이와 청년이 희생된 후에야 뒤늦게 관련법을 손질했지만, 그 효과는 만족스럽지 않다. 법을 야무지게 구현하는 게 왜 이렇게 힘든가?

프랑스 사상가인 몽테스키외가 펴낸 「법의 정신」1748은 이런 질문이 나올 때 떠올리게 되는 고전이다. 법이 가진 보편 정신은 무엇인가? 그는 숨 막히는 프랑스 절대왕정을 보며 의문을 품었다. 로마법을 따른 프랑스법은 문제가 많았다. 그가 주목한 법은 자유사상의 토대 위에 세워진 영국 헌법. 20여 년간 법치를 탐구한 결과를 31편에 담은 저작이 「법의 정신」이다. 그중 가장 반짝이는 결정체는 '삼권분립론'. 18세기에 탄생한 이 이론은 법학·법철학·정치철학·법사회학·법인류학에 큰 영향을 미쳤다. "국가권력이 입법·사법·행정이라는 삼권으로 나뉘어

서로 견제·규제될 때 개인의 자유가 확립된다."

저자는 먼지투성이 법전이 아니라 펄떡이는 '현실'에서 법치를 건졌다. 폭넓은 역사적 사례, 인간과 사물이 가진 본성, 인간과 환경 간 상호관계를 살펴 추출한 결론이 생생하다. 「법의 정신」을 출간하면서 저자는 무척 고무되었다. 책 부제를 '어머니 없이 태어난 자식'이라고 달았다. 다른 지식을 빌리지 않고 오롯이 내 머리에서 나왔다는 자랑이다. 서문1편에서는 엄살도 부린다. "20여 년 집필하면서 엄청 힘들었답니다." 자기 책을 꼭 읽으라고 독자에게 압박하는 모양새다. 독자가 이 책 전체를 조망해 자신의 의무와 조국의 법률을 사랑해야 하는 이유를 발견하고, 현 위치에서 누리는 행복을 잘 감지하게 된다면 자신은 이 세상에서 가장 행복한 저자가 될 거라는 말을 덧붙였다. 계몽 사상가다운 화법이다.

법의 정신이 엄정하게 구현된 것인가.
1793년 10월 16일 프랑스 콩코드 광장에서 마리 앙투아네트 왕비가 처형되는 장면

몽테스키외는 법치가 자유와 평등이라는 두 기둥 위에 세워진다고 믿었다. 중반부의 주요 논의 중 하나다. 법이 가진 보편 정신은 자유와 평등으로 구현된다는 주장. "자연 상태에서 인간은 평등하게 태어난다. 그러나 사람이 그 상태에 머물러 있을 수는 없다. 사회가 평등을 잃게 만들기 때문에, 인간은 법으로서만 다시 평등해진다."

여기서 눈여겨볼 대목이 등장한다. 평등 정신은 지나쳐도 문제라고 꼬집었다. "국민은 자기가 위임한 권력까지도 견딜 수 없어서 모든 것을 자신들이 하려고 한다 … 사람들은 원로원 의원이나 노인, 남편을 더는 존경하지 않을 것이고 … 이렇게 되면 습속도, 질서에 대한 사랑도, 마침내 덕성도 없어져 민주정체 원리는 부패한다." 지금도 유효한 주장이다.

"위대한 성공, 특히 국민이 그것에 공헌한 바가 큰 성공은 국민에게 대단한 자만심을 가지게 해 지도를 불가능케 한다"라는 대목도 나온다. '촛불혁명' 이후 각종 민의가 분출했던 우리 사회상과 겹쳐 보자. 무자비한 군부독재 정권에 민심이 극한 핍박을 받았던 과거와 견주면 뭐가 문젠가 싶다. 하지만 개인의 이익을 포장한 '과잉 평등'은 걸러내야 한다. 우리 사회를 유지하는 공정성에 금이 가기 때문이다. 어떤 사회든지 국민과 지도자가 평등의 가치를 구현 못 하면 파국을 맞았다. 우리나라 역대 군부·보수 정부가 그랬다. 자유와 평등 정신이 숭용을 이뤄야 나라가 바로 선다.

저자가 설정한 최종 화두는 '개인과 권력이 자유와 평등을 더불어 누리면서 정체政體를 발전시키는 방안 찾기'다. 1편 '법 일반'에서 서양식 전통 자연법사상을 좇아 법을 자연법·실정법으로 구분하면서 논의를 펼친다. 자연법은 인간이 사회를 구성하기 전에 생기는 법. 식욕, 평화, 이성 간 애정, 사회생활을 영위하려는 욕구가 이에 해당한다.

사회가 구성되면 인간관계를 규정하는 실정법이 등장한다. 민족 간에는 만민법_{萬民法}, 모든 시민 상호 간에는 시민법_{市民法}, 국가와 개인 간에는 정법_{政法}. 시민법은 사법_{私法}, 정법은 공법_{公法}이다. 저자는 이런 법 구분을 뭉뚱그려 "법은 인간 이성이다"라고 외쳤다.

전반부에서는 법 일반론을 다룬다. 정치 공동체_{통치구조}를 세 종류, 공화·군주·전제 정체로 나눴다. 각 정체는 덕성·명예·공포를 본성으로 갖는다. 이어 세 정체별로 본성을 설명하고 그 아래 법의 기능과 목적이 얼마나 달라지는지 예를 들었다. 공화정체_{민주·귀족정체}에서는 투표와 시민의 덕성이 중요하다는 주장을 내놨다. 시민의 덕성이 가진 가치를 일찌감치 꿰뚫어 봤다. 오늘날 시민의 덕성은 민주주의를 발효하는 효모 아닌가.

저자는 동서고금의 법들이 긴 세월 존멸하면서 남긴, 크고 작은 발자취를 추적했다. 문장가답게 풍자와 익살로 여유를 보였다. 오해를 부를 만한 반어법 문장에 순박한(?) 독자는 당황한다. 후대 평론가와 번역자는 저자의 속내를 읽으려다 두통이 심해졌을 게 분명하다. 18세기 프랑스어 원전이 쉬울 리 없다. 국역본도 인내심을 갖고 읽어야 한다. 하지만 완독하면 보상이 뒤따른다. 명작 고전들이 으레 그렇듯이. 높이 오르면 멀리 본다. 법으로 굴러가는 세상이다. 법이 좇아야 할 목적, 바람직한 기능, 가져야 할 합당한 조건, 법을 대하고 연구하는 자세에 대한 일가견을 이 고전이 준다. 법을 보는 눈도 밝아진다. '법 없이 살 사람'이란 관용구는 '법이 없다면 그렇게 살 수 없다'라는 뜻임을 알게 된다. 선거 출마자들이 공개 토론을 하면서 얼마나 엉터리 소리를 하는지 판단할 힘도 얻는다.

후반부에선 보편성을 띤 법치를 좇는 각 나라가 채택한 법률·제도·관습법 같은 실정법을 살폈다. 법은 자연환경·풍토·종교·상업·정체에 따라 달라진다. 종교가 법을 교정하는 기능을 수행해야 한다는 주장은 어떤가. "법이 무력할 때 종교가 국가를 지탱할 때도 있다 … 아라비아의 여러 부족 사이에서는 매년 4개월간 모든 적대행위가 중지되는데, 극히 작은 분쟁도 불경으로 간주했다. 프랑스에서는 각 영주가 전쟁을 격렬하게 할 때 종교가 평화·휴전 시기를 정한다 … 국내에 커다란 증오의 씨앗이 있을 때, 종교는 조정 수단을 제공해야 한다." 우리나라만 봐도 종교 단체가 군부독재 정권에 쫓기는 이들에게 피난처를 제공했었다.

후반부에 잇따르는 이런저런 읽을거리는 지식욕을 자극한다. 결투의 역사가 그렇다. 지금은 금지됐지만 19세기 이전까지 유럽에선 결투가 드물지 않았다. '법은 멀고 주먹은 가깝다'란 속담은 동서고금을 가리지 않고 보인다. 우리나라도 1953년 형법이 제정되기 전까지 결투 금지법이 유지됐다. 귀족과 상류층이 많았던 서양에서 '소극적 증명' 방식인 결투로 재판하는 관행은 유서가 꽤 깊다. 28편에서 결투에 얽힌 법률과 제도가 폐지되는 과정을 흥미진진하게 보여준다. 몽테스키외는 결투 유발 요소 중 하나로 체면을 들었다. 역사나 남녀 개인사에서 체면은 은밀한 괴력을 발휘해 왔다.

「법의 정신」은 우리의 현재와 미래를 비추는 거울. 법과 사회, 인간을 성찰할 시간을 준다. 이를 통해 '오래된 미래'가 다가온다.

＊읽고 인용한 책 : 「법의 정신」, 몽테스키외 지음, 이명성 옮김, 홍신문화사

- 몽테스키외 말말말

몽테스키외는 법학과 법철학을 넘나들면서 인간 내면과 사회 규칙의 밑바닥을 훑어 본질을 찾았다. 그가 건져 올린 명언들.

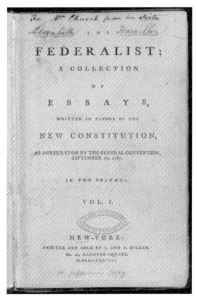

「페더럴리스트 페이퍼」 초판본1788

▶ 가장 보편적인 의미의 법이란 사물의 본성에서 유래하는 여러 필연적
인 관계다. 그런 의미에서 모든 존재는 법을 가진다.→이 책의 첫 문장
이자 결론이다. 그는 두괄식 서술을 좋아했다. 법은 풍토·국민성·상
업·습속 같은 나라별 유·무형 환경이나 조건과 맺는 필연적 관계라는
말이다. 저자는 근대 공화정을 좋았다. 이 정체政體는 자유와 평등이
'견제와 균형'으로 양립하면서 시민의 안녕과 안전을 보장하는 원리법
의 정신를 따른다. 공동 이익을 추구하는 덕성과 공동선을 가져다주는
상업과 무역, 권력 질주를 제어하는 중간 세력을 중히 여겼다. 이런 사
상은 프랑스혁명에서 실행 이론으로 타올랐다. 미국 연방주의 글 모음
인 「페더럴리스트 페이퍼」에 인용됐다. 나아가 근대 민주주의 정체의
구름판이 됐다.

▶ 법이 존재하는 사회에서의 자유는 원하는 바를 행하고, 원하지 않으면 강요당하지 않는다는 걸 의미한다.→자유 개념이다. 후대 존 스튜어트 밀의 「자유론」에 영향을 미쳤다. 몽테스키외는 무절제한 자유는 허용될 수 없으며 이 같은 '정치적 자유'를 '온건한 제한 정부'가 보장해야 한다고 목청을 높였다.

▶ 경험에 의하면, 권력을 가진 자는 모두 그것을 남용한다. 그것은 한계점을 발견할 때까지 전진한다.→이렇게 되면 공화국은 무너지고 참주정이 들어선다고 경종을 울렸다. 1인이 '팔을 들어 올리거나 내려' 모든 걸 결정하고 신민은 오로지 복종해야 한다. 군부독재가 그렇다. "권력은 나누고 제한해야 한다." 저자의 명언 중 명언이다.

▶ 사람의 마음을 획득하되 정신을 사로잡아서는 안 된다. 그는 인망人望을 모아야 하고, 신민 중 가장 천한 자의 사랑이라도 기뻐해야 한다. 그들 역시 인간이기 때문이다.→12편 군주정체에 나오는 대목이다. 지도사가 갖추어야 할 덕목은 위민사상이다. 동서고금의 지도자가 준용해야 할 덕목이지만 이것처럼 잘 지켜지지 않는 사상도 없다.

▶ 은행가는 돈을 체환替換하지, 돈을 빌려주지 않는다.→몽테스키외의 착가이다. 은행가와 환전상을 동일시하는 오류를 범했다. 그는 말년에 이 책 개정판을 준비했는데 이 부분을 그대로 뒀다. 끝까지 몰랐던 것일까.

＊읽고 인용한 책 :「법의 정신」몽테스키외 지음, 이명성 옮김, 홍신문화사

- 몽테스키외는 누구

 샤를 루이 드 스콩다 몽테스키외. 프랑스 계몽사상가이면서 문인이었
다. 소설 「페르시아인의 편지」1721로 제법 대중적 인기를 끌었다. 「법의
정신」 속 해학·반어·은유·상징이 넘치는 문장을 보면 글쓰기에 자부심
을 가졌던 법 사상가다. 1741년에는 「여행 수첩」「시간」 같은 에세이를
펴냈다. 「로마 성쇠 원인론」1734은 「법의 정신」을 이어주는 전신前身이란
평가를 받는다.

200프랑 지폐 속 몽테스키외

 그는 금수저였다. 프랑스 절대왕정 아래에서 사법 관직을 사고팔았던
이른바 법복귀족. 재력을 갖춘 지방 하급 귀족 가문에서 태어나 일생을
유복하게 보냈다. 사생활은 그리 알려진 게 없다. 1689년 파리 남서쪽
인 보르도 지역에 자리 잡은 고성古城에서 자랐다. 4남매 중 장남.

보르도 캥콩스 광장을 내려다보는 〈자유의 여신상〉

대학에서 법률을 공부한 이력으로 보르도 고법 평정관, 이후 한때 법률가로 활동했다. 1715년 유부남이 됐다. 1726년 백부가 물려준 고법 원장직을 버리고 본격적으로 글을 썼다. 자손이 없었던 백부는 몽테스키외에게 땅과 작위남작를 넘겼다. 2년 후 프랑스 학술원에 들어간 뒤 영국을 포함한 유럽을 여행하면서 집필 자료를 모은 후 1731년 귀향해 「법의 정신」 저술에 들어갔다. 이 책은 1748년 제네바에서 익명으로 출간됐는데 인기가 좋았다. 몽테스키외가 앞서 역시 익명으로 펴낸 「페르시아인의 편지」가 거둔 성공이 힘을 실어 주었다. 18세기 루이 14세 절대왕정 치하의 프랑스 사회를 예리하게 비판해 명성을 얻은 그는 파리로 진출, 다양한 문인과 교류하면서 유명 인사가 됐다.

「법의 정신」을 출간한 후 몽테스키외는 체력과 시력이 급격히 나빠졌으며 당시 파리를 엄습했던 열병을 이기지 못하고 1755년 66세를 일기로 눈을 감았다.

사후 몽테스키외는 오벨리스크와 생 탕드레 대성당으로 유명한 보르도 캥콩스 광장에 조각상으로 우뚝 서 관광객을 반긴다. 고향에 잘 보존된 생가인 아담한 성채와 영지에도 인파가 모인다. 몽테스키외는 200프랑 지폐1981~1994나 동전에 모델로 등장하기도 했다. '국민 사상가'로서의 명성을 짐작하게 한다.

문학과 예술의 사회사

아놀드 하우저|1892~1978

인류가 찾아낸 첫 회화는? 아직까진 스페인 알타미라동굴의 채색 벽화다. 동굴 천장 벽회에 말·돼지·사슴 그림이 보인다. 구석기시대인 1만5000~1만 년 전에 이렇게 생생한 채색 회화라니! 비슷한 시기, 프랑스 라스코동굴 벽화도 마찬가지다. 선사시대에 원시인 화가가 개인전을 연 듯하다. 이로부터 수천 년이 흐른 뒤인 신석기시대. 이번엔 혼란스럽다. 바위에 그려진 인체 소묘를 보니 영락없는 유치원생 솜씨다. 몸통은 직선, 팔다리는 각각 방향이 반대인 반원으로 그렸다. 신석기시대 그림

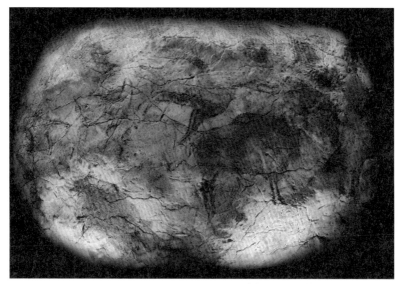

알타미라 벽화 중 천장 쪽을 복제한 부분화

이 앞 시기보다 수준이 떨어져 보인다. 단순한 비교일까.

하우저는 이 책 1권 '선사시대부터 중세까지'에서 궁금증을 풀어준다. 그는 그림을 그린 구석기인을 능숙한 사냥꾼으로 봤다. 그린 이유는? 대상물을 마음으로 소유·통제하기 위해서라는 게 하우저 판단이다. 현대의 관점에서 보면 주술呪術 의식에서 나온 행동. 벽화가 사진처럼 생생한 이유는? "최대한 실체와 닮도록 그려야 원하는 바를 이루지 않겠느냐고 생각하지 않았을까." 저자의 추론이 이어진다. 구석기인이 이런 그림을 잘 보이지도 않는 동굴 구석 벽에 그리고, 그림이 겹치는 까닭도 그런 맥락에서 봐야 한단다. 선사시대의 그리기는 생존에 필요한 재화를 얻는 방편. '붓질'은 경제 행위였다. 현대의 개념과는 다르다.

신석기시대 회화가 조잡하고 간결해진 이유는? 더는 구석기시대처럼 실물에 가깝게 동물을 그릴 필요성이 줄어들었기 때문으로 보았다. 신석기인은 점차 떠돌이 수렵 생활을 접고 정착해 식량을 생산했다. 신석기인은 인간의 육체와 정신을 분리할 줄 알았다. 사물의 정령설인 애니미즘을 믿었다. 사회 환경은 인류 사고를 바꾸고 예술을 변화시켰다. 저자가 독특한 눈으로 선사시대를 조망해 얻은 결론이다.

이 고전은 구석기시대부터 '영화의 시대'20세기 초까지 서양 문예 흐름을 고찰한통사, 通史 대작이다. 창의 가득한 관점으로 자신만만하게 논지를 펼쳤다. 무엇이 서양 문예에 영향을 주었나? 예술가 개인인가, 정체政體·종교·생산수단 같은 외부 요인인가. 이들은 서로 어떤 관계일까. 미학·유물사관·인문주의라는 세 시선으로 사고의 균형을 잡은 후 서양 문화 예술이 가진 민낯을 그려냈다.

미술을 보는 눈도 키워준다. 이집트 인물상은 왜 항상 정면을 볼까?'정면성 원리'. 제작을 의뢰한 이나 감상자를 존경한다는 의미가 담겼다. 당시 부조나 회화 같은 예술품을 만들어 달라고 요청한 계층은 왕이나 고관

대작이었다. 예술가는 그들에게 감사를 표시하는 형식이 필요했으리라.

서양 중세 편에선 '기사騎士' 얘기가 흥미롭다. 당대 기사는 그렇게 '멋진' 전사가 아니었다. 세습 군인 출신이 많았다. 제후나 대지주가 고용한 호위 무사로 피고용인이었다가 땅을 얻거나 재산을 불려 귀족 신분으로 올라갔지만 진정한 주류는 아니었다. 그 결과 귀족에 대한 열패감이 몸에 배었고, 후한 보수를 좇아 거처를 옮기기 일쑤였다.

기도 도량인 유럽 그리스도교 수도원은 중요한 사회적 기능을 떠안았다. 조직 노동을 처음으로 알렸고, 중세 산업 탄생을 거들었다. 이즈음 시인 계층도 분화됐다. 지금도 난해한 시 구절은 독자의 머리를 갸웃하게 만드는데 중세 궁정 음유시인들이 그런 면에서 원조였다. 서민 출신 시인보다 한 수 위라는 걸 과시하려고 일부러 애매하고 어려운 표현을 사용했다고 한다.

이탈리아 바티칸 시스티나 예배당의 천장화. 〈창세기〉 중 〈아담의 창조〉. 미켈란젤로 작1508-1512

2권은 15~17세기 '르네상스·매너리즘·바로크' 편. 중세와 근대는 르네상스원뜻은 '재탄생'로 연결된다. 르네상스의 발원지는 이탈리아다. 경제·사회 부문이 다른 유럽 국가들보다 앞섰기 때문이다. 십자군 원정이 시작됐고, 중세 길드에 맞서 자유경제가 움텄다. 15세기엔 시민·귀족·궁정 예술로 갈라졌고, 자연주의가 대세였다. 16세기 서양 예술의 중심지는 로마였고 고전주의가 주연을 맡았다.

르네상스 편에서는 '예술 후원의 대명사'인 메디치 가문을 만난다. 예술가가 길드라는 조직에 편입되고, 예술 감상 계층이 다양해지는 가운데 예술계를 수호하는 인문주의자들이 나타났다. 예술 활동이 시장과 결합하고, 전문·과학·분화·다원·자율화 쪽으로 나아갔다.

르네상스와 연결되는 서양 문예사조로서 매너리즘이 나온다. 흔히 쓰는 '매너리즘에 빠졌다'라는 표현 속 매너리즘과 다르다. 매너리즘은 미술 작품의 한 특징. 하우저는 꿈에 비유하면서 현대 초현실주의를 떠올렸다. 파르미자니노1503~1540가 미완으로 남긴 〈긴 목의 마돈나〉나 틴토레토1518~1594의 〈십자가에 못 박히는 예수〉가 그렇다. 그레코, 브뢰헬도 매너리즘 계열 화가다. 현대 회화 중 연상聯想 묘사, 카프카 소설 속 몽환과 환상, 조이스 소설이 선보인 의식의 흐름, 영화 영상 속 자유로운 공간처리를 떠올리게 한다. 그들은 기성 작품을 재해석해 닮은 듯하면서도 낯선 창작품을 선보였다. 정치·경제 부문에서 위기에 처한 16세기 유럽 현실이 문예에 반영된 결과다. 프랑스와 스페인이 이탈리아를 정복하는 바람에 유럽에서 400여 년간 정치 갈등이 이어졌다. 근대 자본주의가 싹을 틔웠고, 종교 개혁이 발을 내디뎠다. 소용돌이치는 시대는 여러 예술 장르에 다양한 흔적을 남겼다. 마키아벨리·세르반테스·셰익스피어 같은 사상가나 문인 역시 매너리즘의 세례자다.

17세기 문예사조인 바로크는 유럽 각 지역에서 서로 다른 모습으로 나타났다. 양식 면에서 더는 통일성을 갖지 않게 됐다. 신흥 경제 세력인 부르주아는 바로크 미술품을 재산으로 사들였다. 궁정 미술이 분업화되고, 예술 비평 아카데미가 자리를 잡았다. 안니발레 카라치 작 〈그리스도를 애도하는 성모 마리아〉 같은 명화가 나왔다.

　로코코·고전주의·낭만주의3권는 17~19세기 중엽의 3대 문예사조다. 프랑스에서 대혁명 이후 시민 예술은 거듭 발전했지만, 왕권은 무너졌다. 당시 문화예술의 주축이었던 궁정 문화가 시들었다. 권력을 추구하고 의식하는 절대주의는 바로크와 고전주의를 대표했는데 이게 해체되었다는 뜻이다. 로코코는 우아하고 친근함을 좇는 새로운 예술 경향. 경제·정치·사회·문화에서 신흥 계층인 부르주아지가 문화예술을 소비하는 막강한 힘을 보였다. 세습 귀족은 물러가고, 문화 예술계는 새로운 독자와 관객을 맞았다. 와토·부셰·샤르댕 같은 화가에 이어 문학 부문에선 18세기 말 지식계를 강타한 루소가 새로운 별로 떠올랐다.

　로코코는 계몽주의의 도움으로 찬란한 '빛의 세기'를 열었다. 시민 연극을 중심으로 한 계급투쟁이 이 시대 문화예술사의 키워드다. 저자는 유럽 각국에서 전개된 계몽주의를 설명하면서 독일 문학의 사례를 내세웠다. 독일 계몽주의는 세계문학에서 비중은 미미해도 계몽주의의 진가를 처음으로 파악했다. 음악은 낭만주의 시대를 이끈 주역 장르. '예술을 위한 예술'이라는 근대 개념이 싹텄다. 토마스 만은 바그너의 음악을 통해 예술의 의미를 처음으로 깨달았다고 털어놓았다.

　4권은 '자연·인상주의, 영화' 편. 자연주의를 다룰 때 문학 사가인 하우저가 피력하는 '문학 창작론'이 눈길을 끈다. "작가는 독자와 함께 창작할 소재를 찾아야 한다. 모든 것을 독자에게 말하지 않아 독자가 짐작하고 생각하는 여백을 남겨 놓을 때 매력이 가득한 작품이 탄생한다."

　때로는 권력을 선전하고, 현실과 타협하면서도 인류사를 풍요롭게 꾸며온 예술인. 완벽한 창작의 자유를 꿈꿔 왔지만, 지금도 그 꿈을 실현하지 못하는 점에선 운명 공동체다. 하우저는 이렇게 외치며 끝맺었다. "예술은 만인이 누릴 공유 자산이며 더 많은 대중에게 확대되도록 민주화를 쟁취해야 한다."

＊읽고 인용한 책 : 「문학과 예술의 사회사 1~4」 아놀드 하우저 지음, 백낙청 등 옮김, 창작과비평사

- 하우저 일생

유물사관을 좇았던 사회학자 아놀드 하우저. 서양에서 전개됐던 문화예술을 사회학의 렌즈로 고찰한 「문학과 예술의 사회사」를 대표작으로 남겨 20세기 유럽 지성인 전당에 이름을 올렸다. 우리 삶을 풍성하게 만드는 문예와 그 주역인 예술가가 현실과 어떤 관계인지, 사회와 구성원에게 미치는 영향은 어떤지를 규명한 역저다. 예술사회학에 뚜렷한 발자국을 남겼다.

헝가리 태생이고 1차 세계대전에 쫓겨 빈·파리·베를린·런던 같은 유럽 대도시를 옮겨가며 살았다. 망명 생활은 고달팠지만, 세상 이면을 냉정하게 관찰하는 눈을 줬다. 예술학·정신분석학·미술심리학·경제학·사회학을 포함한 다양한 지식을 접하면서 지력을 쌓았다. 핵심 지력 발전소는 1910년대 말 헝가리 부다페스트를 무대로 활동했던 지식

아놀드 하우저

인 집단 '일요서클'. 여기서 그는 루카치, 만하임 같은 당대 인문학자와 교류하면서 예술사·극예술·영화에 대한 주관을 다듬었다.

1938년 나치를 피해 오스트리아 빈에서 영국 런던으로 이주했다. 이 시기에 하우저는 영화사에 품팔이로 생계를 유지하면서 대영도서관에 틀어박혀 10여 년 만에 「문학과 예술의 사회사」를 썼다. 영문판1951에

이어 독일어판1954을 펴냈다. 이 밖에 「예술사의 철학」1958 「예술연구의 방법론」1960 「현대예술과 문학의 근원」1964 「매너리즘 연구」1968 「예술사회학」1974 「루카치와의 대화」1978를 세상에 내보냈다.

그는 예술과 사회가 맺는 불가분의 관계를 직접 겪었다. 막일하면서 「문학과 예술의 사회사」를 탈고해 출판사 문을 두드렸지만, 무명 학자가 쓴 글이라며 퇴짜를 맞았다. 곤경에 빠진 그에게 영국 미술사학자인 허버트 리드가 손을 내밀었다. 그가 출판 보증을 서준 덕분에 이 고전은 빛을 보았다. 가난하지만 재능이 남달랐던 '예술가' 하우저에게 '키다리 아저씨' 허버트 리드가 내민 후원이 있었기에 오늘날 우리는 「문학과 예술의 사회사」를 읽는다.

- 사자성어로 푼 「문학와 예술의 사회사」

「문학과 예술의 사회사」에는 다사다난한 서양 문예의 역사가 펼쳐진다. 얽히고설킨 문예사를 빚어낸 예술가들은 희비극 무대에 오른 배우처럼 보이기도 한다. 그들의 행적을 사자성어로 풀었다.

▶ **청출어람**青出於藍. 제자가 스승보다 뛰어남

르네상스 때 명성이 높은 화가가 운영하는 작업장에는 제자가 몰렸다. 이들은 스승의 작업을 도우며 기량을 키웠는데 일부는 스승보다 뛰어난 실력자가 돼 명성을 얻었다. 이탈리아 피렌체 화가인 치마부에1240~1302는 조토1266~1337라는 걸출한 제자를 길렀다. 19세기 프랑스 화가 지글러는 〈치마부에 집에 있는 조토〉라는 유화를 그려 존경심을 나타냈다. 이탈리아 천재 예술가 레오나르도 다빈치1452~1519는 베로키오1435~1488의 문하생이었다. 베로키오는 1470년 회화 〈그리스도의 세례〉를 그리면서 일부 그림을 다빈치에게 맡겼다. 라파엘로1483~1520는 뛰어난 초상화가였던 프란치아1450~1517가 구사했던 화풍을 선배 티모테오 비티에게서 물려받아 걸출한 그림을 남겼다.

▶ **소신공양**燒身供養, 자기 몸을 태워 예술에 바침

세상에 처절하게 항거하며 예술혼을 불태우다 쓸쓸히 생을 마감한 예술가들이 이에 해당한다. 하우저는 이런 예술가 중 프랑스 상징주의의 천재 시인 랭보1854~1891를 지명한 후 격정 넘치는 문장으로 치켜세웠다. 50여 년의 고단한 망명, 생활고에 시달렸던 저자가 '바람 신발을 신은 사나이'에게서 연민을 느껴서일까. 랭보는 16세에 〈감각〉이라는 걸작 시를 썼다. 19세에 시작詩作을 중단한 후 37세로 죽을 때까지 문학 얘기를 하지 않은 천생 보헤미안이었다. 아프리카에서 떠돌던 중 자신 명성이 자자하다는 소식을 전해 듣자 "시에다 똥이나 싸라"고 일갈한 반항아. 아프리카 전염병에 걸려 프랑스 마르세유 구호병원에 입원해 한쪽 다리를 잘라낸 채 고통 속에서 숨진 이 허무주의자에게서 '지옥에서 보낸 듯한' 처절한 인생을 본다.

▶ **앙천대소**仰天大笑, 하늘을 쳐다보며 크게 웃음

프랑스 인상주의의 아버지라 불리는 에두아르 마네1832~1883가 1863년 낙선전에 회화 〈풀밭 위의 점심 식사〉를 출품한 후 돌아서서 한바탕 웃지 않았을까. 관선 전시회인 살롱전에 거듭 떨어진 후 '낙선전'에 내걸린 이 그림은 마네가 세상에 보내는 야유 그 자체다. 나체 여성은 관람자를 쏘아보며 도발하고, 옷을 갖춰 입은 두 남자는 어색한 자세로 시선을 돌린다. 뒤쪽에는 생뚱맞게 목욕하는 반라 여인이 등장하는데 원근법이 무시돼 커다랗다. 배경은 그리다 만 듯하다. 당대 미풍양속이나 그림 기법으론 용납되지 않아 관심과 조롱이 함께 쏟아졌다. 세상을 엿

먹이는 듯한 이 그림으로 마네는 지지 세력과 함께 명성을 얻게 되니 전화위복이 따로 없다. 「문학과 예술의 사회사」엔 서양 문예 역사가 살아 숨 쉰다. 문예사 실타래를 풀어내는 예술가들은 희비극 무대에 오른 배우처럼 보이기도 한다.

마네가 그린 〈풀밭 위의 점심 식사〉

코스모스

칼 세이건1934~1996

별은 명문장을 낳는다. 민족시인 윤동주1917~1945는 '별을 노래하는 마음으로 모든 죽어가는 것을 사랑'하는 법을 일러 준다. 프랑스 소설가 알퐁스 도데1840~1897는 '인간이 모두 잠든 깊은 밤중에'도 '또 다른 신비로운 세계가 고독과 적막 속에서 눈을 뜬다'라고 해 밤하늘을 올려다보게 만든다.

우주 속 별들이 모여 흐르는 강이 은하銀河다. '희미한 달밤보다 엷은 별빛인데도 그 어떤 보름달이 뜬 하늘보다 은하수는 환했던…' 밤하늘 아래 본 여인의 콧날을 일본 소설가 가와바타 야스나리1899~1972는 꿈결 같은 언어로 드러냈다. 별 하나가 가슴을 데운다. 하늘은 무한히 넓은 원고지다.

그리스신화 속 은하수는 교통사고의 현장이다. 아버지인 태양신 헬리오스에게 전차를 빌려 탄 아들 파에톤이 너무 높이 날다가 하늘 한 자락을 찢어 놓은 흔적.

이번엔 과학이라는 눈으로 밤하늘을 본다. 작지만 영롱하게 빛나는 별, 칼 세이건이다. 그가 1980년에 펴낸 「코스모스」는 지금도 독자의 머릿속에 '빅뱅'을 일으킨다. 대중이 우주에 관심을 가지는 데 한몫한 과학자다.

광활한 우주 속 인간은 존귀하다. "밤하늘에 별이 총총 보이지만 무작위로 우주 한구석을 찍었을 때 그곳이 행성이나 그 주변일 확률은 10^{-33}이다. 행성인 지구도 마찬가지다. 지구는 티끌보다 작지만 하나뿐인 귀한 존재다.

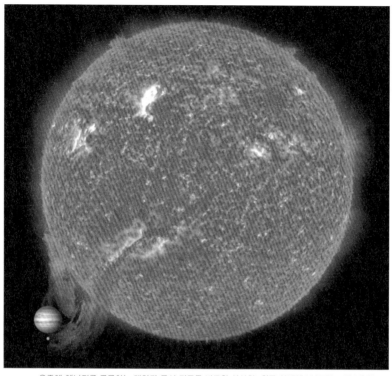

우주에 에너지를 공급하는 태양과 목성 지구를 비교한 상상화. 왼쪽 아래에 넘실대는 태양 홍염紅焰, prominence이 보인다. 목성과 그 밑에 밥알만 한 지구와 비교하면 홍염이 얼마나 큰지 짐작이 된다

그런 지구에 사는 모든 개인 역시 이 우주에서 하나뿐이다."

지구는 46억여 년 전 티끌과 성간星間 기체가 응축된 구름 속에서 태어났다. 화석 기록상 지구의 첫 생명체는 원시 바다에서 37억여 년 전 출현했다. 현생 인류는 360만 년 전 탄자니아 북부지역에 그 발자국을 남겼다. 100억~200억 년 전 빅뱅으로 우주의 역사가 문을 열었다. 소립자를 포함한 우주 물질이 퍼져나가면서 식었다. 주변은 암흑천지였다. 10억여 년 후 수소와 헬륨을 중심으로 한 우주 물질이 뭉치면서 은

하단이 생겼다. 여기에 숱한 은하·항성·행성이 자리를 잡았다. 행성 지구엔 드디어 인류가 모습을 드러냈다.

"재에서 비롯된 생명체가 진화를 거듭해 의식을 가지게 되면서 자기의 기원을 우주 대폭발로까지 거슬러 올라가 인식하게 되는 것, 이거야말로 우주 대서사시가 아니고 무엇이겠는가!"

인류의 고향은 우주이고, 우리는 재에서 태어났다. 우주는 모든 이의 어머니다. 우주 탐사는 인류가 고향을 찾아가는 장구한 오디세이다. 이 여행에서 또 다른 우주민宇宙民을 발견할 확률이 아주 높다고 한다. 외계 생명체는 관심의 대상이다. 미 국방성은 UFO미확인비행물체를 받아들인다. NASA미항공우주국가 촬영한 UFO 영상은 SF 영화의 한 장면 같다. 한국 공군에서 퇴역한 전 장성도 현역 시절 훈련 중 UFO를 봤다고 밝혔다. 세이건은 일찌감치 외계 생명체가 존재한다고 외쳤다. 우주 생성 과정을 이해한다면 그럴 수밖에 없다는 얘기였다. '우주엔 지구형 행성이 많다 →그곳에서도 지구처럼 생명 현상이 전개된다 →생명체가 출현해 진화한다'라는 논리다.

좀 더 자세히 알아보면 이렇다. 지구 은하계에 속한 별은 약 4,000억 개. 이 중 지구 같은 행성을 거느린 태양이 하나뿐이라고 단언하기는 어렵다. 여기서 행성을 동반한 별이 존재할 비율을 1/3로 잡으면 행성계는 1,300여 억 개. 이 행성계에 태양계처럼 행성이 평균 10개가 있다고 가정하자. 은하수 은하계에만 행성이 1조3,000여 억 개. 이 가운데 생명체가 존재할 확률이 높은 행성은 3,000억 개, 문명사회가 존재할 행성은 수백만 개다. 다른 수많은 은하계까지 고려한다면 외계 생명체가 존재할 가능성은 더욱 커진다. 외계 생명체가 지구인과 모든 면에서 똑같을 확률은 0%이지만 구성 물질은 같다그들과 지구인은 같은 우주 물질에서 빚어졌으므로. 우주 진화상 지구인과 외계인은 형제자매다.

저자는 강조한다. "외계 생명체는 반드시 찾아내야 한다. 호기심 때문만은 아니다. 그들을 이해하면 우리 인류를 더 잘 아는 길이 열린다." 우리보다 진보한 외계 생명체가 지구를 방문하더라도 걱정하지 말란다. 평화를 존중하지 않는 생명체는 결국 스스로 파멸해 고등 문명과 개체를 유지할 수 없다고 확신한다. 세이건은 지구인이 외계인에 대해 가지는 두려움과 불신은 자초한 측면이 크다고 꼬집는다. 국가 간 전쟁, 살인, 인종 차별, 폭력으로 얼룩진 역사를 만들어온 지구인이 외계인도 그렇다고 지레짐작한다는 설명이다.

거대 마젤란 망원경 상상도. 우주 관측은 코스모스로 나아가기 위한 기초 과학이자 투자다

천문학우주학 연구와 관찰은 지구의 안전과도 직결된다. 가령, 혜성 조각이 지구와 충돌했는데, 핵무기를 보유한 강대국이 타국의 공격으로 오인한다면 세계는 자멸 위험에 빠진다. 각국이 혜성에 관한 정보를 공유·연구하며 지구 평화를 지킨다면 일석이조다. 저자는 여기서 한발 더나아가 지구인이 이주할 '제2의 지구'를 찾자고 역설한다. 우리가 밤하

늘에서 보는 행성은 상호 충돌에서 살아남은, 우주에서 자연 선택된 천체다. 지구 역시 그런 운 좋은 행성 중 하나지만 혜성 충돌 같은 다양한 위험 요소 탓에 떠나야 할 때를 대비해야 한다고 강조한다. "이제는 우리가 외계인이 될 차례. 지구와 닮은 화성을 지구화하면 가능한 일이다. 화성에 인공 수로가 조성됐다고 믿었던 퍼시벌 로웰이 꾸었던 꿈을 현실로 만들자."

우주 탐사에 한 나라의 미래가 달렸다. 미국에선 일개 민간 회사가 우주여행 시대를 열겠다며 셔틀 우주선 계획에 불을 댕겼다. 세계열강이 벌이는 우주 개발 경쟁에 한국도 뛰어들었다. 최근엔 달 탐사를 다시 추진하겠다는 계획에 시동을 걸었다. 하지만 우리가 가야 할 길은 멀다.

태양계 행성 중 가장 큰 목성은 우주 개발의 필요성을 환기한다. 이곳 대기엔 지구 대기압보다 300배 강한 힘이 도사렸다. 지구상에선 인공으로도 구현할 수 없는 엄청난 대기압으로 수소의 원자핵에서 전자가 튕겨 나온다. 그 결과 목성 대기 속 수소는 금속성 액체로 변한다. 지구 밖에서만 존재하는 이 물질은 상온에서 초전도성을 가질 가능성이 크다. 이 막강한 소재를 인류가 얻는다면 전자공학은 눈부신 발전을 이룰 게 분명하다.

「코스모스」엔 환경오염을 걱정하는 저자의 목소리가 높다. 지구에서 이산화탄소와 황산 기체 배출량이 늘어나 온실효과가 커지면 지구의 표면 온도가 높아진다. 금성에서는 이런 현상이 초기부터 생겼다. 지금 금성은 어떤가. 지표면이 오븐 내부보다 뜨겁고, 대기 중에는 황산 구름이 자욱해 '지옥' 같다. 금성은 함부로 대한 지구의 미래다. "알고 보면 지구는 참으로 작고 연약한 존재이다. 지구를 좀 더 소중히 다뤄야 한다." 우주 쓰레기 증대도 큰 문제. 무분별한 우주 탐사는 화를 부른다.

보츠와나 공화국 칼리하리사막에 사는 쿵족은 은하수를 '밤하늘의 등

뼈'라 불렀다. 고대 철학자 피타고라스가 코스모스라는 단어를 처음으로 사용했다. 그는 우주를 아름다운 조화를 이룬 천체라 불렀다. 우주에는 지구의 모든 해변에 깔린 모래알보다 많은 별이 존재한다. 지구가 속한 은하수 은하계에는 1,000억 개의 행성계가 인류를 기다린다. 그중 100만 개의 행성에 지구인보다 고등한 생명체가 산다고 봐야 한다. 그들이 다가온다.

＊읽고 인용한 책 : 「코스모스」 칼 세이건 지음, 홍승수 옮김, 사이언스북스

- 일상에 스며든 천문학

칼 세이건

일상에서 천체의 상징물을 흔히 본다. 세이건은 이랬다. "전지전능한 코스모스에 연줄을 대고 싶어 안달이 나서 그렇죠."

세계 각국 국기를 보자. 먼저, 태극기. 사괘인 건곤감리乾坤坎離와 태극 문양은 우주와 자연을 형상으로 옮겼다. 건곤감리는 각각 하늘동. 춘분 땅서. 하지 물북. 동지 불남. 추분을, 태극은 음파랑 양빨강을 의미하니 태극기는 코스모스의 구성물을 거의 다 모아놓은 국기다.

별 문양을 넣은 국기가 단연 많다. 미국 성조기星條旗엔 50개 주를 의

미하는 별 문양이 50개, 중국 오성홍기五星紅旗는 5개중국공산당·노동자·농민·지식
계급·애국자본가. 브라질 국기엔 별 문양이 27개다. 캄보디아 국기는 앙코르
와트의 천문대 형상을 품었다. 이슬람교는 초승달을 중요하게 여긴다.
태양신을 섬겼던 아스텍 문화권에 속한 중남미 국가들의 국기에는 태양
문양이 들어갔다.

은하수 센타우루스 자리 남쪽에 있는 남십자성4개은 우리나라에선 보
이지 않는다. 뉴질랜드·파푸아뉴기니·서사모아·오스트레일리아 국기
엔 남십자성 문양이 있다. 북위 30도 이남에서만 관찰되는 남십자성은
남쪽으로 항해하는 배를 안내하는 좌표였다.

천문학은 언어 속으로도 스몄다. 월경月經은 우리말로 달거리라 하고
영어론 menstruation. 일정한 형태로 변하는 달月, moon이 어원이다.

순직한 아폴로 1호 승무원들인 그리섬·화이트·채피왼쪽부터

유행성 감기를 뜻하는 influenza는 이탈리아어로 '별의 영향'을 의미하는 influence에서 유래했다. 재해disaster는 그리스어로 '나쁜 별'을 뜻한다. 영어 consider행성과 함께, 건배를 뜻하는 히브리어 mazeltov좋은 별자리도 천문에 어원을 두었다.

라틴어 속담 'Per aspera ad astra'는 '역경을 헤치고 별을 향하여'라는 뜻. 1967년 발사 실험 중 사고로 숨진 아폴로 1호 승무원들거스 그리섬, 에드워드 화이트, 로저 채피을 기리는 기념비에 새겨진 문구다.

- 천문학 사용 설명서

우주 시대를 맞으며 알아두면 좋을 천문학 단위와 용어들.

▸ 거리 단위

빛초속 약 30만㎞이 1년간 주파한 거리가 1광년光年=약 10조㎞이다. 천문단위AU 파섹pc도 사용한다. 1광년ly=6만3,241AU=0.3066pc. 지구와 태양 간은 1AU1억4,960만㎞이며, 태양을 출발한 빛은 499초 만에 지구에 닿는다.

▸ 별 종류

일반인은 밤하늘에 반짝이는 천체를 몽땅 별이라 부르지만, 천문학자는 항성恒星을 별이라고 칭한다. 항성은 고유운동을 하지만 아주 멀리 떨어져 붙박이처럼 보이며, 스스로 빛을 낸다. 북두칠성도 항성이다. 항성처럼 보이지만 스스로 빛을 내지 못하는 천체는 퀘이사다.

항성인 태양을 중심으로 공전하는 수성Mercury 금성Venus 지구Earth 화성Mars 목성Jupiter 토성Saturn 천왕성Uranus 해왕성Neptune은 행성行星=혹성, 떠돌이별이다. 명왕성Pluto은 행성이었다가 2006년 왜성 행성으로 강등됐다. 외계 행성은 현재 4,000개 정도 발견됐다.

혜성彗星은 태양을 초점으로 긴 꼬리를 끌며 타원형 궤도를 타고 비행한다. 지구 대기권에 진입해 불에 타 소멸하는 천체 조각을 유성流星=별똥별이라 부른다.

▶ 아리스타르코스Aristarchos

고대 그리스 천문학자. 그는 지구가 다른 행성처럼 태양 주위를 돌며, 별들은 지구로부터 아주 멀리 떨어진 천체라고 주장했다. 2,000년이 지나 그가 펼친 주장이 정당하다고 인정받았다. 사모스섬 출신인 그가 쓴 책은 알렉산드리아 도서관에 소장됐지만, 도서관 화재로 사라졌다. 세이건이 존경했던 천문학의 비조이다.

아리스타르코스 동상

▸ 우주 플라스마Plasma

불·번개·네온사인이 플라스마에 속한다. 고체·액체·기체가 아니지만, 전기가 잘 흐른다. 성운星雲, 오로라, 태양 코로나, 태양풍도 플라스마다.

▸ 블랙홀Black hole

강력한 중력으로 시공간이 심하게 휘어서 빛조차 삽혀 섬게 보이는 천체. 1783년 영국 천문학자 존 미셸이 개념을 제시한 후 1971년 백조자리 X-1에서 처음으로 블랙홀이 발견됐다. 세이건은 블랙홀을 "밑을 알 수 없는 보조개"라 불렀다. 외부와 단절된 시공간으로 이 속에서는 시간이 느리게 흐른다.

두 번째 식탁

구운몽

서포西浦 김만중金萬重1637~1692

330여 년 전 귀양 간 50대 조선 사대부. 한양에 남은 칠순 홀어머니가 걱정돼 잠자리에서 뒤척인 지 벌써 서너 시간째다. '미욱한 아들이 잘 지내는지 한숨이 깊으실 텐데. 적적하실 땐 어찌 지내실꼬.' 이부자리에서 벌떡 일어나 붓을 잡아 글을 써 내려갔다. 우리나라 한글 고전 소설을 대표하는 「구운몽九雲夢」이다. 효심 깊은 아들 서포西浦 김만중金萬重이 노모 윤씨를 위로하려고 소설 형식을 빌려 썼으니 아주 긴 문안 편지다. '어머님, 전 이 소설 주인공처럼 편안하니 걱정하지 마십시오.'

서포의 아버지는 병자호란이 발발한 1636년 강화 도성을 사수하다 남문에서 순국한 김익겸金益兼 1614~1636. 이듬해 20대의 어머니 해평 윤씨는 피란 가는 배 위에서 서포를 낳았다. 출생이 평범하지 않았다. 그 어머니가 보통이 아니었다. 가난한 살림이라 귀한 책은 빌려서 아들이 읽게 하고, 직접 가르칠 때도 많았다. 서포는 문관이라면 누구나 흠모하는 관직인 홍문관 대제학을 지냈다. 이 고전을 읽은 이라면 서포 어머니에게 이렇게 물을 수 있겠다.

▶ 독자 : 구운몽 주인공인 양소유처럼 아들 서포가 대과에 장원 급제했을 때 비로소 어머님은 소리 내 웃으셨다지요. 그 앞 시험엔 합격해도 내색하지 않으셨습니다.

▶ 어머니 : 작은 재능에 교만 않도록 늘 가르쳤지요. 큰 그릇은 소리가

나지 않는 법이라고 타일렀답니다.

구운몽 내용은 허구이면서도 조선 현실이나 다름없었다. 당시 고위 관직에 오른 사대부들은 목숨을 걸고 당쟁의 대열에 나섰다. 그 싸움에서 이기면 입궐, 지면 귀양이었다. 소설 속 양소유의 삶이 그랬다. 그런 부침 끝엔 무엇이 남았을까.

▸독자 : 어머님께서 왼손엔 미음 그릇을, 오른손에는 회초리를 쥔 채 가르쳤던 아들이 낯선 유배지에서 이 소설을 썼군요.

▸어머니 : 아들은 먼 길을 걸어왔지요. 저희 모자는 최선을 다했으니 여한이 없답니다. 앞날은 이제 하늘에 맡기고 기다려야 하겠지요.

독자는 안다. 아들의 효심은 청사에 남았고, 부귀영화는 먼지임을. 「구운몽」은 조선 시대 사모곡으로 길이 전한다. 서포의 아호는 선생船生. '배에서 태어난 아이'란 뜻이다. 평북 선천에서 귀양살이할 때1687년 9월~1688년 11월 쓴 「구운몽」은 「춘향전」과 함께 조선 후기 고전 소설의 쌍봉을 이룬다.

출생부터 죽기까지 서포의 일생이 소설 같다. 조선 19대 숙종이 재위한 지 13년째인 1687년, 빈 인동 장씨가 숙원 품계를 받은 이듬해였다. 당시 집권 세력인 서인은 장씨가 낳은 왕자 윤후일 20대 경종을 원자왕세자에 책봉되지 않은 임금의 맏아들로 삼으려는 숙종에 반대 의견을 냈다가 줄줄이 유배 갔고, 남인이 정권을 잡았다. 서인으로 당시 판의금부사였던 51세의 서포는 평북 선천으로 귀양 갔다. 유난히 집안에 흉사가 잇따른 해였다. 대제학으로 명성을 날려 노모에게 기쁨이었던 네 살 손위 장남 김만기가 세상을 등졌다. 하지만 노모는 굳건했다. "유배는 선현도 피하지 못했다. 그곳에 가더라도 나를 염려하지 말고 자신을 잘 돌보아라." 모친이 보낸 이 편지를 받았던 날, 아들은 붓을 들어 구운몽을 써 내려가지 않았을까.

「구운몽」 중 주요 장면을 화폭으로 옮긴 〈구운몽도〉중 일부

'구운몽'이란 단어는 시어이기도 하다. 소동파 같은 시인이 '넓은 마음'을 은유할 때 썼다. 마음이 편하다는 뜻이다. 서포가 이 단어를 서명書名으로 삼은 이유가 짐작 간다. 노모가 서명을 보곤 빙그레 웃음 지었을 터. 아홉이란 숫자는 '젊은 수행승과 팔선녀정경패·이소화·가춘운·진채봉·적경

홍·계섬월·백능파·심요연'를 뜻한다. 그들이 꾼 한바탕 꿈이 이 소설의 소재다.

줄거리는 이러하다. 당나라 형산, 젊은 승려 성진은 육관 대사 아래서 정진하던 중 팔선녀를 만나 노닥거린 후 불심이 흔들린다. 육관 대사는 그 벌로 성진과 팔선녀를 속세에서 새 생명으로 태어나게 한다. 성진은 양 처사와 유씨 부부의 아들이 됐다. 팔선녀는 다양한 속세 신분을 얻어 흩어진다. 팔선녀는 나중에 모두 양소유의 부인정부인 2명. 첩 6명으로 인연을 맺고 부귀영화를 누린다. 은퇴한 양소유에게 육관 대사가 찾아와 9명이 하룻밤에 같은 꿈을 꾸었다고 일러준다. 9명은 세상 부귀영화가 허무함을 깨닫고 불도를 닦아 극락세계로 들어간다.

「구운몽」의 주제는 불교 공관空觀, 세속 만사 만물을 부정하고 이에 집착하지 않는 사상으로 묵직하지만, 이야기는 밝고 재미난다. 유불선儒佛仙 3대 사상을 녹여 폭넓은 독자층을 확보했다. 고리타분하지 않다. 무엇보다 당대에 보기 드문 남녀평등 사상이 돋보인다. 어머니 해평 윤씨가 홀로 형제를 대제학으로 키워냈다. 그런 어머니에 대한 존경과 감사가 구운몽 속에 스몄다. 요즘 말로 서포는 '성 인지 감수성'을 갖춘 문인. 군주와 신하, 주인과 하인, 정실과 후실, 부자와 빈자, 인간과 귀신, 승자와 패자도 차별하지 않는다. 17세기 우리 소설에서 인권 사상을 발견한다.

양소유가 욕망을 좇는 세월이 이어진다. 절세가인들과 누리는 향락, 부마까지 오르는 입신양명, 신神과 벌이는 전쟁과 사랑, 복잡 미묘한 혼인. 그러다 한순간에 만사를 내려놓고 불교에 귀의하는 반전 결말. 당시나 지금이나 독자를 매료시킨다. 꿈과 현실을 오가는 환몽 소설이다. 서포는 노모가 구운몽을 읽으며 미소 짓도록 세심하게 얘기를 짰다. 양소유 부인들이 짜고 남편을 골탕 먹이는 대목이 그렇다. 일부다처제를 당연시하는 대목은 현대 시선에선 껄끄럽다. 하지만 으레 고대사에서 나타나는 피비린내 나는 궁중 혈육 분쟁이 이 고전엔 없다. 소설 속 8명

부인 모두가 자녀를 1명씩 둔다. 권력자가 자식을 많이 둬 자초하는 분쟁을 조심하라는 서포의 은유가 아닐까. 8명 아내가 남편과 재산을 공유하다가 의자매를 맺는 장면에선 조선 계급사회에 보내는 야유가 어른거린다.

서포는 이 고전의 주인공 양소유이기도 하다. 양소유가 부친이 선계로 떠난 후 홀몸이 된 어머니를 부양하려 과거科擧에 나서는 대목이 그렇다. 유복자로 태어나 어렵게 홀어머니 밑에서 공부해 문과 정시에 28세 때 장원급제한 서포다. 그는 양소유처럼 화려한 여성 편력은 없었다. 하지만 둘은 모두 효자라는 점에서 닮았다.

양소유는 여러 절세가인을 취하고 고관대작으로 입신양명한다. 이를 두고 당시 조선 사대부의 욕망을 대리 실현했다는 후대 평가도 나왔지만 뒤집어 보면 다른 해석도 가능하다. 성욕 앞에 속절없이 무너지는 남성상. 양소유는 인간으로 완전히 변신하기 전이라 몸에 비늘이 많이 남았다며 잠자리를 꺼리는 용녀를 기어이 품는다. 그는 귀신으로 분장한 여자와 관계를 맺은 후 후일 부인과 지인에게 두고두고 놀림감이 된다. 모친이 재밌게 읽으시라고 꾸며낸 얘기 속에 여성과의 부적절한 관계는 화를 부른다는 철칙을 숨겨 놓았다. 공인이 여성을 함부로 대해 패망한 사례를 우리는 흔히 본다. 서포의 경고장이다.

「구운몽」 원본은 아직 발굴되지 않았다. 한글과 한문으로 필사한 이본이 각각 190, 220여 권에 이른다. 여러 정황상 원본이 한글로 쓰였다는 쪽에 무게가 실린다. 모자가 품은 한글 사랑이 남달랐기 때문이다. 서포는 한글을 자랑스럽게 여겼다. 어머니도 아들에게 송강처럼 한글로 글을 써보길 권유했고, 스스로 한글 작품을 즐겨 읽었다. 한글로 썼다면 출판 시장을 내다본 탁월한 선택이다. 한문에 익숙잖은 평민과 규방에서 널리 읽혀 대중성을 확보한 고전이었다. 「구운몽」 한글 필사본은 날

개 돈친 듯 유통됐다. 당시 서울 청계천 주변 세책점貰冊店, 필사본을 돈 받고 빌려주는 가게 대여 순위에서 윗자리였다. 규방 여인들이 패물을 팔아 「구운몽」 한글 필사본을 빌려 보기까지 했다는 게 학계 주장.

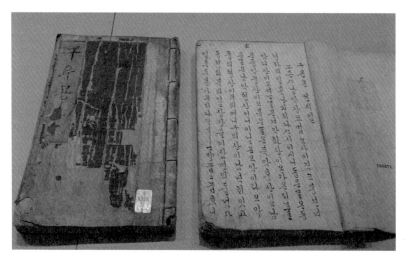

아들은 「구운몽」을 써 사모곡을 불렀건만 어머니는 세상을 떴다. 그로부터 일 년이 지난 1692년숙종 18 아들은 유배지 남해 고도에서 숨결을 놓았다. 숙종은 그를 추모하며 1706년 문효文孝라는 시호를 내렸다. 문효, 글로써 효를 이뤘다는 뜻이다.

✽읽고 인용한 책 : 「구운몽」 김만중 지음, 송성욱 옮김, 민음사

- 서포가 걸었던 길

노벨문학상을 탄 독일 작가인 귄터 그라스1927~2015가 쓴 장편 소설 「게걸음으로 가다」에 2차 세계대전 중 피란 가던 선박이 격침되기 직전

선상에서 여인 툴라가 남아男兒를 출산하는 대목이 나온다. 이 소설은 1945년 1월 30일 동프로이센 피란민과 부상병 1만여 명을 태운 빌헬름 구스틀로프호를 소련 잠수함이 격침한 실제 사건을 소재로 삼았다. 여기서 남아를 낳는 대목은 허구다.

17세기 조선에서 이런 일이 실제로 일어났다. 서포는 피란선에서 태어났으니 출생부터 풍운아답다. 서인 가문에서 자란 그는 문인이자 조선 후기 엘리트 정치인으로 활동하면서 유배와 재등용이

서포 김만중

라는 롤러코스터를 탔다. 14세 때 진사 초시를 통과한 후 16세 들어 진사시와 1665년 정시 문과에 장원급제했고, 1671년 암행어사가 돼 마패를 찼다. 인조·효종·현종·숙종 임금을 모시며 요직을 두루 거쳤다. 왕족과 혈맥을 맺으며 문인을 다수 배출한 예학 집안의 자손. 증조부 김장생, 조부 김직이 문묘에 배향됐다. 아들 김만기·만중, 손자, 증손자가 대제학을 이었다. 서포는 「사

씨남정기」「서포만필」「서포집」을 펴냈다. 형 김만기金萬基. 1633~1687도 「서석집」이란 문집을 남겼다.

21살 때 지아비를 잃은 서포의 모친 윤씨는 가난 속에서도 두 아들을 교육하는 데 지극한 정성을 쏟았다. 두 아들과 자신 사이에 여름엔 발, 겨울엔 병풍을 치고 학문을 가르쳤다. 아들의 학업 진척에 일비일희하지 않았다. 모친은 홍문관 관리에게 책을 빌리고 베껴 아들과 손자의 공부상에 올렸다. 청빈을 강조했다. 자손이 대과에 합격해야 조촐한 잔치를 열었다.

윤씨 역시 명문가 출신이다. 고조부 윤두수해원 부원군, 증조부 윤방영의정, 조부 윤신지, 조모 정혜 옹주선조의 딸, 부친 윤지참판공. 이 중 정혜 옹주를 통해 예법과 학문을 익혔다. 지아비 충정공 김익겸은 영의정으로 추증됐다. 「구운몽」에는 우리 선조의 선혈, 모정, 문학이 흐른다.

- 아쉬운 구운몽 활용

"구슬이 서 말이라도 꿰어야 보배." 「구운몽」은 우리만 보기엔 아까운 세계의 고전이다. IT 시대에 맞춰 다양한 콘텐츠를 입혀 해외로 보내는 후속 작업이 필요하다. BTS가 보여주는 K팝 열풍, 〈기생충〉이나 〈오징어 게임〉 같은 한국 영화가 쌓은 국제적 성과가 잇따른다. 대중문화에선 한류 바람이 거센데 우리 고전문학계는 어떤가.

외국어 번역 결과를 기준으로 보면 그리 흉작은 아니다. 「구운몽」은 현재 10개 언어로 번역됐다. 네덜란드어·영어·중국어·일어·이탈리아어·루마니아어·체코어·프랑스어·베트남어·러시아어·스페인어. 1922년 재한 선교사였던 제임스 게일서울 연동교회 목사이 영어판THE CLOUD DREAM OF THE NINE을 출간한 지 100여 년 만이다. 이 책은 북미 지역에서 아시아 문학을 전공하는 학생들에게 권장 도서다.

남해 섬인 고도는 김만중 유배지였다.
초옥이 복원됐긴 했는데 좀 더 세심히 관리해 문화 유적지로 가꾸어야 한다

「구운몽」은 영상물로 변신해 국제적인 흥행까지 노려볼 만한 잠재력
을 갖췄다. 블록버스터급 영화로 개작하면 관객 동원은 어렵지 않아 보
인다. 선계仙界와 인간계를 넘나드는 모험담이 빼어나다. 꿈을 소재로 삼
으니 서사 전개가 자유롭다. 용왕이 사는 동정호 용궁, 죄인을 심문하는
염라부, 선녀들이 모인 천궁, 거룩한 극락세계. 여기에 오락물 영화의
절대 강자인 '전쟁' 얘기가 빠지지 않는다. 인간과 신이 벌이는 각축전,
외적을 물리치는 장면도 나온다원작에서는 티베트를 양소유가 격파한다. 중국어 개작 번안
물「구운루」에선 티베트가 왜구로 바뀌었다. 게다가 영웅호걸·절세가인·기인·괴물이
등장하고 노래와 연주 같은 청각 요소도 즐비하다. 특히 중국인들이 좋
아할 대목이 많다.

우리 고전을 외국어로 번역하고, 콘텐츠를 다양화해 수출하는 큰일을 민간이 주도하기엔 버겁다. 일본의 예에서 보듯 번역 사업은 국가 차원에서 이뤄져야 한다. 우리 번역 환경은 열악하다. 외국어로 번역되지 않은 한국 고전이 많듯, 읽고 싶어도 국어 번역본이 없어 그림 속 떡인 외국 고전 명작이 수두룩하지 않은가. 번역 인프라도 강화해야 할 국력 중 하나다.

내가 죽어 누워 있을 때

윌리엄 포크너[1897~1962]

2022년 코로나19 바이러스가 크게 유행하고 러시아·우크라이나 전쟁이 겹쳤다. 21세기 들어 인류는 죽음의 그림자를 코앞에서 느낀다. 이런 비상시국에선 존엄한 죽음이란 희망 사항일 뿐이다. 한편, 죽음을 대하는 방식은 그 사회가 가진 품격 중 하나다. 1930년에 발표된 이 고전은 누구나 피할 수 없는 죽음에 대한 날카로운 통찰을 드러낸다.

포크너는 아일랜드 천재 소설가인 제임스 조이스[1882~1941]와 닮았다. 둘 다 무난하게 읽히는 소설을 쓴 작가가 아니다. 이들이 구축한 문학 세계로 들어가려면 문을 여는 방법 정도는 알아야 한다. 덜 어려운 작품을 먼저 읽는 게 요령이다. 가령, 같은 조이스 작품이라도 「율리시스」[1922]는 「젊은 예술가의 초상」[1914]보다 몇 배 읽어내기가 힘들다. 포크너의 경우 「음향과 분노」[1929]가 이 고전보다 훨씬 난해하다. 이렇게 읽기 어려운 소설이 등장한 데에는 당대 상황이 한몫했다. 당시를 보자. 1차 세계대전이 남긴 참상을 보며 세계가 절망하던 때였다. 유럽·영미 지성인과 예술가들은 점차 충격에서 깨어나며 새로운 세상을 꿈꾸게 된다. 예술 부문에서 다양한 실험·창작 정신이 쏟아져 물결을 이뤘다. 그런 동력을 일으킨 집단 중 하나가 '잃어버린 세대, 모더니즘 작가'들이었다. 노벨문학상[1950]·퓰리처상[1954·1962] 수상 작가인 포크너가 그 작가군에 속한다.

이 소설이 가진 묘미는 뭐니해도 짜릿한 반전이다. 달리 말하자면, 줄거리를 모른 채 독서 해야 감동이 커진다. 15명 등장인물이 일인칭으로 등장해 59개 얘기에피소드를 들려준다. 이름이 제시된 화자가 독백한다.
특히 현재진행형 독백은 주인공이 독자 옆에 얘기하는 듯한 현장감을
준다. 당시로선 참신한 서사 기법.

　요크나파토파저자가 다른 작품에서도 등장시키는 가상 공간라는 가난한 미국 남부
마을이 무대. 농부 가족이 초상을 맞았다. 그 집 어머니가 병환으로
숨졌다. 그런데 장지가 동네 공동묘지가 아니다. 고인의 고향인 제퍼슨
마을이다. 타향으로 시신을 운반해 묻어야 한다는 얘기다.

제임스 프랑코 감독이 이 소설을 영화로 만들었다. 숨진 어머니를 그녀의 고향으로 운구해 매장하는 장면

　아버지와 자식들아들 셋, 딸 하나이 출상한다. 목관에 어머니 시신을 넣었
다. 노새가 끄는 마차에 싣고 장지로 떠났다. 이 기묘한 일행을 본 사람
들은 쑥덕댄다. 무더위와 홍수가 겹쳐 고생길이다. 40마일을 가야 하는
데 마차로 보통 반나절 걸린다. 이 여정이 악전고투를 겪으며 10일로
늘어난다. 평소 데면데면한 가족이 이렇게 붙어 지내니 어떤 일이 터질
지 예상하기 어렵다. 어머니의 죽음 앞에 선 가족은 진지하면서도 제각
각 다른 모습을 보인다. 산 자보다 죽은 자를 더 각별하게 대하는 모습
을 독자는 목격한다. 부조리일까.

　포크너는 등장인물이 누군지 처음부터 선뜻 알려주지 않는다. 이름만

명시될 뿐 정체가 아리송하다. 꼼꼼하게 읽으며 책장을 넘겨야 파악되도록 포크너가 서사 전략을 치밀하게 짰다. 점차 가족 구성원의 면면이 드러난다. 번드런 앤스남편, 애디고인이자 앤스의 아내, 4남캐시·달·주얼·바더만, 1녀듀이 델. 독서 몰입도를 은근슬쩍 높이는 실험성과 독창성이 여기서 확인된다. 포크너는 시공을 초월한 다자多者의 시점을 도입해 소설을 썼다. 독자가 얘기의 퍼즐을 맞추도록 유도한다.

이 소설에서 새롭게 시도된 서사 기법들은 이렇다. 본문 기본 서체는 명조체로 하면서 드문드문 고딕체를 썼다. 생각·의식·속마음 표시하기'의식의 흐름' 기법. 행위 묘사 부분도 고딕체를 썼다. 이런 서체 구별이 아예 없었다면 독해가 더 어려웠을 터. 1930년대엔 이런 시도가 색달랐고 독자는 혼란스러웠다. 포크너는 언어만으로는 의미를 전달하기에 부족하다고 봤다. 단어 대신 기호를 사용하거나, 공백으로 남기기도 했다. 아들 캐시가 만든 관은 벽시계 모양이었는데 포크너는 그 형태를 그려 보여준다. 이런 문장도 나온다. '처녀 적 내 몸의 모양은 이다'. '이다' 앞에 단어가 빠졌다. 탈자 실수가 아니다. 실험성 강한 포크너의 글쓰기. 영문을 모르는 독자는 엉터리 문장이라고 화를 내지 않았을까.

포크너는 40이라는 숫자에 의미를 실었다. 어머니 애디의 독백은 이 소설 서사에서 비중이 크다. 전체 59회 중 한참 후반부인 40회째, 그것도 단 한 번인 에피소드로 등장한다. 장지 제퍼슨까지도 40마일64.4㎞, 부산~경남 밀양 거리. 기독교 신앙에서 40이란 숫자는 상징성을 갖는다. 이스라엘 민족이 광야에서 40년을 헤매다 가나안에 도착했다. 저자는 가족 장례 여정을 이에 비유하고 싶었을까.

제목 「내가 죽어 누워 있을 때As I Lay Dying」에서 '나'는 전직 교사였던 어머니 '애디'다. 사자死者가 말하다니? 서술어 'Dying'에 대해 두 해석이 가능하다. 시중에 출판된 책들에서도 두 가지 제목이 발견된다. 「내가 자리에 누워 죽어갈 때_{임종}」와 「내가 죽어 관 속에 누워 있을 때」. 소설을 살펴보면, 애디의 임종 때보다 죽은 후 상황을 서술한 분량이 더 많다. 「내가 죽어 누워 있을 때」라는 제목이 낫다. 애디가 영혼이 돼 모든 일을 내려다보는 시선이 느껴진다. 그녀의 발언은 폭발력이 크다. 셋째 아들 주얼을 혼외정사로 얻었다는 사실을 털어놓기 때문이다. 그녀는 남편을 사랑하지 않았다. 삶이란 죽음을 준비하는 기간이라 생각하며 서서히 죽어 왔던 애디. 위장된 신앙을 거부하는, 고독한 실존주의자였다. 아내라는 의무감에서 남편 앤스에게 자식을 낳아 주었다. 둘째 아들 달이 태어났을 때 그녀는 남편에게 자기가 죽으면 친정이 있는 고향에 묻어 달라고 부탁했다. 애디의 독백은 삶·죽음·사랑·고독·가족·신앙과 같은 보편 가치에 대해 다시 한번 생각하게 만든다. 쓸쓸레하고 허무한 그녀 인생. 동병상련하는 독자가 많았으리라.

　가족은 고인 유언을 한사코 실행한다. 마지막 가족애이고 단 한 번인 이별이어서 그런가. 범람하는 강을 마차를 몰고 건너다 이들은 사고를 당한다. 마차가 급류 속 통나무에 치여 강물에 휩쓸린다. 마차는 간신히 건졌지만, 노새는 익사한다. 이 와중에 장남 캐시는 다리가 부러져 어머니 관 위에 부목을 댄 채 이송되는 신세. 아버지는 셋째 아들 주얼이 애지중지하는 말을 몰래 판 돈으로 새 노새를 마련해 다시 길을 떠난다. 날씨가 더워지면서 시신이 썩는다. 악취가 1마일 밖에까지 퍼진다. 주변 마을 사람들은 코를 싸매다 급기야 번드런 가족을 몰아낸다. 하늘엔 송장 냄새를 맡고 모여든 맹금류인 말똥가리가 무리를 지어 공중을 선회하며 마차를 쫓는다. 괴이하고 섬찟한 장례 행렬이다.

　둘째 아들인 달이 들판에서 집으로 돌아오는 장면을 묘사하는 독백으로 시작된 이 소설은 장남 캐시의 혼잣말로 끝난다. 속물이자 자기밖에 모르는 무능한 남편은 아내를 묻자마자 희비극을 벌인다. 고명딸인 듀이 델. 말 못 하는 고민을 해결하려 애쓰지만, 남에게 이용만 당할 뿐이다. 자기 나름대로 망자를 추모해온 번드런 가족은 어느새 그녀를 잊으려 서둔다. 망자를 보내는 과정일까. 가족은 일상으로 돌아갈 준비를 하지만 달만큼은 그렇게 하지 못한다. 어머니 애디와 성품이 가장 많이 닮았다는 달. 누구보다도 가슴 아파하는 그를 나머지 가족이 정신병원으로 보낸다.

저자는 죽음을 대면한 인간을 차가운 눈으로 응시한다. 어머니가 앓아눕자 목수인 큰아들 캐시는 창문 아래서 열심히 관을 짠다. 침대에 누워 죽어가는 어머니는 그 모습을 환히 본다. 셋째 아들 주얼은 캐시가 못마땅하다. "엄마가 관 속에 누워 있는 모습이 꽤 보고 싶은 모양이지?"하며 대든다. 자기 방식대로 죽음을 맞을 준비를 하는 캐시와 죽기 전에 조금이라도 어머니를 편히 모시고 싶은 주얼. 막내 바더만은 너무 어려 어머니 죽음을 받아들이지 못한다. 그저 관 속에 누웠을 뿐인 엄마가 갑갑할까 봐 관 덮개에 구멍을 여기저기 뚫어 놓았다. 몽유병 환자 같은 달은 그저 먼 곳만 응시한다. 딸 듀이 델은 어머니 옆에 붙어 부채질하며 타인의 접근을 막는다. 남편 앤스는 아내가 죽기를 은근히 바라는 사람 같다.

포크너는 삶에 섞인 부조리와 허무를 꼬집으면서도 인간성에 대한 신뢰를 버리지 않는다. 저자의 화법은 음울하고 쓸쓸하지만, 삶을 무심하게 받아들이는 용기도 아울러 보여준다. 그렇다. 세상 사람 누구나 돌아오지 못하는 곳으로 떠난다. 조금 더 먼저 떠나는 이를 보낼 뿐이다.

✽읽고 인용한 책 : 「내가 죽어 누워 있을 때」, 윌리엄 포크너 짓고 김명주 옮김. 민음사

- 포크너 일생

"나를 일으켜 세우거나 거꾸러뜨릴 것이다."

포크너가 「내가 죽어 누워 있을 때」를 출간한 후 한 말이다. 작가로서

단단한 자부심이 감지된다. 노벨상 수락 연설에서도 드러났지만, 포크너는 창작 정신이 치열했다. 당대 독자가 낯선 '포크너 스타일'을 받아들이기까지 긴 시간을 견뎠다. 50대에 가서야 유명해졌다. 결국 풀리처상 2관왕에 오르고 노벨문학상까지 탔으니 「내가 죽어 누워 있을 때」는 그에게 V자를 예고한 책이다.

월리엄 포크너

월리엄 커스버트 포크너는 미국 남부인 미시시피주 뉴올버니에서 1897년 9월 2일 명문가 자손으로 태어났다. 사업가 아버지를 따라 같은 주 소도시인 옥스퍼드로 이사해 문학에 조예가 깊은 어머니와 함께 유복한 유년을 보냈다. 옥스퍼드에서 고교·대학을 중퇴한 뒤 공군에 입대해 1차 세계대전을 겪었다. 미국 남부가 가진 아름다운 자연, 농업에 기반을 둔 공동체 정신, 완고한 기독교 문화와 정서는 포크너 소설 속 배경으로 녹아들었다. 젊은 그는 대학우체국장과 전기발전소 직원, 부기사무소 사원, 할리우드 시나리오 작가를 전전하며 가족과 동생, 처가까지 부양하면서도 오롯하게 작가정신을 지켰다.

어릴 적부터 문학에 관심이 많았다. 1924년 첫 시집 「대리석 목신」을 내고 1926년 첫 소설 「병사의 봉급」을 선보였다. 1932년까지 거의 매년 포크너는 역작을 내놓았다.

포크너 「소리와 분노」

「모기」1927 「시토리스」·「소리와 분노」1929 「내가 죽어 누워 있을 때」1930 「성역」1931 「8월의 빛」1932. 「압살롬 압살롬!」은 1936년, 첫 번째 퓰리처상 수상작인 「우화」는 1954년 출간한 작품이다. 그는 장편 이외에도 중·단편을 많이 써 단편집도 여러 권 내놓았다. 1950년 노벨문학상, 1962년 「자동차 도둑」으로 두 번째 퓰리처상을 수상하고 그해 사망해 고향 옥스퍼드에 묻혔다.

- 미국 남부 문학 일군 포크너

20세기 미국 문학을 대표하며, 남부 문학 창시자다. 미국 남부는 포크너 문학이 출발한 근원을 보여준다. 남부는 독특한 지방색과 역사를 가졌다. 초창기 남부는 영국·프랑스·스페인 같은 강대국이 식민 지배한 흔적이 남아 유럽풍이 짙었다. 토지와 부를 세습한 귀족, 자작·소작농, 노예로 짜인 계급사회였다. 노예제를 기반으로 한 목화·담배 산업이 발달한 농경 사회였으니 보수 성향이 강할 수밖에. 남부인은 이곳 특산물인 담배와 목화를 유럽에 수출해 부를 일궜다. 개신교가 주류 종교. 이런 남부는 남북전쟁에서 패한 후 경제 쇠퇴, 귀족 몰락, 인종 갈등 같은 사회 혼란을 겪으며 상실감에 빠져들었다. 어두운 정서가 남부 문학 이면에 깔렸다.

포크너의 문학 세례를 받은 작가가 잇따르면서 남부 문학은 확고하게 자리를 잡았다. 카슨 매컬러스「결혼식의 멤버」·플래너리 오코너「현명한 피」·마크 트웨인「허클베리 핀의 모험」·테네시 윌리엄스「욕망이라는 이름의 전차」·마가렛 미

〈바람과 함께 사라지다〉 중 한 장면. 마가렛 미첼이 쓴 남부 문학 작품이 영화로 만들어졌다

첼「바람과 함께 사라지다」·유도라 웰티「낙천주의자의 딸」가 그들. 뒤를 잇는 후배 작가군엔 하퍼 리, 존 그리샴, 캐서린 스터킷이 포함된다.

이들은 공동체 속에서 분열되는 자아, 위장된 기독교 신앙과 죄의식, 인종 갈등, 괴물을 닮은 인간성 같은 어두운 주제 속에서 휴머니티를 찾는 노력을 기울였다. 후대에 와서 이 남부 문학은 인종 차별과 관련해 도마 위에 올랐다. 「바람과 함께 사라지다」를 두고 노예제를 미화한다는 비난이 잇따르자 온라인에 영화 제공이 제한을 받았다. 하퍼 리의 「앵무새 죽이기」에는 '니그로'라는 인종 차별 호칭이 여러 번 등장해 문제라는 지적이 나왔다. 오코너의 일부 작품 역시 마찬가지다. 인종 차별로 오해할 대목이 있다. 하지만 현대의 시선에 함몰돼 과거 문학 작품을 인종 차별로 재단하는 건 득보다 실이 많다는 주장도 만만찮다.

자유론

존 스튜어트 밀1806~1873

코로나19 바이러스가 기승을 부렸을 때 누구나 공공장소에선 마스크를 쓸 수밖에 없었다. 대다수에게 당연한 이 방역 지침을 일부는 받아들이지 않았다. 그러면서 한 단어를 불러냈다. '자유'. "마스크를 쓰지 않을 자유를 달라." 유별나다고 손가락질하기 전에 생각해보자. 국가는 공익에 도움이 된다면 개인과 단체의 자유를 제한해도 되는가, 허용된다면 어느 수위까지? 우리 사회가 답해야 할 질문이다.

19세기 영국 자유주의자인 밀은 이 문제를 풀기 위해 평생을 연구해 「자유론On Liberty」1859을 써냈다. 오늘날 우리가 친숙하게 받아들이는 민주주의·자유·개성·다양성·자율성 같은 덕목이 이 고전에서 빛을 낸다. 160여 년 전 영국 자유사상에 디딤돌을 놓은 대작. 당시 왕조 조선에서 자유사상은 체계를 못 잡았다. 일제강점기엔 전범국가 일본이, 6·25전쟁 후로는 군부·보수 정부가 자유를 눌렀다. 촛불 정부가 출범한 이후 우리는 비로소 손에 쥔 자유를 보았다. 이제 제대로 '자유 사용 설명서'를 읽을 시간, 어렵게 얻은 자유가 흔들리지 않는지 점검할 때.

밀은 스스로 이 책을 자유에 대한 '에세이'라고 불렀지만 실은 탄탄한 이론서다. 1장서론을 보면, '시민·사회'는 세 가지 자유를 가진다. 첫째는 양심의 자유다. 의식내면 영역에서 양심은 절대 자유를 누린다. 양심은 사물에 대한 가치·선악·시비를 판단하는 도덕의식. 사상과 감정이 억압돼선 안 된다. 과학·도덕·종교와 관련된 의견·감각은 절대 자유를 누려야 한다는 얘기. 사상·표현의 자유는 같은 몸이다. 여기서 언론·출판이 자유를 누릴 권리와 책임이 나온다. 둘째, 취향·탐구의 자유다. "남에게 해를 끼치지 않는 한 개인은 자신이 하고 싶은 대로 행동해도 된다." 셋째, 개인은 단결할 자유를 갖는다. 헌법상 집회·결사의 자유와 노동자의 단결권이 여기에 포함된다.

민중은 싸워 자유를 얻는다. 〈민중을 이끄는 자유의 여신〉 외젠 들라크루아 작1830

밀이 제시하는 자유 개념은 이렇게 요약된다. "개인은 100% 자유를 누린다. 누구라도 간섭해선 안 된다. 단, 타인에게 해를 끼치는 자유는 제한을 받기도 한다. 개인은 타인이 자신을 부당하게 공격할 때 스스로 보호할 권리Self- protection를 갖기 때문이다." 이런 밀의 사상은 현대 자유관에 스몄다.

그는 자유의 개념을 제시한 후 "이러한 자유가 없는 사회는 그 통치 형태가 어떠하든, 자유롭다고 할 수 없다"라고 단정 지었다. 명쾌한 논의지만, 허점이 보인다. 무엇보다, 남에게 해롭지 않고 오로지 개인과 관계된 자유와 그렇지 않은 자유를 확실히 구분하는 게 가능할까 하는 의문이 생긴다. 그런 구분은 중요하다. 사회가 합법 아래 개인에게 권력을 행사할 때 그 권력이 가진 정당성을 규명하는 잣대이기 때문. 밀은 명확한 입장을 드러내지 않는다. 하지만 조금만 생각해보면 밀이 왜 그랬는지 알게 된다. 구분을 짓는 경계가 움직이니까. 자유는 시대와 사회 그리고 연결망에 따라 살아 숨 쉬는 유기체다. 자유와 부자유를 가르는 경계도 늘 움직인다.

그 경계를 긋는 기준은 무엇인가. 민주주의 국가에선 토론을 통해 얻은 자유는 정당성을 인정받는다. 최대한 많은 이가 만족하도록 합의를 일구었으므로. 한국 사회는 이런 과정을 받아들이는 중이다. '사회적 합의가 중요하다'라는 말은 갈등과 대립이 발생한 곳에서 항상 흘러나온다. 결과는? 여전히 부족하다. 정치권은 민생 수호를 말로만 외칠 뿐 안으론 당리당략을 좇는다는 비난을 받는다. 정권이 교체되면 이전 '사회적 합의'는 물 건너간다. 우리 사회가 토론에 좀 더 익숙했더라면 겪지 않을 일이다. 「자유론」 2장은 '사상·토론의 자유'를 다룬다. 토론에 미숙한 우리의 모습을 반성하게 된다.

여기서 밀은 자신이 가진 자유·인권론자다운 면모를 유감없이 드러낸다. 밀이 저술한 여러 저서 중 「자유론」이 으뜸이고, 「자유론」 중에서도 2장이 가장 반짝인다. 사상·표현의 자유를 구가하기 위해선 토론하는 자유가 무제한 보장돼야 한다고 외쳤다. "모든 인류 중 한 명만 이견을 가졌다고 하더라도 나머지 인류는 그에게 침묵을 강요해선 안 된다."

토론의 자유가 가진 가치를 세 가지로 나눴다. 토론할 때는 소수 의견을 무시하지 않고 경청하는 자세가 중요하다. 소수 의견이 진리일 가능성을 망각해선 안 된다는 말. 다수 의견이 진리이고, 소수 의견이 틀렸다고 하더라도 소수 의견이 표현될 수 있는 자유를 주는 게 유용하다고까지 덧붙였다. 이런 경우엔 소수 의견이, 진리인 다수 의견을 한층 부각하는 효과를 내기 때문. 소수에 관대하지 못한 사회라면 귀를 기울일 만한 충고다. 인권론자인 밀이기에 이런 주장을 폈다. 아울러 그는 개인 집단이 자기의 의견과 행동에 오류가 없다며 나머지 의견을 배척하는 이른바 '무오류 함정'에 빠지면 안 된다고 경종을 울렸다. 토론 없이 도출된 진리는 독단이며, 진리에 이르기 위해서는 반대론도 존중해야 한다. 이 덕목을 잘 따른다면 세상은 한결 조화롭게 굴러갈 게 분명하다.

3장에서는 복지 요소인 개성을 다뤘다. 밀은 논의를 전개하면서 「국가 영역과 의무」를 펴낸 독일 언어학자·철학자인 빌헬름 폰 훔볼트 1767~1835가 표명한 의견을 자주 끌어들였다. "인간을 최대한 다양하게 발달하도록 하는 게 본질상 절대로 중요하다." 이 훔볼트의 주장을 서두에 소개하면서 "이 책의 모든 논의가 직접 지향하는 숭고한 기본 원리"라고 적었다. 여기서 저자는 전체주의가 가장 경멸하고 억압하는 '인간 개성'이 얼마나 중요한 가치인가를 보여준다. 인간이 다양하게 발달할 때 '인간 진보'를 이룬다. "인간이 자유를 올바르게 구현해야 우리는 진보한다."

여기선 행동의 자유를 논한다. 개인에겐 자기 방식으로 행동할 자유가 부여된다. 이때 그 개인이 '무엇을 하는가'와 '어떤 특징을 갖는가'를 눈여겨본다. 다양한 개성이 존중돼야 한다고 밀은 확신한다. '개성=밀'이란 등식이 떠오를 정도다. 다채로운 자유와 생활이 보장되고, 강렬한 욕망과 충동이 이어져야 개성이 다양해진다. 그러면서 저자는 당대 일반인들이 개성에 대해 무관심하다며 한숨을 쉬었다. 유연하지 못한 사회일수록 개성을 '모난 돌'로 보는 경향이 강하다.

'개인에 대한 사회적 권위의 한계'를 다룬 4장에서 전체 결론이 등장한다. 밀은 행동의 자유와 관련해 두 원칙을 내민다. 첫째, 개인은 서로 이익을 침해하지 마라. 둘째, 사회와 구성원을 보호하는 희생 그리고 노동과 관련한 개인에겐 그 몫이 엄정히 분배돼야 한다. 타인에게 해를 끼치지 않는 자유에 윤리·도덕·사회규범이란 틀을 씌우면 안 된다는 얘기다. 개인은 자기 행동에서 절대 주권을 갖기 때문. 한국에서도 국가보안법 개정이나 폐지, 양심적 병역 거부에 대한 법원의 인용, 포괄적 차별금지법 제정 같은 개인의 자유를 신장하는 움직임이 활발해졌다. 계층별로 큰 시각차를 줄이는 건 숙제로 남았다.

마지막 5장에선 사회가 개인의 자유에 개입할 때 유념해야 할 2대 원칙이 나온다. 첫째, 개인이 어떤 행동을 했을 때 타인 이해와 무관하면 그 행동과 관련해 책임을 지우지 않는다. 둘째, 타인에게 손해를 끼쳐 사회를 보호할 필요가 인정되면 그 개인은 처벌 대상이 된다. 밀은 국민이 자유로운 교육을 받게 하고, 배심제와 지방자치제를 시행하라고 목소리를 높였다. 자본주의 사회에서 '경제'는 '자유'를 압도한다. 하지만 배가 부르더라도 자유의 가치를 실현하지 못하면 인류는 제자리에 머문다. 모든 사회 현안을 '경제'로 풀려는 시도가 곧 한계에 직면한다는 걸 이 사회가 잊지 않았는지 돌아보게 한다.

＊읽고 인용한 책 : 「자유론」, 존 스튜어트 밀 지음, 박홍규 옮김, 문예출판사

- 밀, 사랑할 자유를 실천한 사상가

"나는 이 책을 나의 친구이자 아내였던 여성과 일구었던 사랑스럽고도 애처로운 추억에 바친다."「자유론」 첫머리에 밀은 자신이 흠모한 여인을 향한 헌정사를 올렸다. 독자는 먼저 떠난 유일한 '사랑'을 그리워하는 순정남 밀을 만난다. 밀은 결혼하지 않은 채, 유부녀인 그녀를 18년이나 기다려 마침내 아내로 맞았지만, 그녀와 금슬을 누린 시간은 짧았다. 밀의 표현대로 '애처로운' 사랑이었다.

해리엇 테일러

밀은 해리엇 테일러1807~1858를 24세 때인 1830년 처음 만났다. 당시 그녀는 기혼녀였다. 밀이 알고 지내는 부유한 상인이 그녀의 남편. 그녀를 연모한 밀이 테일러 집을 수시로 드나들어 삼각관계가 파다하게 소문났지만, 추문은 없었다. 밀 아버지와 지인들이 그런 관계를 반대해도 밀은 꿈쩍하지 않았다. 그는 자기 양심을 좇아 '사랑할 자유'를 실천한 셈이다.

그는 테일러의 남편이 죽자 그녀를 1848년 아내로 맞았다. 어렵게 두 사람은 맺어졌지만, 백년해로는 못 이뤘다. 10년 후인 1858년 테일러는 밀이 퇴직한 기념으로 프랑스 여행에 함께 나섰다가 결핵을 얻어 숨졌고 그곳 아비뇽 묘지에 묻혔다. 섬약한 청년 밀을 속정으로 품었던 테일러는 그렇게 밀 곁을 떠났다. 15년 뒤 영국에서 건너온 밀의 영혼이 아비뇽으로 날아들었다. 테일러 묘소 옆에 밀이 안장돼 영원한 동반을 이뤘다.

- 존 스튜어트 밀은 누구

1806년 5월 20일 영국 런던 근교에서 9남매 중 장남으로 태어나 조기 교육을 받았다. 동인도회사에서 일했던 아버지는 철학자·역사학자였다. 그는 밀이 3세에 라틴어와 그리스어 고전을 읽자 천재성을 확인하고 조기 교육에 열성을 쏟았다.

밀은 12세에 대수학·프랑스어·논리학을 깨쳤다. 한창 뛰놀 나이에 공부만 했던 밀은 훗날 자서전에 "나는 소년이었던 적이 없다"라고 썼다. 공리주의의 대가인 제러미 벤담을 추종했던 아버지에게서 유독 이성을 강조하는 교육을 받은 아들은 신경쇠약증을 앓았다.

존 스튜어트 밀

그래선지 밀이 피력한 일부 주장은 날이 섰다는 비판을 받는다. 흔히 서양 사상가는 동양 문명을 인색하게 평가하는데 밀도 그런 성향을 보였다. 그는 중국 같은 동양에서는 관습이라는 횡포에 저항하는 노력이 부족하다고 꼬집었다. 반면 유럽은 다양성과 교양이 풍부해 그렇지 않다고 견주었다. 중국은 외부의 힘으로 개량하는 게 가능하다는 의견을 내놓았다. 서양 제국주의를 미화하는 대목도 발견된다. 아버지에 이어 영국 제국주의의 산물인 동인도회사를 35년간 다닌 결과 생긴 부작용이다.

여성참정권을 보장하는 사회 활동에 나선 밀오른쪽

밀은 여성 인권 신장에 관심을 가졌으며, 사회계급을 지배자·노동자로 구분하지 않고 남·여로 나눴다. 그는 1865년 하원의원에 당선돼 여성참정권을 주창했으나 성과는 없었다. 공리주의자로 출발해 그 토대 위에 영국의 '점진적 사회주의' 기초를 세웠다. 그는 아나키스트이자 낭만주의자였다. 「논리학 체계」1843 「경제학 원리」1848 「대의 국가론」1861 「공리주의」1863 「여성의 복종」1869 「자서전」1873을 생전에 펴냈다. 「사회주의」1891는 사후에 출간됐다. 그는 1868년 하원의원 선거에서 패한 뒤 1873년 숨졌다. 밀은 소수를 고려하며 모든 이에게 자유를 주기 위해 싸운 사상가로 역사에 남았다.

그리스신화

　"아우게이아스 마구간 같구나, 얘야." 초등학생 자녀가 어지른 방을 본 부모가 이랬다면? 평소 듣던 잔소리가 아니어서 아이는 눈만 껌벅껌벅. 이제 자녀와 마주 앉아 '헤라클레스의 열두 가지 과업'에 대해 얘기를 나눌 때다. 「그리스신화」를 읽은 부모와 아이에게 멋진 대화 창구가 생겼다. 아이 방이 정돈되면 부모가 하는 칭찬. "아이고, 이젠 스위스 정육점이네." 유럽인들이 깔끔한 방을 볼 때 쓰는 관용어다.

　「그리스신화」는 3,000여 년간 인류에게 이성과 상상력이란 양 날개를 달아줬다. 현대인은 이래저래 신화에 익숙하다. 작가들에겐 창작 불씨를 꺼내오는 용광로다. 김남주「나 자신을 노래한다」 프랑코 베데킨트「판도라의 상자」 조지 버나드 쇼「피그말리온」 알베르트 카뮈「시시포스 신화」 호메로스「일리아드」·「오디세이아」 괴테「파우스트」 클림트그림 〈다나에〉·〈의학〉 중 '히게이아' 예이츠「레다와 백조」….

　멋진 인용구는 얼마나 많이 품었는지. 벨레로폰의 편지제 무덤을 파는 상황, 시빌레의 서책좋은 기회를 잡지 못했을 때, 스킬라와 칼립디스 사이진퇴양난, 프로크루스테스의 침대제멋대로 재단, 페넬로페의 베짜기언제 끝날지 알 수 없는 일, 아킬레우스건큰 약점, 고르디우스 매듭난제, 카산드라의 예언그럴듯한 허언, 판도라 상자재앙에 불 댕기기, 피그말리온 효과긍정이 긍정을 유발, 오이디푸스 콤플렉스아들이 아버지를 경쟁자로 인식….

　동양인은 고사·전설을, 서양인은 그리스신화를 곧잘 끌어온다. 그리스 남자는 미녀를 보면 "헬레네가 울고 가겠네요" 하면서 수작을 건다. 이 장면을 본 이탈리아인이 "엉덩이도 작은 주제에 나대네"라고 비꼬았다면 그는 '헤라클레스의 열두 가지 과업' 얘기를 아는 이다. 신화 내용은 이렇다. '지옥에 간 힘 좋은 헤라클레스. 망각의자에 앉아 붙박이가 된 영웅 테세우스를 발견하곤 그를 붙잡아 일으켜 세운 데까진 좋았는데 아뿔싸 서두르다 보니 그만 테세우스의 엉덩이 살 일부가 뜯겨 의자에 남았다.' 엉덩이가 빈약한 그리스 남자를 두고 "네 선조가 엉덩이 살을 지하 세계에 두고 온 탓"이라고 놀렸다면 그 표현은 그리스신화에서 왔다.

이 고전은 판본이 다양하다. 교과 과정이나 과제 대상이 되면 읽는 즐거움이 줄고 상상력은 도망간다. 복잡하고 헷갈리는 신들의 계보와 이름을 외워야 한다면 고역이다. '카뮈가 「시시포스 신화」를 통해 보인 '생의 부조리'란 무엇인가'와 같은 논술을 쓰려고 이 책을 읽는다면 더욱 그렇다. 그렇게 아동·청소년·청년기를 넘긴 성인은 이 고전을 다시 보는 게 좋겠다. 농익은 고전은 읽는 시기마다 각기 다른 감동을 주니까. 인간관계·감정에 관한 성찰, 역경·고통을 극복하는 용기와 지혜, 보편타당한 덕목 같은 책 속의 가치를 찾아내는 눈이 나이에 따라 다르다. 아는 만큼 본다는 말을 절감한다. 인간이 범접하지 못하는 영역을 향한 경외, 인간·신이 엮어내는 삶과 신화, 인간을 중시하는 고대 그리스 헬

'헤라클레스 12과업'을 나타낸 3세기 중엽 로마 부조. 왼쪽부터 네메아 사자 때려잡기, 레르네강 히드라 죽이기, 에리만토스 멧돼지 생포, 아르테미스 암사슴 생포, 스팀팔로스 괴조 죽이기, 아마존 여왕 허리띠 가져오기, 아우게이아스 마구간 치우기, 크레타 황소 끌고 오기, 디오메데스 식인 암말을 고삐로 묶기 과업

레니즘 문화를 이 고전은 풍성하게 담았다.

하지만 그리스신화엔 현대인이 보면 눈살을 찌푸릴 대목도 많다. 가부장제와 남성 우월주의가 넘친다. 불을 잘 다루고 뭐든 척척 만들어내는 헤파이스토스를 보자. 그는 날 때부터 미움받았다. 여신 헤라는 못마땅한 남편 제우스와 동침하지 않고 혼자 힘으로 임신해 아기를 낳고 보니 너무 못생겼다. 그리스신화에서 추함은 악이다. 헤라는 올림포스산 아래로 젖먹이를 던져 버렸다영아 유기다. 아기 헤파이스토스는 불사신이라 죽진 않고 다리를 절게 됐다. 제우스는 요정 테티스 손에서 자라던 그를 올림포스산으로 불러들였다. 제우스가 헤파이스토스를 하필이면 바람기 가득한 여신 아프로디테에게 장가보냈다. 그녀는 모자라 보이는 그를 남편감으로 적격이라고 내심 좋아했는지도 모른다. 아프로디테는 전쟁의 신 아레스와 바람을 피우다 헤파이스토스에게 들켜 공개 망신을 당한다. 하지만 오쟁이 진자기 계집이 다른 사내와 정을 통함 그도 비웃음을 산다. 가엾은 헤파이스토스, 자신을 버렸던 어머니 헤라가 벌을 받자 구하려다 이번엔 제우스에게 혼찌검이 난다. 헤파이스토스는 올림포스 12신 중 유일하게 육체노동을 하며 버텼다. 남성이라면 헤파이스토스에게서 짠한 연민을 느낄 수도 있겠다. 부모와 가족을 부양하려고 최선을 다하는 아버지와 헤파이스토스에게서 닮은 점을 느낀다면 나이가 들어간다는 증거다.

제우스는 가부장제의 원형 같다. 홀로 딸 아테나를 낳은 괴벽한 남신이다. 임신 중인 요정 메티스는 제우스를 피해 파리로 변하지만, 제우스가 삼켜 버린다. 몸속에서 아테나가 태어나 무장한 전사로 성장해 제우스 머리끝으로 올라오자 제우스는 고통을 호소한다. 이번에도 헤파이스토스가 해결사. 제우스의 머리를 열고 아테나를 꺼냈다. 처녀로 남겠다고 스틱스강에 맹세한 아테나. 아테네의 수호신팔라스 아테나이 돼 올리브를 신목으로 정하고, 아크로폴리스 파르테논 신전의 여주인이 됐다. 전쟁을 다스리는 여신이다. 헤라클레스·이아손·오디세우스 같은 영웅을 도왔다. 이성을 받들었고, 직물·요리·도예 같은 기예를 다스렸다. 메두사에게 저주를 내려 괴물로 만들었는가 하면, 헤라·아프로디테와 미를 놓고 삼파전을 벌이다 트로이전쟁에 개입한다.

아테나를 여성 정신분석학자 진 시노다 볼린이 새롭게 봤다. 볼린은 여신의 유형을 나눴다. 아테나·아르테미스·헤스디아는 '자신이 목표하는 바를 추구하는 여신 원형'. 정신과 의사이기도 한 그녀는 남녀 환자와 상담하면서 그들 내면에서 자신을 담은 일정한 틀, 그 원형을 보았다. 「우리 안에 있는 여신들」「우리 안에 있는 남신들」「우리 안에 있는 지혜의 여신들」이란 책에 그 내용을 담았다.

볼린이 정리한 여신 성향은 세 가지다. 첫째, '헤라·데메테르·페르세포네' 유형. '상처받기 쉬운 여신들'로 각각 아내·어머니·딸을 상징한다. 상대방과 맺는 관계에서 자신의 의미를 찾는다. 둘째, '아테나·아르테미스·헤스티아' 유형. 자율과 활동을 중히 여기지만 관계 맺기는 꺼린다. 마지막은 '아프로디테' 유형이다. 자율과 관계 맺기를 겸비해 유연하다. 여성이라면 누구나 세 유형 중 하나에 속할까. 볼린이 내린 결론은 예상 밖이다. "여성 내면에는 세 유형이 다 존재한다." 단, 상황에 따라 발현하는 여신의 원형이 달라진다. 성격·가족관계·신체조건·환경에 따라 변한다는 말이다. 볼린은 당부한다. "여성남성이여. 자신을 스스로 틀에 집어넣지 말고 장단점을 파악해 원하는 여신남신상을 끌어내세요."

남신 유형은 이렇다. 제우스는 가부장·권력·부를 좇는 남성상을 대변한다. 수단과 방법을 가리지 않고 끝없이 올라가려고 하며, 바람둥이다. 포세이돈은 가슴에 격렬한 본능과 감정이 일렁이지만 잠재우는 형이다.

때로는 성난 바다처럼 폭발하며 전율한다. 가부장제 아래에서 억압을 참아내는 성향. 하데스는 희미하고 불안하며 두려움이 깔린 무의식을 가진 남성을 상징한다. 망자가 지상을 그리워하듯, 풍요를 갈망하는 잠재의식이 강하다. 아폴론은 정의·질서·조화를 존중하지만, 주변과 일정한 거리를 둔다. 직관보다는 객관을 선호하는 남성상. 이런 유형은 적절한 교육과 자극을 받으면 능력자가 될 가능성이 크다. 헤르메스는 유능한 마당발이지만 정착하지 않는다. 주체 못 하는 창조성으로 주변에 피해를 주기도 한다. 아레스는 자기감정과 본능을 즉각 충족시키는 데 매달린다. 구애나 선한 목표 달성에 유용하다. 실패하면 반감을 사는 게 문제. 디오니소스는 긍정과 부정을 유발하는 잠재력을 아울러 갖췄다. 황홀·공포·야성을 분출하며 일탈을 즐기는 마성을 가졌다.

볼린이 보기에 여성은 남성 자신보다 남성을 더 잘 안다. 직장 상사 대 부하 직원, 백인 대 흑인 관계에서도 후자가 그러하다. 힘을 덜 가진 쪽이 더 가진 쪽을 관찰한 결과다. 그들 충고에 귀를 기울여야 하는 이유가 여기서 설명된다.

그리스신화 속 신들은 완벽하지 않은 인격신이다. 고대 그리스인들은 신화 속에 남녀가 마주 보고 응시하는 여백을 남겼다. 결국 인간이 평화와 나눔을 이뤄야 한다는 소망 아니겠는가. 어떤 신을 불러내 어떻게 살지, 그 비밀이 저마다의 손바닥에 적혔다.

＊읽고 인용한 책 :「그리스신화」, 미하엘 쾰마이어 지음, 유혜자 옮김, 현암사

- 그리스신화와 로마신화

그리스신화 12신. 기원전 1세기~서기 1세기 헬레니즘 부조. 왼쪽부터 헤스티아, 헤르메스, 아프로디테, 아레스, 데메테르, 헤파이스토스, 헤라, 포세이돈, 아테나, 제우스, 아르테미스, 아폴론

기원전 146년 로마는 그리스를 지배하기 시작했다. 이후 이탈리아 토속 신화, 원시 종교, 그리스신화와 문화, 유럽 신화가 서로 녹아들어 새로운 신神이 생겼다. 전체 신의 숫자도 늘었다. 하지만 그리스신화가 여전히 우세해서 '로마그리스신화'란 표현은 잘 사용되지 않는다.

그리스어-로마어-영어로 신 이름을 불러보면 이렇다. 제우스-유피테르-주피터, 헤라-유노-주노, 포세이돈-넵투누스-넵튠, 아테나-미네르바-미네르바, 아프로디테-베누스-비너스, 하데스-플루톤-플루토, 헤르메스-메르쿠리우스-머큐리, 아레스-마르스-마스, 아폴론-아폴로-아폴로, 데메테르-케레스-서레스, 헤파이스토스-불카누스-벌컨, 디오니소스-바쿠스-바커스.

로마신은 그리스신보다 구체적이고 실용적인 모습으로 나온다. 로마 공화정 시대, 법치를 중시한 사회 기풍이 반영된 결과이다. 가령, 비리프라카는 부부 싸움을 관장하는 여신. 이 신상 앞에서 사이가 나빠진 부부가 각각 하소연하는 풍경이 그려진다. 콘코르디아는 평민과 귀족 간 마찰을 중재해주는 신이다. 로마신도 그리스신처럼 인격신이다.

로마신의 역할은 그리스신의 그것과 다소 다르다. 로마신화 속 '아벤

티노 언덕의 3신'은 리베르디오니소스·케레스데메테르·리베라페르세포네를 말한다. 리베라는 리베르의 아내로 등장하기도 한다. 이들은 평민을 수호하는 신이다. 귀족을 지키는 신은 '카피톨리노 언덕의 3신', 유피테르제우스·유노헤라·미네르바아테나이다.

그리스신화에 등장하지 않고 로마신화에만 나오는 야누스신

야누스는 새로 생긴 로마신. 그리스신화엔 없다. 그는 문을 지키는 신으로 얼굴이 두 개다. 고대 로마인들은 문은 앞뒤가 없다고 여겼다. 문은 시작을 뜻해 야누스가 신들 중 1순위로 제물을 받았다. 1월은 라틴어 어원으로 '야누스의 달'January. 로마를 세운 전설 속 왕인 로물루스를 사비니인이 공격하자 야누스가 도와주었다고 전한다.

로마인들은 정령인 누멘Numen을 믿었다. 로마신 플로라는 그리스신 클로리스니오베 딸과 이름이 같다에 해당한다. 보티첼리가 그린 명화 〈비너스의 탄생〉을 보면, 제피로스서풍의 신 옆에서 꽃잎을 뿌리는 여신으로 나온다. 유스티티아는 정의를 관장하는 여신. 흔히 유럽 법조 건물 앞에 보이는, 양손에 각각 저울과 칼을 든 동상이 그녀다. 리베르타스는 자유를 수호하는 여신으로 프리기아 모자를 쓰고 장대를 손에 쥐었다. 미국 뉴욕 자유의 여신상도 이 계통이다. 퀴리누스도 야누스처럼 그리스신화에서 대응체가 없는 신이다. 로마 건국 영웅인 로물루스를 신으로 받들었다.

로마 건국 설화를 보여주는 부조

- 일상에 스민 그리스신화

WHO세계보건기구 로고엔 지팡이를 휘감은 뱀이 보인다. 지팡이 주인은 의학을 관장하는 신인 아스클레피오스. 소크라테스가 독약을 마시고 숨질 때 '아스클레피오스에게 닭 한 마리를 빚졌으니 갚아달라'는 아리송한 말을 남겼다. 여기서 뱀은 수호 동물. 아스클레피오스가 죽은 자를 되살리자 제우스는 세상에 혼란을 준다며 그를 제거한 얘기가 신화에 나온다.

의학의 신 아스클레피오스가 사용한 지팡이와 수호 동물인 뱀이 들어간 WHO 로고

아마존 로고는 여전사 아마조네스에서 따왔다. amazon 단어 중 a→z 밑에 화살 도안을 넣었다. 어떤 물건이라도a~z 그녀들이 쏘는 화살처럼 빠르게 배달한다는 뜻. 그리하면 고객은 미소 지을 터이다. 화살 도안처럼.

아마존 로고

에오스·올림푸스OLYMPUS 카메라. 원하는 장면을 찍고자 새벽이슬에 젖는 걸 불사하는 사진가가 손에 든 카메라가 에오스! 어울린다. 에오스는 신화 연구자가 좋아하는 아름답고도 애처로운 여신. 아침 이슬은 그녀가 흘리는 눈물이란다. 이 카메라를 연인에게 선물하지 마시라. 이별하는 불운이 뒤따를 수 있으니까. 그 대신 올림푸스 카메라를 줘 온 세상을 다 찍게 하라. 그대의 붉은 마음마저.

펩시파르테논 신전 나이키승리의 여신 니케 스타벅스세이렌도 마찬가지. 펩시는 태극을 닮은 옛 형태를 버리고 파르테논 신전 등에서 영감을 받아 만들었다는 새 로그를 사용 중이다. 세이렌은 감미로운 커피 향을 내뿜어 현대인을 스타벅스 매장으로 불러들인다.

천문학 쪽은 신화 인용이 월등하다. 지구를 제외한 7개 태양계 행성영어 이름이 그렇다. 수성헤르메스 금성아프로디테 화성아레스 목성제우스 토성크로노스 천왕성우라노스 해왕성포세이돈. 강등된 명왕성하데스도 마찬가지. 행성이 거느리는 위성도 그리스신화의 중력에서 벗어나지 못한다. 태양계의 가장 큰 행성인 목성은 칼리스토·에우로페·이오·가니메데스란 4개 위성을 거느린다. 모두 제우스가 납치해 자기 곁에 뒀던 남녀. 가니메데스는 그리스신화 속 최고 미남. 방사성 동위원소인 우라늄·플루토늄도 각각 우라노스·하데스로마어로 플루톤에 어원을 둔다.

객관성의 칼날 🛎

찰스 길리스피|1918~2015

"포도주는 빛과 습기로 빚어진다." 이탈리아 천재 과학자 갈릴레오 갈릴레이1564~1642가 한 말이다. 갈릴레이는 과학과 인문을 섭렵한 대가였다. 어려운 과학을 쉽게 설명하는 능력이 뛰어났다. 「객관성의 칼날 The Edge of Objectivity」1960을 저술한 길리스피도 그렇다.

이 책은 과학이 걸어온 길을 역사와 철학의 관점에서 재해석해 펼쳐 보인다. 예를 들자면 아이작 뉴턴1642~1727이 가진 은밀한 인성뿐만 아니라 그 유명한 만유인력 법칙이 과학사에서 갖는 의미도 들려준다. 만유인력! 지구뿐만 아니라 우주 어디에서나 항상 작용하는 절대 힘이다. 뉴턴이 그 비밀을 알아냈다. 어떻게? 저자는 우아한 문장으로 궁금증을 풀어준다. 과학자가 겪는 고충을 위로하면서도 못난 점은 닝큼 집어 올린다. 과학은 인류를 살리기도 죽이기도 하는 양날의 검. 당대 사회와 시대 환경에 따라 살아 움직이는 과학, 그 민낯이 이 고전에서 드러난다. 토머스 쿤1922~1996의 「과학혁명의 구조」와 함께 서양 과학 역사·철학서로 쌍봉을 이룬다.

서문에서 저자는 자신의 과학관을 밝힌다. "과학은 인류가 이룬 위업이며, 인류 문화를 보존하는 성패는 과학이 이룬 성장과 결실을 얼마나 이해하느냐에 달렸고, … 비록 과학 지식이 위험할지라도 무지는 더욱 위험하며2020년 8월 4일 레바논 베이루트 항구에서 발생한 어이없는 질산암모늄 폭발 참사가 그렇다, 과학에 수반된 악을 줄이는 과정은 과학 후퇴나 퇴보가 아니라 더 잘 이끌어 가야 한다는 요구이다."

과학은 유럽 문명만이 낳은 창조물이라고 단언하는 대목에선 저자가 가진 오리엔탈리즘의 그림자가 어른거려 불편하다. 하지만 서양의 근대 과학 역사를 '객관성'이란 칼로 조각해내는 솜씨는 야무지다. 객관성은 과학에 따라붙는 불신·오해·과욕·오도·미신·독단 같은 '악'을 쳐내는 칼날이다. 고대 그리스 문명에서 출발한 과학이 보였던 자연성·주관성과 대비를 이룬다.

가장 먼저 등장하는 과학자는 갈릴레이, 마지막 장을 닫는 이는 알베르트 아인슈타인1879~1955이다. 운동역학·화학·생물학·천문학·지질학·유전공학·상대성이론을 다룬 논문 일부와 관련 서적 정보는 과학 전공자의 눈을 반짝이게 만든다. 그레고어 멘델, 다니엘 베르누이, 더니 디드로, 라마르크, 라부아지에, 라이프니츠, 라자르 카르노, 라플라스, 로

갈릴레이 갈릴레오오른쪽가 종교 재판정에서 자신을 변호하는 장면. 크리스티아노 반티 작1857

98

렌츠, 로버트 보일, 로버트 오펜하이머, 르네 데카르트, 마이어, 마이클 패러데이, 아라고, 아리스토텔레스, 아이작 뉴턴, 앙리 푸앵카레, 요하네스 케플러, 윌리엄 하비, 유클리드, 장 자크 루소, 제임스 클록 맥스웰, 조지프 프리스틀리, 존 돌턴, 존 로크, 찰스 다윈, 칼 폰 린네, 코페르니쿠스, 크리스티안 하위헌스, 프랜시스 베이컨, 파두아, 플라톤, 하인리히 헤르츠, 헬름홀츠…. 이 책에 자주 등장하는 과학자다. 이 중 뉴턴·갈릴레이·다윈, 이 세 거장이 월등하게 인용된다. 라마르크·라부아지에·보일·아인슈타인·케플러·맥스웰·코페르니쿠스·하위헌스·헬름홀츠는 저명도에서 2위군. 뉴턴·갈릴레이·다윈 중 저명도 1위인 과학자는? 저자는 뉴턴을 내세웠다.

갈릴레이는 "당당한 연극적 감각"을 지닌 데다 대중적 인기도 높았다. '종교 재판'과 '피사 사탑'을 떠올리게 하는 과학자다. 그에게 스승은 고대 그리스 자연 과학자인 아르키메데스BC 287?~212. 그는 플라톤과 아리스토텔레스가 생각지 못한 기하학과 물리학의 결합을 창안해냈다. 지렛대 원리로 지구를 들어 올리겠다는 호언장담은 그런 신사고에서 나왔다. 1,700여 년 후인 1604년 갈릴레이는 '낙체 운동' 법칙을 주창해 정역학靜力學을 동역학으로 돌리는 물꼬를 텄다. 갈릴레이가 쓴 「새로운 두 과학」1638은 자유낙하 운동론의 완결판이다.

여기서 우리는 갈릴레이의 천재성, 그가 일으킨 과학혁명의 불꽃을 본다. 그는 그때까지 과학에서 교묘하게 빠져나갔던 '시간'을 순수한 물리현상을 나타내는 매개변수로 봤다. 근대 과학, 지성의 역사가 시동을 걸었다. 갈릴레이는 프톨레마이오스·아리스토텔레스로 이어진 지구 중심주의를 반박하는 지동설을 내세웠다. 전통 과학관을 일대 혁신한 코페르니쿠스1473~1543가 보였던 허점예를 들어 천체 운동을 원주상에서만 설명을 보완하는 데 힘을 보탰다. 이전 과학사는 완벽한 도형인 원에 사로잡혔다.

천체는 원둘레를 타고 맴도는 데서 벗어나지 못했다. 요하네스 케플러 1571~1630가 등장해 행성의 타원 운동 법칙을 발표하기 전까지는 말이다. 후일 뉴턴이 케플러 행성 운행 법칙을 수식으로 증명해 끝장을 봤다.

영국 태생 화학자·물리학자인 마이클 패러데이1791~1867는 주경야독하느라 고등 수학을 제대로 못 배웠다. 수학 계산 도사인 케플러로선 이런 패러데이가 찬란한 업적벤젠 발견, 전자기 유도, 전기분해, 패러데이효과를 발표을 이룬 게 믿기지 않았으리라. 비결은 치밀함과 성실. 패러데이는 모든 논문 속 단락에 번호를 매기는 둘도 없는 '질서정연한' 과학자였다. 끊임없이 실험하고 기록하는 데 온 힘을 쏟았다. 대장장이 아들인 패러데이를 불세출의 과학자로 이끈 건 책 한 권. 뛰어난 대중 과학 강연자였던 마세트 부인이 쓴 「화학에 관한 대화」란 저서를 읽은 소년은 희망을 봤다. 이렇게 과학과 대중 간 소통은 중요하다.

패러데이는 인복이 많았다. 뛰어난 수학 능력자였던 제임스 클록 맥

1832년 티에라 델 푸에고에 정박한 비글호

스웰1831~1879이 패러데이의 수호천사였다. 그는 1856년 〈패러데이의 역선에 관하여〉라는 논문을 내놓았다. 패러데이 이론을 수학으로 증명해 주었다. 수학이 과학과 아름답게 만났다.

유복한 과학자 찰스 다윈1809~1882. 다윈과 '비글호', 그리스신화 속 이아손과 '아르고호'. 많이 닮았다. 명문 집안의 자손인 다윈은 1859년 「자연 선택에 의한 종의 기원에 관하여 : 즉 생존 투쟁에 있어서 적자생존」을 발표해 인류 과학사에 '폭탄'을 터뜨렸다. 저자는 이 논문을 두고 "이것은 유명한 제목이다. 사람들은 숨죽이며 읽어 내려간다. 그런데 읽는 사람에게 이처럼 은연중에 꺼림칙한 기분이 들게 하는 '고전'이 이것 말고 또 있을까?"라며 감탄한다. "이같이 겸허한 외관을 쓰고 세상에 나타난 기초 과학 이론이 또 있을까. 이 책의 표현은 대단히 평범해 마치 자조自助에 관한 전도사 설교를 읽는 듯한 느낌이 든다." 다윈은 이 자연 선택설을 '동물·식물계 전체에 적용한 맬서스 학설'이라고 겸손해했다. 갈릴레이가 물리학에서 새 장을 열었듯 자신은 자연 과학 부문에서 '혁명'을 이룬 대가인데도 뽐내시 않았다.

다윈은 만년에 쓴 자서전에서 자기에겐 명민한 이해력은 없고 단지 '인내·정확성·몰두'라는 덕성이 남았다고 술회했다. 자신을 낮추는 말이지만 뒤집어 보면 그가 과학자로서 훌륭한 자질을 갖춘 게 증명된다. 다윈은 1831년 케임브리지대 지질학 교수 애덤 세지위크1785~1873의 지휘 아래 벌어진 시층 분석 작업에 참여해 지구 역사를 공부하는 행운을 얻는다. 이전의 다윈 행로는 순탄치 않았다. 집안 가업을 잇고자 의사 수련을 시작했으나 도저히 적응하지 못한 후 자연 관찰 쪽으로 관심을 돌렸다. 1832년 시작된 비글호 항해는 다윈 인생에서 일대 혁신을 예고했으나 당시 본인은 못 깨달았다. 5년간 항해하면서 다윈은 보고 듣고 수집하고 기록했다. 「종의 기원」이 싹을 피워 올리는 줄 몰랐을 터이다.

이 고전은 위대한 과학혁명이 오롯하게 과학자 개인 힘만으로는 일어나지 않는다는 사실을 극명하게 보여준다. 정치·종교·인습·제도 같은 외풍에 따라 과학은 정체되거나 변형되기도 한다. 과학이 올바르게 이해돼야 세상이 바로 선다.

＊읽고 인용한 책 : 「객관성의 칼날」, 찰스 길리스피 지음, 이필렬 옮김, 새물결

- 과학사를 뒤흔든 사건들

과학의 역사 뒤안길엔 찬란한 영광과 함께 비릿한 잔혹사가 공존한다. 과학과 사회가 충돌해 소용돌이를 일으켰다.

프랑스 파리의 부유한 법률가 집안에서 태어난 앙투안 로랑 드 라부아지에1743~1794와 마리 앤1758~1836. 이 '부부 화학자' 일생, 참 파란만장하다. 라부아지에는 천재였지만 프랑스혁명 때 단두대에서 처형된 불운아. 당시 수학자 조제프 루이 라그랑주1736~1813가 "라부아지에 머리를 베는 데는 한순간이 걸렸지만 그런 머리를 만들자면 100년도 더 걸릴 것"이라며 애통을 감추지 않았다. 라부아지에의 죄목은 '공금 횡령과 부정 축재, 방탕한 생활'. 그는 프랑스혁명을 지지했는데도 당시 공포정치를 편 3인 중 한 명인 마라와 얽힌 불화 탓에 비극을 맞았다. 라부아지에는 처형 1년여 후 복권됐다. '원소와 연소 개념 확립' '화합물 명명법 구축' '산소와 질량보존 법칙 발견' 같은 그가 이룬 업적이 사후에 빛을 뿜었다.

파란 많은 말년을 맞았던 라부아지에 부부

　과학과 종교 간 갈등이 그치지 않았다. 16세기 수도사이자 철학 교수였던 지오다노 브루노1548-1600는 태양중심설을 옹호하다가 베네치아 공회국에 피소돼 불태워졌다. 그 화형이 로마 캄포 데 피오리 광장에서 집행됐다. 여기에 1889년 브루노 동상이 섰다.

　290여 년 만에 과학과 종교 간 화해가 이런 형식으로 이뤄졌다. 동상 받침대에 쓰인 글귀. '브루노 그대가 여기서 불태워져 그 시대가 성스러워졌노라.' 갈릴레이는 로마 교황청과 종교 재판을 벌이며 맞섰다. 브루노는 끝까지 신념을 지키다가 목숨까지 내던졌다.

103

지오다노 브루노 동상

　인류 최초의 여성 수학자이자 철학자인 히파티아370?~414. 고대 이집 트 알렉산드리아에서 살았던 이 미녀에게 구혼이 쏟아졌다. 그녀는 "진 리와 결혼한 몸"이라며 내뺐다. 기독교 교리에 순응치 않다가 결국 이단 자로 몰렸다. 분노한 대중이 그녀 피부를 벗기고 불타는 장작더미 위에 세웠다. 그녀는 당시 인류 지식의 본산이었던 알렉산드리아 도서관을 이끄는 관장이었다고 한다. 히파티아가 죽자 학자들이 떠났고 도서관은 무너졌다. 영화 〈아고라〉2009는 이 비극을 전한다. 알렉산드리아 도서관은 유네스코의 지원 아래 2002년 신식 건물로 거듭났다. 이 도서관 외 벽엔 한글 '월' 자가 보인다.

〈발가벗겨진 히파티아〉, 찰스 윌리엄 미첼 작1885

- 길리스피 일생

찰스 쿨스턴 길리스피는 보기 드물게 글 잘 쓰는 과학자였다. 박식한 과학사가이자 유려한 과학철학자로서 대중과 활발한 소통을 이뤘다. 그 만큼 과학 문턱은 낮아졌다.

미국 펜실베이니아 주도인 해리스버그가 고향. 1940년 웨슬리안대에서 과학을 전공한 후 매사추세츠주립대학원화학 공학 전공을 1년간 다니다 하버드대학원 역사학과로 옮겨가 한 학기를 보내던 중 입대했다. 4년간 미 육군에서 복무하면서 2차 세계대전을 치렀다. 하버드대에서 1949년 박사학위를 받은 후 1987년까지 프린스턴대를 중심으로 강단에 섰다. 이때 개설한 과학사와 철학 강좌는 큰 인기를 끌었고 「객관성의 칼날」이라는 고전의 저술로 이어졌다. 1970~1980년 5,000여 명의 과학자 전기 사전16권을 제작하는 데 힘을 보탰다. 교수 학술단체인 〈History of Science Society〉 회장1965~1966을 지냈다. 조시 섀튼 메달1984, 발잔상1997을 수상했다. 1987년 프린스턴대학에서 퇴임한 뒤에도 이 대학 데이턴 스톡턴 유럽사 명예교수로 지내며 활발한 저술 활동을 펼쳤다.

찰스 길리스피

길리스피는 18, 19세기 과학에 관심을 쏟았고 계몽시대와 프랑스혁명 시대의 과학과 정치에 특히 애정을 나타냈다. 저자는 5장 '과학과 계몽사조'를 독자가 애독해 주길 당부한다. 그는 18세기 계몽사조를 합리주의와 낭만주의로 나눴다. 전자볼테르·로크·콩디악·콩도르세는 뉴턴 과학 사상 지지파로 봤다. 후자괴테·루소·디드로는 뉴턴 과학이 인간성을 앗아갔다고 비판하는 경향을 보였다. 저자는 괴테가 피력한 '색채론'은 '반反과학'이며 그가 뉴턴의 자연철학을 홀대하는 건 시대착오라는 주장을 폈다. 과학에 윤리와 교훈을 요구해서는 안 된다는 신념을 보였다.

세 번째 식탁

고전식탁

목민심서

다산茶山 정약용丁若鏞1762~1836

조선 시대 문신인 삼산三山 유정원柳正源, 1703~1761 그는 자인현 경북 경산 현 감을 지낸 후 고향인 경북 안동으로 돌아왔다. 전임지에서 사용했던 헌 농짝도 뒤이어 모습을 보였다. 그 속에 뭐가 들었는지 보려고 동네 아낙들이 모여들었다. 열어보니 짚만 가득. 부친이 떠난 현에서 뒷정리한 아들이 고향으로 속 빈 농짝을 부치면서 외부 충격을 흡수할 짚을 채웠다. 이를 본 아낙들이 크게 웃고 헤어졌다.

다산이 유배지인 전남 강진에 살 때다. 책을 수만 권 실은 중국 배가 표류하다가 무장현 전북 고창 해안에 닿았다. 당시 조선은 표류선의 책은 모두 초록해 보고하도록 정해 두었다. 지역 벼슬아치들은 "작은 새가 흙을 물어 날라서 바다를 메우는 격"이라며 책들을 모래밭에 몽땅 파묻었다. 표류선의 중국인들이 원통해 땅을 쳤다.

"수령·아전들이 겨울철 곡식 걷기, 새봄 환곡 지급을 속이는 짓이 번질이다. 황주에선 목사와 절도사가 이런 농간으로 생긴 돈을 나눠 먹으며 당연하게 여긴다." 지방 관리가 환곡을 빼돌린 후 거짓 문서를 꾸미는 짓거리, 즉 번질을 자행한 사례를 다산이 까발렸다.

48권 16책 「목민심서牧民心書」1821엔 선성을 펼치는 목민관은 칭찬하고, 악질 수령과 수하는 준엄하게 꾸짖는 다산의 목소리가 생생하다. 그들이 이렇게 백성들을 보살폈는지, 등골을 얼마나 빼먹었는지를 세세하게 그렸다.

21세기 지역 공무원도 변함없이 목민관이다. 제대로 일하지 않으면 시민이 큰 고통을 겪는다. 여름철 폭우에 대비하지 않으면 지하 차도에서 인명 사고가 발생한다. 빗물저장소 가동을 사전 점검하는 건 필수. 수해 위험 지역에 든 가옥은 미리 살펴 사고를 예방하면 좀 좋은가. 다산은 재난 속성을 꿰뚫어 보고 지침을 일러준다. "수해에 위험한 저지대 민가는 평상시에 옮기고, 이동이 어려우면 배라도 준비하라. 재난 예방이 재난을 당한 후 은혜 베풂보다 낫다." 조선 후기엔 독감·화재·물난리·산사태 같은 재난에 몸을 던져 대응한 수령이 적잖았다.

다산이 머물렀던 강진 〈다산초당〉사적107호. 1957년에 다시 지어 지금에 이른다

다산은 어릴 때부터 현감·군수·도호부사·목사를 지낸 부친정재원을 따라다니며 관리의 실상을 듣고 보았다. 대과 급제 후 내직 벼슬이 병조참의에 이르기 전, 경기 암행어사와 황해도 곡산 도호부사 같은 외직을 거치면서 현장을 누볐다. 18년간 귀양을 살면서 민심과 치민治民의 실태를

백성 눈높이에서 살폈다. 그 결과를 경서와 고대 문헌을 펼쳐 고증한 후 써낸 책이 「목민심서」.

목민은 '백성을 부양한다', 심서는 '마음을 담은 책'이란 뜻. 다산이 현직 관리가 아닐 때 이 책을 지어서 서명書名이 에둘렀다. 끝내 조정이 불러 주지 않아 못 이룬 경세제민의 소망을 향한 아쉬움이 책 제목에 아련하게 배었다. 당대 수령과 후대 관리가 선정을 이뤄주길 바라는 안타까운 다산의 마음이 행간을 흘러간다. 이 고전은 좁게는 조선 시대 지역 수장인 수령에 필요한 업무 지침서, 넓게는 조선의 염량세태를 까발린 보고서다. 수령이란 단어를 공무원·정치인·직장인으로 각각 바꾸고 이 고전을 읽어 보자. '그렇지' 하며 무릎을 치게 된다. 숱한 한국의 CEO 가 다산학 강의에 귀를 기울일 수밖에 없다. 다산 사상이 애민, 사람人에 근원을 두었기 때문이다.

다산 처가가 소유한 고택인 녹우당의 돌담길을 걸으면 발밑에서 작은 돌 밟히는 소리가 정겹게 올라온다

정약용이 이룬 넓고 깊은 인문학을 '다산학'이라 부른다. 다산은 조선 말기의 집단 지성 체계를 활용한 선각자였다. 저술 총량이 182책 503권. 다산이 아무리 천재라도 혼자 이루기엔 벅찬 규모인데 어떻게 해냈을까. 그는 제자 18명을 모아 분업했다.

1801년으로 거슬러 가보자. 귀양을 가는데 다산은 곤장을 맞아 몸이 아프다. 가까스로 강진에 닿았다. 죄인이라며 인심은 차갑다. 동문 밖 주막에 겨우 육신을 뉘었다. 이곳에 거처를 두고 사의재四宜齋라 이름 지었다. 4년여 학동을 가르치며 집필을 시작했다. 고성사 보은산방과 제자이학래 집에서 7년간 묵었다. 1808년 봄, 외가가 마련해준 만덕산 기슭 목조 초가에 들어 유배가 풀린 1818년 9월까지 10년을 보냈다. 다산 모친인 해남 윤씨는 강진이 고향. 조선 문인인 고산 윤선도1587~1671가 부친이다.

이 가문은 600년 고택인 해남 녹우당사적167호에 조선 최대의 사설 도서관인 만권당을 두었다. 다산은 이곳 장서 1000여 권을 초당으로 져날라 쌓아 두고 읽었다. 목민심서 속 중국 24 정사正史와 우리 역사 속 충신과 명석한 관리, 충직한 무관, 탐관오리, 순박한 백성 얘기가 이런 과정을 통해 쌓여갔다. 지역 유지인 외가가 다산을 도왔고, 유배를 감시하는 눈길도 느슨해 그는 강진 유배 생활을 잘 넘겼다. 관직은 뺏겼지만, 청사에 남는 책을 남겼다. 그가 만권당을 만난 건 행운이었다. 동서고금 큰 도서관은 명저를 내보냈으니까.

목민심서는 책만 읽던 백면서생이 수령으로 낯선 지방에 부임했을 때 노회한 아전에 휘둘리지 않도록 실무를 꼼꼼히 설명한다. 수령으로서 처신, 공문서 관리, 육방 다스리는 법, 고과 관리, 손님 접대, 구휼 같은 업무를 처리하는 요령을 하나부터 열까지 알려줬다.

2부 율기律己에선 관리로서 가져야 할 자세를 일렀다. 몸가짐은 바르게, 마음은 청렴히, 집안은 잘 다스리고, 청탁을 물리치며, 씀씀이는 절약해야 하고, 베풀기를 즐겨야 한다고 타일렀다. 굳이 조선 관리에만 해당하랴. 시대·직위를 막론하고 공인·직장인·남녀노소 모두에게 유용한 가르침. 옛 법은 수령 임명을 중히 여겨 엄격한 절차를 두었지만, 요즘은 유명무실해져 용렬하고 무식한 자도 지방 관리로 나아가게 되었다고 다산은 한탄한다. 무능한 수령이 지역민을 골병들게 하는 주범임을 누구보다도 잘 알았던 터라 다산은 걱정이 깊었다.

개혁 군주 정조를 받들었던 다산은 외직으로 나가서도 결기를 잃지 않았다. 그가 곡산 부사로 부임했을 때 이계심이 전임자의 학정에 항의해 민란을 일으켰다. 다산은 그를 불러 자초지종을 듣고 백성을 위해 의로운 일을 했다며 "너 같은 사람은 관청이 천금을 들여서라도 사들여야 한다"라고 칭찬한 후 풀어주었다.

다산은 효행을 권장할 때도 실학자답다. 손가락을 자르고 허벅지 살을 베어 부모에게 올렸다는 얘기를 좋게 보지 않았다. 알고 보면 성현도 권장하지 않았고, 부모가 물려주신 신체를 훼손하는 과격한 행동이라고 나무랐다. 잉어가 스스로 얼음장 밖으로 뛰어오르고, 잣나무가 까닭 없이 마르는 기적 같은 일을 들먹여 효심을 강조하는 관행을 꼬집었다.

이 고전엔 조선 후기의 병폐가 적나라하게 드러난다. 지방에서 온갖 비리와 악행을 저지르는 수령·아전들, 이들과 줄을 댄 부패한 중앙 권력이 활개 쳤다. 다산은 국가개혁론을 담은 「경세유표」를 펴내면서 "털끝 하나 병들지 않은 곳이 없다"라며 한숨 쉬었다. 이런 조선을 혁파한다는 포부를 가졌던 정조와 신하 다산. 하지만 1800년 6월에 정조가 급사하자 다산은 유배된다. 정적들은 다산이 다시 조정으로 돌아오지 못하도록 훼방을 놓았다. 수원 화성 축조, 한강 배다리 설계 같은 업적을 높이 사지 않았다. 조선왕조실록엔 다산이 한강 배다리 구축에 관여한 일이 기록되지 않았다.

정조와 다산이 조선 개혁에 성공했다면 그 후 대한민국은 어떻게 바뀌었을까. 아쉬워 하릴없는 질문을 던져본다. 두 선현의 꿈은 미완으로 남았다. 공익을 존중하는 후손과 참 목민관이 그 길을 닦는다.

＊읽고 인용한 책 :「정선 목민심서」, 정약용 지음, 다산연구회 편역

- 다산 일생

남인인 다산은 조선 당쟁에 데었다. 12년간 관리였고 36년 동안은 유배지와 고향현 경기도 남양주시에서 저술하다가 벼슬 없이 74세로 숨졌다. 28세 때인 1789년 대과에 급제해 관직에 올랐다. 10살 연상인 개혁 군주 정조는 스승이자 동지였다. 장기현현 경북 포항시 장기면, 전남 강진군 등지에서 모두 합해 18년간 귀양을 살았다. 고달팠지만 이때가 학문에 정진한 시기. 시문학·실학·경학·철학·법학·유학·의학·과학 책을 쏟아냈다.

1783년 진사시에 붙어 성균관 유생이 됐고, 대과에 5번째 응시한 1789년정조 13 1월 합격증을 받았다. 정적들의 공격을 걱정한 정조가 부러 급제를 늦췄다는 야담이 전한다. 천주교인이라며 탄핵당해 해미현 충남 서산로 귀양 갔는데 정조가 10일 만에 복귀시켰다. 우의정까지 오른 노론 벽파의 거두인 서영보는 다산을 끝까지 괴롭혔다. 1794년 경기 암행어사였던 다산은 관찰사인 서영보가 저지른 비리를 캐냈다. 서영보는 이 때문에 파직돼 한동안 벼슬을 하지 못했다.

다산은 천주교를 믿었다가 버렸다. 셋째 형 약종과 자형 이승훈은 천주교 순교자. 순조가 등극한 1801년 세 형제가 신유박해에 휘말렸다.

다산 정약용

약종은 참수되었고 둘째 약전과 막내 다산은 각각 전남 완도군 신지도와 장기현으로 귀양을 갔다. 맏형 약현ㅂㅣ신도의 사위인 황사영이 비단에 신유박해를 고발하고 서양 군대 파견을 요구한 글을 써 베이징 구베아 주교에게 보내려다 발각돼 처형됐다. 약전·약용은 각각 선남 우이도와 강진으로 유배를 떠났다.

2남 1녀를 두었던 다산은 강진에서 자녀 앞으로 글과 그림을 띄웠다. 1810년 부인 풍산 홍씨가 34년 전 시집올 때 입었던 홍치마를 보내오자 조각을 내 두 아들학연·학유에게 보내는 교훈을 써 묶은 게 하피첩霞帔帖. 문중에서 사라졌다가 폐지 수레에서 발견된 후 'TV쇼 진품명품' 출품, '부산저축은행 사건 압류품'을 거쳐 현재 국립민속박물관이 관리 중이다. 혼사를 앞둔 외동 막내딸은 매화쌍조도를 받았다.

정약용은 차가 났던 강진에선 호를 다산茶山, 한강 지류가 흐르는 고향에선 열수洌水, 맑은 물로 삼았다. 결혼 60돌인 1836년 2월 22일 회혼시回婚詩를 짓고 눈을 감았다.

'육십 년 세월, 눈 깜빡할 새 날아갔으니/복사꽃 무성한 봄빛은 신혼 때 같구려/살아 이별, 죽어 이별에 사람이 늙지만/슬픔은 짧았고 기쁨은 길었으니, 성은에 감사하오/이 밤 목란사 노랫소리 유난히도 좋으니/옛날 하피첩은 먹 흔적이 아직도 남았소/나뉘었다 다시 합침은 우리 모습/한 쌍 표주박 남겨 자손에게 주노라'.

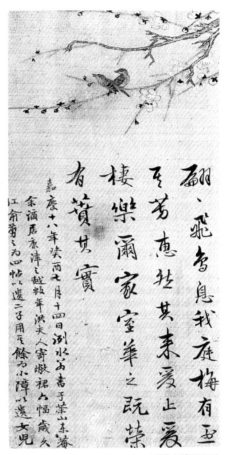

다산 〈매화쌍조도〉

- 다산 어록

▶ 신아지구방新我之舊邦 : "낡은 조선을 새롭게 만든다." 개혁 군주·신하였던 정조와 다산이 함께 내세운 개혁 구호.

조선 정조

‣ 일을 처리할 때 선례만을 좇지 말고 백성을 편안히, 이롭게 하기 위해선 법도 내에서 융통성을 발휘하라. 기본 법전이라도 불합리하면 과감하게 바로잡아라.

‣ 둔졸난충사鈍卒難充使 공렴원효성公廉願效誠 : "세가 둔하고 졸렬해 임무를 수행하기 어렵겠지만 공정·청렴으로 정성을 다하겠습니다." 관리가 된 다산이 초심을 이렇게 밝혔다.

‣ 세 가지를 두려워하라. 백성, 하늘, 자기 마음이다.

‣ 애절양哀絶陽 : 강진 유배 때인 1803년 그곳 가렴주구가 빚은 참상을 직접 보고 지은 한시. 가난한 농민이 자신은 물론 죽은 부친과 낳은 지 사흘 된 아들 즉 3대에 할당된 군포軍布를 못 내 목숨 같은 소를 관 가에 빼앗기자 남근을 잘랐다. 아내가 피 흐르는 성기 토막을 들고 관 가로 가서 통곡·항의했지만 소용없었다.

▶ 일표이서—表二書 : 다산이 쓴 3대 서적. 경세유표·흠흠신서·목민심서. 경세제민을 담았다. 자찬묘지명은 자서전.

▶ 정독精讀·질서疾書·초서抄書 : 책 읽는 3대 원칙. 뜻을 새기며 꼼꼼히 읽고, 느낀 바를 그때마다 기록하며, 중요 대목은 뽑아 적어 둔다. 대저술가 다산은 메모광이었다.

돈키호테

세르반테스1547~1616

세계 첫 근대 소설이다. 17세기 스페인어로 쓴 장편 소설인데 원래 서명書名은 「기발한 이달고 돈키호테 데 라만차」다. 1605년에 전편, 10년 뒤인 1615년 속편이 출간됐다. 이달고는 스페인 하급 귀족 작위인 이달기아를 가진 사람이란 뜻. 라만차는 소설 속 고향 마을 이름, '데 (de)'는 '~의'란 의미다.

세르반테스가 구축한 거대한 문학 세계엔 눈길 끄는 게 여럿이다. 첫째는 웃음. 익살이 보통을 넘는다. 종류도 다양하다. 폭소·냉소·미소·실소·쓴웃음 ·코눈웃음. 각각 분위기가 다르다. 웃음은 몸으로 쓰는 언어. 웃음을 알면 삶이 풍요롭다. 둘째로 눈에 띄는 건 세르반테스의 글쓰기 방식. 숱한 후대 작가가 세르반테스식 필법을 따랐다. 저자는 창작의 밑천을 두둑하게 가졌었다. 산전수전 다 겪은 인생 자체가 소설이었으니까. 이런 삶은 문학에 오롯하게 흘러들었고 근대 소설로 들어가는 문이 처음으로 열렸다. 긴 고생 끝에 성취하고 짧게 안락을 누리다 세상을 떠난 저자의 삶을 아릿하게 느껴보는 건 새다른 인간 탐사이기도 하다.

기사 소설을 탐닉해 그 내용을 현실로 착각하는 편집증을 앓는 방랑편력 기사인 돈키호테가 세 번째 모험에서 귀향한 후 죽음을 맞이한다는 게 큰 줄거리. 웃음이 이어지다가 연민이 찾아들고 곧 슬픔을 절감하는 희비극을 맛보게 된다. 소설 끝부분에 배치된 반전은 근대 소설의 원형이 완성됐음을 예고한다. 결말에 여러 의미가 모였다. 돈키호테를 아끼는 고향 주민들은 그를 속여 환향케 하지만 그 결과는 주인공이 의욕을 잃고 죽는 역설로 나타난다. 기사도騎士道란 허구를 인정하는 순간 꿈을 잃어버리고 실존의 죽음을 절감하는 돈키호테. 존재할 의미가 없어졌으니 살 이유도 없다며 낙담한다. 이런 서사는 이 고전에 세계에서 첫 리얼리즘 소설이라는 지위를 준다. 꿈꾸는 인간은 존귀하다는 성찰, 빛난다.

저자는 단어에 웃음을 숨겼다. 돈키호테Don-Quijote란 이름이 그렇다. '돈'은 남성 이름 앞에 붙는 존칭어, '키호테'는 허벅지 안쪽을 보호하는 갑옷 또는 풀 죽지 않는 남근이란 의미. '알론소 키하노', 50대 이달고는 어느 날 결심한다. "이제 방랑 기사가 돼 세상의 약자를 구하고 내 이름을 남기련다." 마구간에 적토마가 보인다. 남들은 비쩍 말랐다고 하지만. 새로 지은 말 이름은 두 단어rocin, ante를 합친 '로시난테Rocinante'다. '예전에는 여위었으나 지금은 무엇보다 뛰어나다'란 뜻. 갑옷 없는 기사는 수프 빠진 라면. 증조부가 입었던 녹슨 갑옷을 꺼내 보니 얼굴가리개가 없다. 두꺼운 마분지로 1주일 걸려 대용품을 만든 후 튼튼한지 알아보려고 칼로 내리쳤으니, 쯧쯧. 그는 새벽에 홀로 살짝 말 타고 첫 번째 모험에 나섰지만, 여행 도중 흠씬 두들겨 맞고 이웃집 남자 나귀에 실려 돌아온다. 대실패였지만 되레 당당하다. "방랑 기사에겐 고초가 따르는 법."

두 번째 출정 땐 첫 실패를 거울삼아 산초 판사라는 동네 농민을 꼬드겨 종자로 삼고, 여비와 속옷 같은 여행 필수품도 갖췄다. 껑충하고 얼굴이 긴 주인, 엉덩이뼈가 비치는 로시난테, 당나귀 '잿빛'을 탄 땅딸보 판사가 야음을 틈타 길을 떠났다.

'돈키호테'란 단어는 만국 공통어 같다. 어느 나라이건 "완전 돈키호테네"라고 하면 무슨 뜻인지 다 알아듣는다. 셰익스피어가 만들어낸 '햄릿'처럼. '햄릿형 인간'이란 표현으로 널리 쓰인다. 독자는 돈키호테에게 연민과 친밀감을 느낀다. 그가 자신인 듯하다. 용감해 보여도 속으론 겁이 많고, 겸손을 강조하지만 조금만 칭찬해주면 우쭐하는 모습. 자아에 취해 누가 조롱해도 금방 알아차리지 못한다. 실생활에 무용한 온갖 지식은 왜 그렇게도 많이 아는지. 도덕심은 성인 수준이다. 신분을 차별하지 않는다. 종자 판사는 친구. 돈키호테는 여성을 존중하는 신사이고, 박애 정신은 동물에까지 미친다. 로시난테를 아끼는 모습이 훈훈하다. 독신남으로 자기 정조를 목숨처럼 지킨다. 정의를 좇는, 광기 어린 이성을 갖춘 돈키호테는 신 중심인 중세를 탈출한 새 인간형이다.

길 떠나는 돈키호테와 시종 산초 판사.
마드리드 스페인광장에 가면 만나게 되는 조형물

전편 37, 38장엔 이 소설을 빛내는 미덕인 인문주의가 절정을 보인다. 세르반테스, 현실에서 참 고달프게 살았는데도 인간을 따뜻하게 품는 작가다. "인문학은 각자 몫을 분배하는 정의를 실현하고, 훌륭한 법을 이해하고 지키게 해야 한다. … 군사력은 인간이 누리는 최대 행복인 평화를 유지하는 데 최종 목적을 둔다."

이번엔 폭소 지점을 보자. 돈키호테 눈에는 성城으로 보이는 객줏집에서 벌어진 대활극. 돈키호테, 판사, 객줏집 주인, 마부, 하녀가 원을 그리며 앞 사람만 쥐어팬다. 남녀의 잠자리가 언급돼 당시 종교재판소가 검열했다. 중세 문자옥文字獄이다. 로시난테도 웃기는 말이다. 명색이 수컷이라고 풀 뜯는 암말을 덮치다가 거사에 실패한다. 화가 난 마부들이 돈키호테와 종자 판사에게 뭇매를 안겼다. 이때 판사가 탄식한다. "로시

객줏집에 투숙한 돈키호테와 산초 판사는 놀림감이 된다.
투숙객들은 판사를 침대보에 태워 공중으로 띄워 올리며 골탕을 먹인다

난테가 그런 놈인 줄 저는 정말 몰랐습니다요. 이 세상에 확실한 건 아무것도 없다는 말이 맞네요." 익살스럽기는 판사도 도긴개긴비슷비슷해 견줘 볼 필요가 없음. 돈키호테에게 월급과 대가를 요구하는 현실주의자지만, 몽둥이찜질을 당하면 고약을 찾는다. 같이 맞은 돈키호테는 쓰라린 마음을 달래줄 명언을 떠올린다. 둘이 붙어 다니다 보니 점점 닮아간다. 주인은 말할 때 속담을 더 사용하고, 종자는 남이 잘못 말한 단어를 꼬치꼬치 바로잡는다. 광기가 주인에게서 종자로 이동한다.

돈키호테의 행색이 변해간다. 쇠창은 나무막대기 창으로 바뀌었다. 얼굴 투구가 깨지자 이발사가 비를 막으려고 머리에 쓴 놋대야를 보곤 맘브리노 황금 투구라며 빼앗았다. 날아든 돌에 맞아 어금니가 빠져 '슬픈 몰골의 기사'가 된다. 세르반테스도 돈키호테가 돼간다. 이 고전엔 앞뒤가 맞지 않는 서사가 흔하다. 산초 판사가 타고 다니던 노새가 갑자기 사라졌는데 뒤에 가서야 강탈당했다고 어물쩍 처리하고, 갑자기 돈키호테의 칼이 도둑맞았다고 서술한다. 작가의 실수와 세르반테스가 개발한 발랄한 글쓰기 기법이 뒤섞였다.

세르반테스는 시 쓰기를 즐겼다. 책 속에 14행 연시인 소네트가 자주 나오는데 그 수준은 별로라는 평. 무관한 얘기를 끌어 붙이는 액자 소설 작법도 선보였다. 상사병으로 죽은 목동 얘기 같은 남녀 연애담, 전편 33~35장에 나오는 '당치 않은 호기심을 가진 자에 대한 이야기'가 그렇다. 작가는 "절대로 분량 늘리기가 아니다. 오해 마시라"하며 능쳤다.

1614년 저자는 속편 59장을 쓰는 중이었는데 아베야네다란 정체 모를 작가가 위작 속편을 냈다. 다음 해 세르반테스는 부랴부랴 후속작을 선보였다. 전편 책 이름 중 '이달고'란 단어만 '기사'로 바꾸었다. 이달고 돈키호테가 객줏집 주인에게 엉터리이긴 하지만 어쨌든 기사 서품을 받았다면서. 속편전체 74장은 엘 토보소 지역을 향해 출발하는 장면으로 막이 오른다. 실제론 존재하지 않는, 돈키호테가 연모하는 그녀인 둘시네아 공주_{농부의 딸}를 알현하기 위해서다. 저자는 속편에서 돈키호테 명성이 한결 높아졌다고 자화자찬한다. 출간된 전편을 통해 이름이 꽤 알려졌다는 설명. 위작이 나왔다는 사실을 드러내면서 해당 작가를 비웃기도 한다. 후속작에서도 익살과 모험이 이어지지만, 전체 분위기는 전편보다 진지하다. 시대에 쓸모없는 존재라는 방랑 기사를 돈키호테는 이렇게 평한다. "생각은 순결해야 하고, 말은 정직해야 하며, 행동은 관대하게, 사건에서는 용감하고, 역경에서는 인내를 가지고, 도움이 필요한 자에겐 자비를 베풀고, 목숨을 잃더라도 신리를 지키고 지지하는 자가 되어야 한다."_{속편 18장}

「돈키호테」는 각국에서 성서 다음으로 많이 번역·출간된 책이다. 후대 소설은 모두 「돈키호테」의 아류라는 말을 만들어냈다. 중세에서 근대로 전환하는 스페인을 무대로 한 이 소설은 지금도 그 가치가 재해석되며 진화를 거듭한다.

＊읽고 인용한 책 : 「돈키호테 1·2」, 세르반테스 지음, 안영옥 옮김, 열린책들

- 세르반테스 생애

"세상 고생에 이력이 난 사람." 돈키호테 전편 1부 6장에서 미겔 데 세르반테스 사아베드라는 자신을 두고 이렇게 썼다. 일대기를 살펴보면 허풍이 아니다.

개종한 유대계 혈통으로 스페인 마드리드 근교에서 태어난 그는 줄곧 차별과 냉대를 견디며 불운과도 싸웠다. 유년 시절은 쪼들렸고 대학을 다니지 않았다. 21세 때인 1568년 수필집에 시 4편을 발표해 문학에 발을 내디뎠다. 가르실라소가 쓴 시에 빠졌고, 독서광이었다. 돈키호테

처럼 기사 소설을 즐겨 읽었다. 결투법을 어겨 추방되기도 했고, 추기경 수행원으로 일하며 르네상스 문화를 익혔다.

세르반테스

세르반테스가 참전한 레판토 해전. 그는 이 전투에서 왼팔을 다쳐 영구 장애를 안고 살았다

24세 때 레판토 해전에 뛰어들었다. 전투에서 다친 왼팔을 평생 자유롭게 쓸 수 없었다. '레판토 외팔이'란 별명을 안긴 이 참전은 작가로서 천금 같은 경험. 군인을 향한 애정과 자부심은 전·속편 곳곳에서 드러난다. 28세 때 터키 해적에 잡혀 5년간 노예로 고생하다가 수도사의 도움으로 몸값을 치르고 풀려났다. 인간 존엄성을 알게 해준 값진 체험이

었고 소설을 쓰는 자양분이 됐다. 극작 여러 편을 썼는데 두 편만 전한다.

41세 때 밀 징발 문제로 파문당하는 처지가 된다. 4년 뒤엔 비슷한 사유로 감옥에 갔혔다. 5년 후에는 징수한 세금을 예치한 은행이 파산한 책임을 지고 또 투옥됐다. 58세 땐 자택 앞에서 유명인사가 죽는 바람에 감옥에 갔다. 억울하게 3번 옥에 갇혔다.

말년에야 「돈키호테」가 준 명성을 다소 누렸다. 든든한 후원자를 얻었다. 속편이 나오고 1년 뒤인 1616년, 69세의 세르반테스는 질병으로 죽기 며칠 전 독자에게 글을 띄웠다. "안녕 은혜여, 안녕 우아함이여, 안녕 나의 즐거운 친구들이여! 나는 죽어가니 곧 다른 세상에서 다시 기쁘게 만나기를 바라오!"

- 산초 판사, 주연 같은 조연

작달막한 배불뚝이 산초 판사Sancho Panza는 돈키호테의 종자從者이지만, 주인 못잖은 알짜 등장인물이다. 저자가 전편 서문에서 판사에 주목해 달라고 언급한 데에서도 그 비중이 짐작된다.

그는 겁 많고 어리숙하면서도 지혜롭다. 읽고 쓰지 못해도 세파를 헤쳐나가는 데 문제가 없다. 사욕을 차리되 선을 넘지 않는다. 그것이 자신을 지키는 길이라는 걸 잘 안다. 주인의 광기 탓에 온갖 고초를 겪지만, 끝까지 돕는 충직한 동반자다. 그는 타고 다니는 당나귀를 '잿빛'이라고 부른다. 당나귀가 자식 같고, 하찮은 동물로 취급하기가 싫다는 이유에서다.

돈키호테가 양 떼를 적으로 오인해 습격하자 판사가 기겁하면서 만류하고 있다

 입담이 대단한 그는 웃음 제조기다. 때와 장소를 막론하고 속담을 끌어와 말하는데 대개 엉터리 인용이다. 수다가 심해 돈키호테가 질색하지만 고쳐지지 않는다. 전편을 읽었던 독자는 판사를 섬 통치자로 만들어 주겠다는 돈키호테의 약속이 지켜질지 궁금하다. 속편에서 이 약속은 이행된다. 자초지종 중 한 가지는 밝혀도 될 듯하다. 판사는 10일간 천하 통치자였을 뿐이었다. "벌거숭이로 통치하러 갔고 벌거숭이로 돌아왔습니다요." 플라톤의 「국가」를 보면 통치자는 부귀를 누릴 수 없다. 판사는 자신이 통치자가 될 수 없다는 걸 깨닫고 실천했으니 돈키호테 맘마따나 '철학자'다.

 몸으로 부딪치고 짓밟혀도 끝내 살아남았다. 방랑 기사의 꿈을 접고 죽어가는 돈키호테와 끝까지 함께한 이가 판사였다.

소크라테스의 변명·크리톤·파이돈

플라톤 BC428-347

고대 그리스 철학자이자 성현인 소크라테스BC 469~399는 대화와 질문으로 상대방이 스스로 자기 무지를 깨닫도록 이끌었다. 자신 이름을 내건 책은 짓지 않았다. 책이 기억과 생각하는 힘을 떨어뜨린다고 여겨서였다. 그러해도 오늘날 우리는 소크라테스의 사상과 행적을 잘 안다. 소크라테스의 삶과 사상을 충실하게 전한 이들 덕분이다. 수제자 플라톤이 그 역할을 가장 잘 해냈다. 그는 여러 권을 펴냈다. 「대화편對話篇」이다.

대화편 중 「소크라테스의 변명」 「크리톤」 「파이돈」은 소크라테스가 독배를 마시고 죽기까지의 과정을 차례로 보여준다. 「소크라테스의 변명」은 2,400여 년 전 아테네 법정에 선 70세 소크라테스가 펼치는 세 차례 변론을 담았다. 자신을 '아테네 등에말이나 소에 달라붙어 피를 빨아먹는 벌레', 당대 아테네인을 '잠자는 큰 말'이라 부르며 그들의 무지를 깨물었다. 「크리톤」과 「파이돈」은 소크라테스에게 사형이 내려진 후 30일째 날과 독배를 마신 마지막 날 감옥에서 벌어진 일과 대화를 다뤘다. 「크리톤」에선 탈옥 권유를 소크라테스가 거절한 이유가 나온다. "죽음을 기쁘게 맞이하는 중이라 그럴 수 없다오." 「파이돈」에서 그는 죽음을 코앞에 두고 철학 토론에 여념 없는 모습을 보인다.

「향연심포지엄」도 대화편 중 하나다. 당시 레나이아 비극 경연에서 우승한 시인 아가톤이 주관한 향연에 소크라테스가 초대됐다. 손님들은 저마다 에로스사랑에 대한 일가견을 연설로 펼친다. 잔칫상에 진미를 차려

놓고 지성을 견주는 풍경이 떠오른다. 소크라테스의 이 모저모도 나온다. 당시 유명 정치인이었던 알키비아데스는 소크라테스를 잠자리에서 유혹하다 실패한 경험을 공개한다. 그때 그리스엔 중장년 남성이 동성 연하 애인을 두는 게 관행이었다.

소크라테스의 연하 동성 애인이었던 알키비아데스

석공 아버지와 산파 어머니 슬하에서 자란 소크라테스는 젊은 시절 한때 석공소와 공회에서 일했을 뿐 평생을 보수 없이 다른 이를 깨우치며 보냈다. 지식을 팔아 돈을 챙겼던 소피스트들은 그런 소크라테스가 고까웠다. 문답으로 상대방 영혼을 다시 태어나게 하는 대화법, 즉 산파술을 기쁨으로 여기며 사는 소크라테스가 자신들을 비웃는다고 여겼으리라. 소크라테스가 자기 생활에 만족할수록 반감을 보이는 이가 늘어났다. 맨발로 걸어 다니며 누구에게나 말을 거는 이 노인을 권세 가문 청년들이 따랐다. 정치인들은 그 반대였다. 그 시기 아테네는 30인 과두정에서 민주정으로 복귀한 때였다. 정세가 어지러웠다. 이런 현실은 책임을 전가할 제물을 요구했는데 그 희생양이 미운덜 소크라테스였다.

반대파는 소크라테스를 아테네 법정에 세웠다. "아테네인 여러분!" 「소크라데스의 변명」은 이 일성으로 시작된다. 당시 광경을 상상하는 건 어렵지 않다. 변론에 할당된 시간을 재는 클렙시드라물시계와 법정을 메운 500여 시민 재판관을 번갈아 쳐다보면서 당당하게 말문을 여는 소크라테스. 재판관을 그저 "아테네인"이라고 불렀다. 죄 없는 자신을 심판하는 재판관은 그 지위를 인정하지 못한다는 표시. 기소된 죄목은 크게 두 가지다. 멜레토스를 대표로 내세워 소크라테스를 기소한 반대파는 소크라테스가 아테네에서 금지된 신을 믿었고, 궤변으로 아테네 청년들을 타락시켰다며 몰아세웠다. 소크라테스는 자신과 관련된 신탁'소크라테스가 당대 사람 중 가장 현명하다'이 다른 신을 믿었다는 오해를 불렀을 뿐 자신은 잘못이 없다고 말한다. 신탁을 좇아 당대 현인·시인·장인을 찾아다니며 그들이 현명하지 못함을 일깨우면서 반감을 사는 바람에 법정에 서게 됐다는 얘기. 자신은 신이 명하는 바를 성실하게 이행하느라 보통 시민이 해야 하는 일을 하지 못했을 뿐이라고 덧붙였다.

그는 자신을 '변론'하면서도 아테네 시민재판관을 위해 '변명'해준다. "그런데 아테네인 여러분, 여러분이 생각하는 것처럼 나는 나 자신을 변

아테네 법정에서 자신을 변론하는 소크라테스. 반대파가 얼굴을 찡그리며 듣고 있다. 루이 르브룬 작1867

명하려는 것이 아닙니다. 오히려 신이 여러분에게 보내준 선물인 나를 처벌함으로써 여러분이 신에게 죄를 짓지 않도록 여러분을 위해 변명하려는 것입니다."

그는 심기가 불편한 재판관들을 구슬릴 말이 무엇인지, 그렇게 해야 살아난다는 걸 알지만, 흔들리지 않았다. 첫 변론 후 유죄 판결이 내려졌다. 다시 2차 변론을 했지만, 사형이 선고된다. 이제 마지막 3차 변론. 이때야 소크라테스는 "아테네 재판관"이라 부른다. 유죄 표를 던진 반대파는 법정을 떠났고, 자신을 지지하는 재판관들만 법정에 남아서이다.

변론은 강직하고 빈틈없다. "죽음 회피가 어려운 게 아니라 불의를 피하는 게 어렵습니다. 불의는 죽음보다 빨리 달립니다. 나는 늙고 행동이

자크 루이 다비드 작, 〈소크라테스의 죽음〉1787. 간수가 건네는 독배를 받는 소크라테스는 초연하고 지인들은 슬퍼한다. 친구 크리톤이 소크라테스의 무릎에 손을 얹고 응시하고, 침대 밑 플라톤은 고개를 숙였다. 왼쪽을 보면, 아내 크산티페가 손을 흔들어 작별하며 계단을 올라가고 있다

둔해 느리게 뛰는 자에게 붙잡혔지만 예리하고 기민한 나의 고발자들은 빨리 달리는 자, 즉 불의에 붙잡혔습니다." 1차 재판관 투표에서 30표 차이로 유죄가 나왔다. 재판관을 꾸짖는 변론을 한 후 2차 투표에서는 유죄가 50표 더 늘어나 사형이 확정됐다.

당시 아폴론 제전祭典에 참가할 배가 델로스섬에 갔다가 아테네로 귀환을 앞두고 있었다. 이 축제 중엔 아테네 내에서 사형 집행 같은 흉사가 미뤄졌다. 재판 전날 배가 출항하는 바람에 소크라테스의 사형 집행은 배가 돌아오는 30일 뒤로 연기됐다. 친구 크리톤은 그 배가 도착한 날 새벽에 감옥을 찾아가 소크라테스를 만났다. 그는 간수를 매수해 소크라테스를 탈옥시킬 계획을 짰다. 이를 밝히면서 지금 감옥에서 나가라고 강권하자 소크라테스는 손을 내젓는다. 아테네인의 동의 없이 도망치는 일은 악에 악으로 대응하는 처사로 올바르지도 명예롭지도 않아 실행할 수 없다는 소크라테스. "나 살겠다고 사랑하는 도시 아테네를 떠나고, 도와준 이들을 위험에 빠트릴 수는 없네, 친구여. 신이 이끄는 대로 따라가세"라고 말한다.

대화편 「파이돈」은 소크라테스의 임종을 지킨 이들 중 한 사람인 제자 파이돈이 보고 들은 바를 제삼자에게 설명하는 내용이다. 소크라테스는 족쇄가 풀린 발목을 어루만지며 이렇게 말했다. "죽음을 앞둔 지금이야말로 철학을 찬미하기에 좋은 시간이지." 진정한 철학자는 죽음을 기쁜 마음으로 맞으며, 죽은 후 저세상에서 최대의 선을 누리는 희망을 입증하려 한다. 그는 용기·절제·정의·지혜 같은 덕목을 설파하고, 영혼이 저승에 존재하며 불멸한다는 상기설想起說을 논증해 보인다. 독배를 마신 소크라테스. "크리톤, 나는 아스클레피오스의학의 신에게 닭 한 마리를 빚졌네. 기억해 두었다가 빚을 갚아 주겠나?" 알 듯 모를 듯, 그 유명한 유언을 남겼다.

「향연」 내용을 훑어보자. 소크라테스 외모가 나온다. 그는 머리숱이 적은 큰 머리를 쳐들고 사방을 바라보며 시내를 활보하는 노익장이었다. 작달막하고 못생긴 그를 아테네 권력가이자 미남 청년 알키비아데스가 쫓아다녔다. 소크라테스는 그가 유혹해도 육체관계를 맺지 않았다. 욕정을 제어하는 건 철학자에게 기본이었으니까. 극기를 중요하게 여긴 소크라테스는 남에게 술 취한 모습을 보인 적이 없었다. 자족이 목표인 이 철학가는 강한 육신을 갖췄다. 그는 펠로폰네소스전쟁에 3회 출전했다. 전장에서 맨발로 얼음판 위를 걸어 다녔고, 대식가인데도 굶주림을 잘 참았다. 후퇴하면서 사방을 살피며 느긋하게 걸어가 주변 병사들에게 용기를 줬다. 그는 병영에서 밤을 새워 20여 시간을 한자리에 서서 생각에 잠겼다. 이를 본 사람들은 저마다 감탄하기 바빴다.

「향연」 속 에로스의 해석은 흥미롭다. 여기서 소크라테스는 지혜로운 여인 디오티마에게 가르침을 받아 깨우친 사랑의 정의를 전한다. 사랑은 선善을 영원히 소유하고, 생식生殖을 통해 전달된다. 그 결과 영원성과 불사성不死性을 얻는다. 고대 그리스 철학에서 불사성이 제기됐다는 게 놀랍다. 현대 과학이 밝힌, 생명체는 죽지만 생식을 통해 유전되는 DNA는 불멸이라는 얘기를 이때 하고 있으니 말이다. 모든 개체가 뜨거운 욕망과 사랑에 쫓기는 행태도 불사성을 확보하려는 몸부림이라는 소크라테스 사랑학은 리처드 도킨스가 쓴 「이기적 유전자」를 떠올리게 한다.

소크라테스는 독배를 축배처럼 마셨다. 흥겹게 죽음을 맞이한 소크라테스를 보며 죽음을 담대하게 맞이할 용기를 얻을 수 있겠다. 후대인은 그에게 빚을 졌다.

＊읽고 인용한 책 : 「소크라테스의 변명」·「크리톤」·「파이돈」·「향연」 플라톤 지음, 황문수 옮김, 문예출판사

- 아내 크산티페가 띄운 편지

소크라테스의 아내 크산티페가 남편에게 물을 끼얹고 있다.
레이어 반 브롬멘델 작1655

소크라테스에게 시집온 아테네 여자 크산티페예요. 저에 대한 후대 평이 별로란 걸 압니다. 아리스토파네스 영감이 연극 〈구름〉에서 저와 남편을 까발린 후 전 드센 여자의 전형이 됐죠. 영국에서 글깨나 쓴다는 셰익스피어는 뭐랍니까. 희극 〈말괄량이 길들이기〉에 나오는 남자 페트루치오는 대놓고 저를 악처라 불렀지요.

네덜란드 화가 브롬멘델은 1655년 제가 남편 머리에 물을 들이붓는 그림까지 그렸다니깐요. 한번은 집안 좀 돌보라고 잔소릴 했더니 손님과 얘기만 할 뿐 반응이 없어 물바가지를 안겼더니 "천둥이 친 후 비가 오는 법이지"하며 허허 웃더군요. 세상에! 철학자 남편과 살아보세요. 그러곤 밖에 나가선 "내가 아내 잔소리를 견뎌낸다면 세상에서 상대하지 못할 사람은 없을 거요"라고 했다나요. 제가 남편을 대철학자로 만드는 데 한몫했다고 빈정대지 마세요.

제 신세타령 좀 할까요. 남편이 저보다 40여 살 많아요. 우리 집이 가난하다는 건 아테네 사람이면 다 알지요. 소크라테스가 무능해서가 아니에요. 몸도 건강해서 늘그막에 애를 셋이나 낳았죠. 애도 많은데 철학자가 되기 위해 가난을 자초하니 속이 터지죠. 그는 물려받은 석공소를 운영해 돈 벌 생각은 꿈에도 안 한답니다. 할 수 없이 제가 관리해 그곳에서 나오는 돈으로 식구를 먹여 살렸죠. 소크라테스를 제가 구박한다는 말이 들리는데 남편이 전장에 나갈 때는 군장을 야무지게 챙겨준 사람이 저예요. 뒷바라지하지 않았다고는 못하겠죠? 저도 알렉산드리아에서 여성 수학자로 유명한 히파티아처럼 고등 교육을 받았다면 우아한 아내가 되었을 겁니다. 소크라테스는 왜 저는 가르치지 않았는지!

전 남편 임종도 지켜보지 못했어요. 시끄럽게 운다고 저를 감옥 밖으로 내보냈죠. 막내는 품에 안고 다닐 정도로 어린데 과부가 돼야 하니, 통곡하지 않을 수 있나요? 이제 악처 크산티페는 잊어 주세요. 어린 나이에 나이 많은 철학자에게 시집와 부대끼며 살아야 했던 반려자로서 저를 기억해야 합니다.

- 플라톤 생애

플라톤

플라톤은 아테네 명문 귀족 자제였지만 권세를 휘두르는 정치가가 되지 않고 철학자·교육자로 일생을 마쳤다. 일찍이 아버지를 여의고 20세에 소크라테스 문하에 들어가 스승이 숨질 때까지 8년간 받들었다. 스승을 부당하게 죽음으로 몰고 간 현실 정치에 환멸을 느낀 플라톤은 관심사를 완전히 철학 쪽으로 돌렸다. 아테네가 여러 전쟁을 치르고 정치 격변을 겪는 와중에 청년기를 보냈다. 소크라테스 사후 수년간 플라톤의 행적은 알려진 게 별로 없다. 아프리카와 이집트 같은 외국을 다녀왔다고도 전한다.

40세에 아크로폴리스와 파르테논 신전이 멀리 내다보이는 아테네 서쪽 카데모스 지역에 아카데미아 학원을 세웠다. 이 학원에 아리스토텔레스가 입학해 플라톤이 80세로 숨질 때까지 머물렀다.

플라톤은 28편의 소크라테스 대화편을 썼고 대표작 「국가」를 포함해 여러 책을 지었다. 그는 스승이 전파한 사상을 충실히 계승하면서도 독자성을 더해 독특한 사상 세계를 이루었다. 가령, 우리는 플라톤 하면 이데아를 떠올린다. 사물과 행동은 이데아란 원형을 가지며 이것은 보이지도 만져지지도 않고 지상에서 흐릿한 실체로 반영된다는 '관념론'을 제창한 철학자가 플라톤이다. 그가 서양 사상에 끼친 영향력을 언급할 때 흔히 앨프레드 노스 화이트헤드가 한 말이 등장한다. "모든 서양 철학은 플라톤 작품에 붙인 여러 각주에 지나지 않는다."

일리아스·오디세이아

호메로스 BC 8세기께

"노래하라 노여움을, 시의 여신이여."

일리아스의 첫 문장. 노여워하는 인물은 아킬레우스와 아가멤논이다. 적국 트로이를 코앞에 두고 그들이 벌이는 갈등이 서두에 놓인다. 곧 전투가 벌어진다. 청동 갑옷이 덜거덕대는 소음, 전차가 질주할 때 수레바퀴에서 나는 마찰음이 시모에이스강과 크산토스강 사이 평원에 메아리친다. 그리스 전사가 물푸레나무 자루에 박힌 청동 창을 내질러 트로이 병사 머리통을 꿰뚫었다. 뇌수가 흙먼지 속으로 흩어진다. 묵직한 청동칼이 상대 투구를 내리치자 푸른 불꽃이 인다.

너무 유명해서 되레 잘 읽지 않는 고전 중 하나다. 책을 펴보면 귀에 익숙한 단어가 눈에 들어온다. 트로이Troy. 50·60대라면 네덜란드 여성 트리오 루브가 불렀던 팝송 〈트로이 목마〉를 소환할 수도 있겠다. 영화깨나 본 이는 금발을 휘날리며 칼을 휘두르는 배우 브래드 피트를 떠올리게 된다. 그는 2004년 국내 개봉한 워너브러더스 영화 〈트로이〉에서 아킬레우스 역을 맡았다. 영화에서 그가 주연이었듯 이 고전에서 아킬레우스는 최고 영웅이다. 컴퓨터 프로그램으로 위장한 악성 바이러스에 '트로이 목마'란 이름이 붙었다. 적절한 작명이다. 오디세우스가 꾀를 내어 만든 이 위장 목마 탓에 트로이가 함락됐다고 이 고전은 전하니까. 그 속에서 쏟아져 나온 건 바이러스가 아닌 그리스군이었지만 말이다.

인간과 인간, 신과 인간, 신과 신이 싸우고 화해한다. 기원전 8세기 중·후반께 쓰였다. 일리아스일리아드는 '일리오스 이야기'란 뜻. 지금의 터키를 옛날엔 일리오스라 불렀다. 오디세이아오디세이는 일리아스의 속편으로 '오디세우스율리시스의 노래'. 일리아스에 등장했던 그리스 영웅 중 한 명인 오디세우스가 주인공으로 나온다. 그는 트로이전쟁이 끝난 후 곧장 고향 이타케로 돌아가지 못했다. 10년간 방랑하며 여러 모험을 겪었다. 귀향 후 아내와 집을 되찾는 혈투가 손에 땀을 쥐게 한다.

요한 하인리히 티슈바인 장르 작1776. 아킬레우스왼쪽가 아가멤논 그리스 사령관과 말다툼을 벌이는 장면

일리아스24권1만5,693행·오디세이아24권1만2,110행는 서사시. 서구 문학상 첫 작품이고 가장 길다. 10년간 벌어진 트로이전쟁 중 일부만 다뤘다. 일리아스는 트로이가 함락되기 전 49일간의 상황을 보여준다. 오디세이아는 오디세우스의 귀향까지 51일간 겪는 모험을 담았다. 호메로스호머는 가장 급박한 두 시기를 잡아채 걸작을 빚었다. 서사의 긴장감이 팽

팽하다. 트로이 유적이 대거 발굴돼 이 두 서사시는 사실史實을 일부 안
게 됐다. 관련 유적을 1870년 하인리히 슐리만이 처음으로 찾아냈다.

저자 호메로스는 베일에 싸인 인물이다. 실존 여부조차 불명하다. 기
원전 800~700년 활동했다고 본다. 그가 후속작 오디세이아를 저술하
지 않았을 가능성도 제기됐다. 두 고전을 견줘보면 사용한 단어나 어투
가 사뭇 다르다. 쓰인 시기가 50~100년이나 차이가 나 동일 작가가 아
닐 수도 있다는 주장이 나왔다. 하지만 이런저런 논란에도 이들 고전은
걸작이다. 입과 기억으로 명맥을 어렵사리 잇던 그리스신화·전설을 문
자로 정착시켜 영원한 인류의 자산으로 만들었으니까.

알렉산드르 이바노프 작. 늙은 트로이 왕 프리아모스가 그리스 용장 아킬레우스를 찾아가 무릎을 꿇고 아들
헥토르 시신을 돌려 달라고 간청하고 있다

일리아스는 전쟁이야말로 인간이 저지르는 가장 어리석은 짓이라는 교훈을 전한다. 생사 앞에 무력한 인간과 전능한 신들을 대비시킨다. 목숨이 하나뿐인 인간이 의연하게 죽음을 맞는 장면이 가슴을 데운다. 호메로스는 삶과 죽음을 통찰한 대시인. 고대 그리스인은 죽음을 인간의 숙명이 아닌, 신은 못 누리는 고상한 덕목으로 보았다. 아귀인 양 싸우기만 하는 인간, 남긴 게 무엇일까. 일리아스 마지막 대목으로 가보자.

　바야흐로 전쟁은 막바지. 헥토르는 트로이군 총대장, 프리아모스 왕의 맏아들이다. 그리스군 용장 아킬레우스는 벗 파트로클로스를 무척 아꼈다. 그런 그를 헥토르가 처참하게 죽인다. 이를 갈던 아킬레우스는 헥토르를 죽여 복수를 이룬 후 나체 시신을 끌고 다니며 욕보인다. 늙은 아버지 프리아모스 왕은 이를 보고 통곡한다. 위험을 무릅쓰고 신의 도움을 받아 적진을 찾았다. 아킬레우스를 만난 그는 아들 시신을 돌려 달라며 무릎을 꿇었다. 사랑하는 이를 잃은 두 사람, 적이지만 상대의 슬픔을 이해한다. 두 사람은 서로 붙잡고 뜨거운 눈물을 흘린다. 일리아스의 절정 장면. 고결한 성품을 찬양했던 호메로스는 그걸 아킬레우스에게 심어줬다. 그는 프리아모스에게 헥토르 시신을 넘겨주고 트로이로 곱게 돌려보낸다. 프리아모스 왕이 아들 장례를 치르며 일리아스 얘기는 끝을 맺는다. 방패와 창이 부딪쳐 내는 무시무시한 쇳소리가 잦아든다.

　"그 용사의 이야기를 들려주소서, 뮤즈 여신이여."

　일리아스의 뒤를 이어 오디세이아가 막을 올린다. 여기서 용사란 트로이군을 쩔쩔매게 했던 '꾀돌이' 오디세우스. 늑대·여우·돼지의 속성을 다 가진 그이지만 전쟁은 끝났다. 이젠 무사히 고향으로 돌아가기만을 갈구하는 남편이자 아버지일 뿐. 하지만 그 앞에는 치러야 하는 긴 투쟁과 고통이 기다린다. 호메로스는 '참을성 많은 오디세우스'란 표현을 자주 쓰며 오디세우스가 고생문으로 들어섰다는 걸 귀띔한다.

　일리아스에서 못 다한 얘기가 오디세이아에서 이어진다. 오디세우스의 진술이나 회고, 음유 시인이 부르는 노래를 통해서다. 오디세우스가 10년간 방랑할 수밖에 없었던 이유가 드러난다. 트로이를 출항할 때 신에게 제물을 바치지 않아 노여움을 샀기 때문이다. 오디세우스 일행은 섬에 내렸다가 사람을 잡아먹는 외눈박이 거인 키클로페스에게 잡혀 동굴에 갇힌다. 거인 눈을 찔러 앞을 못 보게 한 후 겨우 도망쳤는데 그 탓에 동티_{땅 돌 나무 따위를 잘못 건드려 땅의 신을 화나게 해 재앙을 받는 일. 또는 그 재앙}가 난다. 키클로페스의 아버지가 포세이돈이다. 이 해신이 아들을 해친 오디세우스를 가만둘 리가 없다. 어딜 가나 그는 신이 내린 시련으로 고생한다.

외눈마저 잃은 거인 키클로페스가 바위를 던지려 하자 오디세우스 일행이 급히 배를 저어 도망치는 장면

　이 고전은 독자를 고대 그리스로 초대한다. 암소나 양을 잡아 신들에게 제사를 지내는 의례를 눈앞에서 본다. 살점이 붙은 다리뼈를 그을려낸 냄새가 신을 향해 날아간다. 제사를 모신 군중은 물 탄 포도주와 고기를 나눠 먹으며 즐긴다.

하지만 인간은 신에게 대드는 존재이기도 하다. 올림포스 열두 신은 인간과 얽혔다. 트로이전쟁에 신도 참전하는 상황. 아니, 그전에 색다른 전쟁이 시작됐다. 이 세상에서 제일 아름다운 여신이 누구인지를 가리는 전쟁. 아프로디테는 한편인 헤라·아테나와 1 대 2로 싸우게 됐다. 아프로디테가 아테나와 헤라를 누르고 1등 미녀 여신이 된다. 나머지 신도 편이 갈린다. 아킬레우스를 낳은 바다의 여신 테티스는 당연히 그리스군 편이다. 반대로 트로이인 제관을 둔 아폴론은 그리스군을 괴롭힌다. 아폴론은 트로이 왕자 파리스가 쏜 화살을 아킬레우스의 급소인 발뒤꿈치에 꽂히게 해 그를 죽인다.

이렇게 신들이 개입한 트로이전쟁이 점점 격렬해지는데 후반에 놀라운 사실이 드러난다. 제우스가 이 모든 걸 기획한 게 아닌가! 트로이 패망을 정해 놓고 전쟁을 이어갔다. 제우스는 테티스를 탐냈지만 둘 사이에 난 아들이 자신을 죽인다는 신탁을 피하려고 그녀를 인간 펠리우스에게 시집 보냈다. 그 혼례에 초대받지 못한 불화의 여신 에리스가 뿔이 났다. '최고 미모 여신에게'라고 쓴 황금 사과를 식장에 던져 세 여신을 싸우게 만든다. 트로이 왕자 파리스는 밀약한 대로 아프로디테를 가장 아름다운 여신이라고 지목한 후 스파르타의 왕비 헬레나제우스의 딸를 유혹해 트로이로 데려간다. 오쟁이 진 메넬라오스 왕은 형 아가멤논을 그리스 연합군 총사령관에 앉히고 10만 명, 1,000척의 전선戰船을 띄운다. 트로이전쟁이다.

파란만장한 모험을 헤치며 오디세우스는 고향에 닿는다. 한바탕 피바람이 분다. 10여 년 비운 집엔 아내 페넬로페를 괴롭히고 재산을 축내온 구혼자가 득실거린다. 그들을 오디세우스, 아들 텔레마코스, 두 하인이 합심해 도륙한다. 가족을 잃은 가문에서 무기를 든다. 가문 간 끔찍한 복수전이 벌어질 판. 여기서 호메로스가 선택한 카드는 아테나 여신의 중재다. 일리아스 마지막 장면에선 꺼뜨릴 수 없는 인간애의 불꽃이 조용히 타오른다. 아울러 이 긴 얘기도 막을 내린다.

인간은 희로애락을 겪는다. 그 운명은 고대나 현대나 변하지 않았다. 이 고전 속 주인공들은 친숙하다. 온갖 풍파를 이겨내고 귀향하는 오디세우스가 그렇다. 오늘도 수많은 남녀 오디세우스가 힘든 하루를 끝내고 고단한 몸을 누일 곳 찾아 발걸음을 옮긴다.

＊읽고 인용한 책 : 「일리아스」·「오디세이아」, 호메로스 지음, 이상훈 옮김, 동서문화사

- 고전 문장 속으로

일리아스·오디세이아는 거대한 서사시. 문장을 읽어 보면 가슴이 두근거린다. 역사·설화·영웅담을 다뤘기에 울림이 웅장하다.

"나뭇잎이 살아가는 모양이야말로 인간 생사와 조금도 다를 바 없소. 때로는 바람 불어와 땅 위에 나뭇잎을 흩뿌리지만, 또 한편에서는 숲속에서 무성하게 자라 나무를 왕성하게 하고 봄을 맞소. 마찬가지로 인간 세상도 한편에서는 태어나고, 한편에서 잊히고 사라져 가는 법이라오." 트로이군 용장 글라우코스가 자신과 대적할 그리스군 맹장 디오메데스에게 이렇게 말했다. 두 장수는 질친한 가문의 자손이다. 그들은 싸우지 않는다일리아스 6권.

"앙군이 싸우는 모습은, 마치 나무꾼이 울리는 산울림이 산속 나직한 골짜기에서 솟아오르면 멀리서도 그 소리가 똑똑하게 들리듯, 넓은 길을 통하게 하는 대지에서 적과 아군이 서로 부딪치는 청동의 칼날과 모양새도 훌륭한 많은 쇠가죽 방패, 그것이 칼에 맞는 소리, 두 가닥 창끝에 찍히는 소리가 굉연하게소리가 몹시 크게 울려 요란스럽게 일었다." 일리아스 16권

"이렇게 큰 소리로 말하곤 아들에게 입을 맞추었다. 이제까지는 언제

나 참아 왔던 눈물이었는데, 그의 볼을 타고 눈물이 땅바닥에 뚝뚝 떨어졌다."오디세이아 16권 천신만고 끝에 일부러 거지 행색을 하고 장성한 아들 텔레마코스를 10년 만에 만난 오디세우스. 아버지와 아들 가슴속에 격랑이 인다.

고대 그리스 도자기 그림. 오디세우스왼쪽가 집으로 돌아와 구혼자들을 향해 활을 쏘는 장면

"참아라, 참아야 한다. 심장이여."오디세이아 20권 거지로 변장한 오디세우스는 자기 집에서 잠을 청하는데 구혼자 쪽에 붙은 시녀들이 멸시하자 분노가 타오른다. 하지만 아직 나설 때가 아닌지라 속으로 참을 인忍자를 세 번 쓴다. 인내할 줄 알아야 기회를 잡는다.

-고대 그리스 비극에 끼친 영향

고대 그리스신화·전설을 이 두 고전에 집대성한 기원전 8세기 호메로스에게 숱한 후대 동서양 문인·예술가가 빚을 졌다. 문학·미술·음악에 이르기까지 그 영향은 광범위하고 깊다. 그중에서도 고대 그리스 비극이 자리 잡도록 주춧돌을 놓은 업적은 찬란하다. 기원전 5세기, 그리스 3대 비극 작가인 아이스킬로스·소포클레스·에우리피데스가 그 수혜자다.

호메로스

세 번째 식탁

아이스킬로스BC 525~456는 「오레스테이아 3부작」을 썼다. 아가멤논 가문에서 벌어지는 잔혹 복수극이다. 호메로스는 일리아스에서 아가멤논을 거만한 성격에다가 아킬레우스를 시기하는 인물로 그렸다. 이 극작가는 아가멤논을 안쓰러운 남편으로 변신시켰다. 아가멤논이 귀향한 첫날, 아내 클리타임네스트라는 정부 아이기스토스와 공모해 그를 살해한다.

소포클레스BC 497~406는 비극 「아이아스」에서 그리스군 용장 대大아이아스를 주인공으로 내세웠다. 아이아스와 오디세우스는 적지에서 아킬레우스의 시신을 빼앗아 오는 수훈을 세운 후 망자의 갑옷을 차지하려고 다툰다. 하지만 지략이 뛰어난 오디세우스가 이를 차지한다. 이에 격분한 아이아스는 정신 착란을 일으켜 양 떼를 몰살한 후 부끄러움을 이기지 못해 자결한다는 내용이다.

에우리피데스BC 485~406의 「트로이의 여인」·「헤카베」·「헬레네」·「엘렉트라」도 소재의 연원을 「일리아스」·「오디세이아」에 두었다.

이기적 유전자

리처드 도킨스1941~

"눈에 보이지도 않는 유전자가 인간을 움직이게 만들며 그것은 이기적이다." 진화 생물학자인 리처드 도킨스가 1976년 이 고전에서 이렇게 주장했을 때민 히더라도 유전자에 대한 개념은 그렇게 널리 알려지지 않았다. '인간이 그렇게 작은 유전자에 꼼짝없이 통제당하는 존재란 말인가'하는 냉소 섞인 반응이 나왔다. 이제 그런 의문은 제기되지 않는다. 유전자는 친숙한 단어가 됐고, 그런 여정에 불을 댕긴 책으로 「이기적 유전자」는 확고한 자리에 올랐다.

인류가 태어난 곳은 바다다. 고분자가 떠다니는 원시 수프에서 유기반응이 시작돼 생명 발현을 알렸다.
NASA가 촬영한 지구

얘기는 생명이 출현한 인류의 고향, 고대 바다에서 시작된다. 40여억 년 전 지구 지표면에 생성된 원시 바닷속을 몇몇 원자가 떠다녔다.

그 원자들이 결합·복제하면서 생성된 유기물이 생명체로 진화를 거듭해 오늘날에 이르렀다. 찰스 다윈1809~1882은 「종의 기원」을 1859년 펴냈다. 찬사와 조롱이 뒤따랐다. 117년 후 「이기적 유전자The Selfish Gene」가 출간됐을 때도 그랬다. 찬사가 더 많았던 게 다른 점이랄까. 35세의 생물학자 도킨스는 신다윈주의였다. 다윈은 종개체 단위로 진화론을 살폈지만, 도킨스는 세포 속 분자 사슬인 유전자DNA를 파고들었다.

「종의 기원」이 출간됐을 때 다윈을 원숭이로 희화화한 당시 삽화

도킨스는 이 책에서 인간을 '맹목적인 유전자의 복제 욕구를 수행하는 이기적인 생존 기계'라고 불렀다. 이런 냉혹한 표현을 대중이 수용할지 저자는 자신이 없었다. 책 제목을 결정하지 못하고 망설였다. '불멸의 유전자' '이타적인 운반자' '이기적 유전자' '협력적 유전자'를 놓고 격론이 벌어졌다. 출판사가 집어 올린 제목은 '이기적 유전자'.

　유전자를 의인화한 책 제목은 오해를 불렀다. 유전자가 의식을 가진 존재로 인식될 틈을 남겼기 때문. "인간 몸속 10^{15}개의 세포에 떠다니는 유전자가 의식을 가졌다니, 세상에!→유전자가 이기적이니 인간도 마찬가지란 얘기네→그런데 이기심 없는 사람도 있잖아?" 하는 식이었다. 도킨스는 진화론상 '이기적'이란 단어를 "자신을 유지하기 위해 이익과 이로움을 좇는다는 뜻"이라고 풀었다. 유전자는 세포 속에서 자연 선택돼 살아남는다. 이타적이거나 경쟁에 진 유전자는 사라진다. 유전자=자기 복제자, 개체인간=운반자. 옥스퍼드 영어사전에도 올랐다. 이 사전은 이기적이란 뜻풀이에 '유전자 혹은 유전 물질에 대하여 표현형에 어떠한 영향도 미치지 않으나 사라지지 않고 퍼지는 경향'을 덧붙였다.

　이기적 유전자를 가진 인간이 이타적이기도 한 이유가 11장 '인간은 무엇인가'에 나온다. 알고 보면 간단하다. 인간은 교육을 통해 이타적인 행동을 하는 게 가능하다는 설명. 유전자에 반기를 들기도 한다. 피임이 좋은 예다. 자손을 퍼뜨리라는 유전자의 메시지를 거부하는 게 피임이니까. 이는 인간만이 가진 특징이다. 또 인간은 유전자와 밈이란 두 종류의 자기 복제자를 가졌다고 도킨스는 주장했다. 인간은 문화를 생산하는 개체인데 그 문화는 유전자처럼 '전달하고 모방하면서 자기 복제'하는 속성을 지녔다. 제2의 자기 복제자. '밈Meme'이라고 불렀다. 모방이란 뜻을 가진 그리스어 어근인 '미멤Mimene'을 'Gene유전자'처럼 단음절 단어인 밈으로 줄였다. 가령, 신앙·사상·표어가 밈이다. 트로트 같은 유행가, 청년들이 선호하는 음료도 마찬가지. 밈은 인간 뇌에 복사되고 다음 세대에게 전달된다. BTS가 발표한 노래 〈다이너마이트〉는 강력한 밈. 세계 각국에 사는 아미가 전달자. BTS나 아미는 언젠가 죽겠지만 〈다이너마이트〉는 밈으로 지구가 존재하는 한 온전히 전승된다는 얘기. "인간 진화에 유전자만 간여한다면 인류 미래는 볼 게 없을 겁니다. 다행히 인간은 밈이란 제2의 자기 복제자를 통해 진화하는 미래를 기대합니다." 도킨스는 인간론과 유전자학이 손잡은 생명 철학을 폈다.

6장 '유전자의 행동 방식'은 유전자에 대한 이해를 돕는다. 같은 유전자를 가진 개체일수록 서로 이타적으로 대한다. 유전자 진화론상 외삼촌이 친삼촌보다 조카를 더 아낀다는 분석이 나온다. 외삼촌-조카가 같은 유전자를 공유하는 비율이 삼촌-조카의 그것보다 높아서이다. 부모가 자식을 열성을 다해 돌보는는도킨스 식으로 말하면 자식의 생존 확률을 높이려는 노력 이

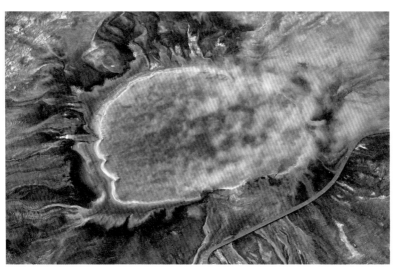

미국 옐로스톤 국립공원 내에 자리 잡은 그랜드 프리즈매틱 온천. 이 온천 주변을 박테리아 매트가 둘러싸고 있다. 시아노박테리아 유전자는 50도를 넘는 온천 고온에도 살아남아 무한히 증식하면서 개체를 유지해 나간다

유도 마찬가지다. 유전자 보존에 도움이 되기 때문이다. 저자는 부모와 자식 간의 정이 남다른 까닭을 같은 맥락으로 설명한다.

이 책은 살갑지 않다. 출간 초기에 흔했던 사례. 특히 젊은 독자들이 이 책을 읽은 후 인생인간에 허무감을 느껴 고통을 호소했다고 한다. 하지만 도킨스는 '유전자는 불멸이지만 그걸 담은 인간은 유한한 존재니 어쩌랴'라는 식이다. '인간은 하늘을 흘러가는 구름, 사막에 부는 모래바람' 운운할 때는 딱 염세 철학자다. 유구한 유전자에 견줘 인생은 찰나니까 그렇다. 사실 인류는 유전자를 통해 자신을 들여다보는 데 익숙지 않다. 도킨스는 냉정하다. "기계는 수명을 다하면 폐기되죠? 인간도 마찬가지예요. 인간은 자의가 아니라 유전자 기준으로 자연 선택돼 생존하니까요." 그는 과학에서 도덕과 정치가 분리되길 원한다. 하지만 그렇게 인간이 유한한 존재란 주장 끝에는 역설이 기다린다. 이 세상에 하나뿐인 유전자를 가졌기에 인간은 하찮은 게 아니라 되레 고귀하다는 생각. '유전자는 길고사실상 죽지 않고 인생은 짧은' 바 '카르페 디엠현재를 즐겨라'! 아니나 다를까, 진화 생물학을 전공한 이 '도덕 선생님'은 이랬다. "인간이 가진 생물학적 본성은 이기적입니다. 자식들에게 이타주의와 관대함을 가르쳐야 하는 이유죠." 이기적 인간을 교육하지 않으면 정말로 그렇게 된다나.

도킨스는 유전자 설명을 종합해 정리하며 얘기를 마무리 짓는다. 첫째, 유전자는 장수-다산성-복제 정확성이란 3대 속성을 띤다. 인간은 오래 살아봤자 100여 년이지만, 유전자는 일단 만들어지면 무수한 세대 전달을 거쳐 1억 년은 살아남는다. 무한 복제, 거의 불멸. 둘째, 복제는 정확하면서도 '오류'를 동반한다. 이런 돌연변이 유전자가 생기면 배胚가 달라지고 개체는 전에 없던 행동을 한다. 생명체는 그 속에서 지금까지 생존해온 유전자가 프로그램한 기계다. 셋째, 유전자 자체는 뭘 목

리처드 도킨스

적 삼지 않는 무심한 존재다. 여기서 도킨스는 '인종 편견'에 일침을 놓았다. "자기와 신체상 닮지 않은 개체를 배척하는, 혈연 선택을 거쳐 진화해온 경향이 비이성적으로 일반화한 결과라 봅니다." 저자는 유전자학에 기초한 인간은 기생자 유전자가 합체된 진화의 결과물일 가능성을 내놓았다. A 유전자와 공생 관계인 B 유전자가 기생하다가 어느 순간 한 몸으로 합쳐졌다는 이론.

클린턴 리처드 도킨스는 현역 영국 진화 생물학자이자 대중 과학 저자다. 저서 「확장된 표현형」1982을 스스로 가장 잘 지었다고 평가한다. 이 책에서 유전자 표현형은 유전자를 다음 세대에 전달하는 도구인데 그 효과가 다른 생명체 신경계 속에까지 파고드는 '긴 팔'을 갖췄다고 역설했다. 자연 선택을 상세하게 설명하는 저서 「눈먼 시계공」1986까지 역작 3권을 냈다. 신앙을 문화의 자기 복제자인 밈으로 간주할 정도로 철저한 무신론자. 「만들어진 신」2006은 창조론을 비판한 책. 영국 성공회 대주교에 대들기2012, 이슬람 폄하 발언 맞장구2015, 우생학을 지지하는 주장2020 같은 구설도 꾸준히 생산하는 유전자를 가졌다. 그가 주관하는 강연회에 가면 이기적 유전자나 확장된 표현형은 우주 어떤 장소에 존재하는 생명체에게도 적용되는 생명관이라고 역설하는 목소리를 듣게 될 터이다.

✻읽고 인용한 책 : 「이기적 유전자」, 리처드 도킨스 지음, 홍영남 이상임 옮김, 을유문화사

- 유전자가 내리는 생존 지령 백태

건강 과시를 생존 전략으로 쓰는 톰슨가젤

이 고전엔 유전자가 내리는 지령에 따라 동물 세계에서 펼쳐지는 기발한 생존 방법들이 소개돼 흥미를 돋운다. 대체로 수컷은 교미를 위해 암컷을 힐긋거리고, 자식 양육엔 관심을 두지 않게 설계된 존재다.

작은 영양인 톰슨가젤을 보자. 포식자를 만나면 펄쩍펄쩍 뛰는 개체가 있다. 포식자의 시선을 끌어 나머지 동족을 안전하게 도망치게 하려는 희생정신일까. 동물행동학자들이 내놓은 분석은 이렇다. '포식자야. 나는 이렇게 높이 뛰어오를 정도로 건강해. 날 잡을 생각을 아예 하지 않는 게 좋아.'

귀뚜라미는 집단 내 서열을 정한다. 불필요한 싸움을 줄여 생존율을 안정시키는 전략이다. 집단 내 개체별 전적을 공유한다. 밀폐된 공간 내에서 개체 간 싸움이 무작위로 진행된다. 승패 빈도에 따라 우열 순위가 자리 잡고 무리 내 다툼이 점차 준다. '허세 부리다간 큰코다칠 뿐이야.'

뻐꾸기는 다른 종 둥지에 알을 슬쩍 밀어 넣는다. 탁란托卵이다. 그곳에서 태어난 덩치 큰 뻐꾸기 새끼는 부화하지 않은 알을 등에 져 둥지 밖으로 떨어뜨린다. 조금 더 성장하면 뻐꾸기 새끼는 피탁란 어미 새보다 커진다. 유달리 큰 입으로 먹이를 족족 받아먹는다. 피탁란 어미 새가 진짜 자기 새끼와 비슷하지도 않은 뻐꾸기 새끼를 구분 못 하는 이유는? 학자들은 피탁란 어미 새가 뻐꾸기 새끼에게 속는 게 오히려 생존에 유리하기 때문에 이렇게 당하는 쪽으로 진화해왔다고 본다. 어미 새가 속지 않으려면 뇌나 눈이 더 발달해야 하는데 그러자면 큰 유전자 비용을 치러야 한다. 이 경우 힘들더라도 뻐꾸기 새끼를 먹여 기르는 편이 생존에 유리하다. '속는 게 버는 거야!'

흡혈박쥐는 채집해온 피를 토해 굶주린 동료에게 먹여주기도 한다. 자신도 사냥에 실패해 굶주릴 때를 대비한 호혜적 이타주의 행동이다. 이는 상대 친밀도에 따라 달라진다. 새끼나 잠자리 주변 동족엔 후하고 낯선 개체엔 야박하다. 나누고 협력하는 모습은 흡혈박쥐에 대한 고정관념을 깨뜨린다.

- 용어로 본 진화 생물학

저자는 유전자 진화 이론을 쉽게 풀어 설명하려 애썼다.

▸ **근연도**近緣度 Relatedness : 두 혈연자가 1개 유전자를 공유할 확률을 나타내는 지표. 부모와 자식 간은 1/2, 형제자매 1/4, 조부-손자 1/4, 사촌 간 1/16. 촌수가 멀어질수록 혈연도 감소가 수치로 확인된다.

▸ **브루스 효과**Bruce Effect : 암컷 새가 제2의 수컷 새와 살게 되었을 때 암컷이 이전 수컷의 새끼를 유산하는 현상. 브루스는 발견자 이름. 새 수컷이 분비하는 화학물질이 유산을 유발한다고 알려졌다. 이렇게 되면 유전자 진화론상 암수 모두가 생존에 유리.

▸ **바이로이드**Viroid : 플라스미드. DNA 조각으로 박테리아 세포에 많다. 두세 개 유전자로 구성돼 숙주 염색체에 끼어들어 변이를 유발한다.

도킨스는 반란 유전자라 불렀다.

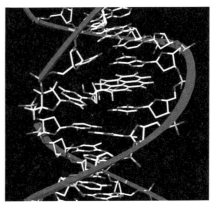

담배 연기에 함유된 다환 방향족 탄화수소인 벤조피렌이 DNA 이중나선 사슬을 깨뜨려 돌연변이를 일으키게 한다

▶ ESSEvolutionarily Stable Strategy : 진화상 안정된 전략이자 생존에 가장 유리한 방식. 매파 맹렬히 싸우느냐 비둘기파싸움을 자제 하느냐 중 택일해 성공률을 최대로 높이는 게 ESS.

▶ **안정 다형**安定 多型 Stable Polymorphism : 유전학상으로는 한 개체 내 매파 유전자와 비둘기파 유전자 비율이 유전자 풀 내에서 안정을 유지하는 상태, ESS를 이룬 상황. 인류는 안정 다형을 얻는 쪽으로 진화해왔다.

▶ **의태**擬態 Mimicry : 흉내 내기. 다른 개체물체를 흉내 내서 이익을 취하는 생존법. 가령 곤충 배자바구미는 새똥을 닮아 포식자의 눈을 속인다.

이 밖에 시스트론Cistrion·역위Inverion·토큰Token·치사유전자Lethal Gene 같은 용어도 알아둠 직하다.

네 번째 식탁

고전식탁

열하일기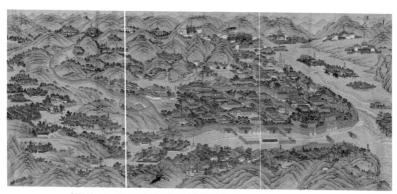

연암燕巖 박지원朴趾源1737~1805

중국 허베이河北성 북쪽엔 러허熱河강이 흐르고, 서쪽에 청더承德가 자리 잡았다. 옛 지명은 러허성이다. 중국 마지막 왕조인 청淸은 만리장성을 벗어난 여기에 황제의 여름 피서산장을 만들었다. 이곳을 241년 전인 1780년정조 4 44세 조선 선비 연암燕巖 박지원朴趾源이 다녀왔다. 건륭 황제6대, 1711~1799가 맞은 70세 생일을 축하하고자 파견된 조선 사절에 민간인 신분으로 끼었다.

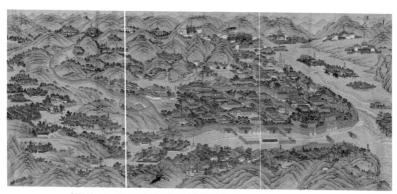

연암이 중국 사절단에 합류해 다녀온 중국 허베이성 청더 피서산장. 유네스코 세계유산이다

연암이 청나라 관광만 했겠는가. 자유로운 신분을 십분 활용해 그곳 정세와 새 문물을 캐냈다. 귀국할 때 연암의 보따리가 불룩했다. 그 안에 든 건 먹 냄새 풍기는 종이 뭉치. 3년 뒤인 1783년 한문으로 펴낸 열하일기熱河日記가 여기서 나왔다 해도 틀린 말이 아니다.

연암은 청에 입국하자마자 여기를 되놈 나라라고 깔보는 풍조야말로 허망한 자위임을 깨닫는다. "이게 약소국 지식인이 할 바다." 밖으로 나라 문을 활짝 못 여는 조국과 헐벗은 백성을 떠올리며 눈에 불을 켜고 관찰·기록한다. 시골 동네 우물까지 꼼꼼히 살폈다. 도구를 이롭게 사용해利用, 이용 백성의 살림을 윤택하게 만듦으로써厚生, 후생 덕을 바로 세운다正德, 정덕는 실학 정신을 압록강을 건너며 가슴에 되새겼던 연암.

드디어 청 여행이 시작됐다. 길 가다 가게를 들렀는데 벽지에 쓰인 이야기를 읽고 포복절도한다. 즉석에서 베껴 옮겼다. 「호질虎叱」, 양반의 위선을 까발린 한문 단편 소설이 이렇게 해서 우리에게로 왔다.

청나라 초기 청병오른쪽들이 전쟁하는 장면

그는 조선에 없는, 표준화된 청나라 수레 제도가 가진 힘을 알아봤다. 수레는 미개발지에 길을 만들어냈고, 사람·재화·문화를 불러들였다. 물류는 나라를 강성케 하는 공공재. 청은 쉽게 찍어내도록 규격화된 벽돌로 잘 정비된 도시를 세웠다. '지게'와 '비탈길'을 못 벗어나는 게 당시의 조선 현실. 청나라 말馬은 많고 튼튼하다. 강한 군사력과 동의어다. 청은 말 목축을 융성하게 일으켰지만, 조선은 그렇지 않았다. 머리와 복장은 어떠한가. 청 무관은 변발에 소매 좁은 옷을 입고 말을 잘 탄다. 조선 무관은 소매가 너풀거리는 철릭무관이 입던 공복公服. 직령直領으로서, 허리에 주름이 잡히고 큰 소매가 달렸는데, 당상관은 남색이고 당하관은 분홍색을 입는다. 이런 게 하나둘 쌓이면서 조선은 문약해졌다고 연암은 생각한다. 조선 문인은 무술을 익히기는커녕 책만 갉아 먹는다. 벼슬아치들은 그저 태평이다. 연암이 구사하는 반어법이 통렬하다. "삼류 선비인 나는 감히 말한다. 내가 청나라에서 본 가장 기억에 남는 장관은 깨진 기왓장, 시냇가 조약돌, 냄새나는 똥거름 더미라고." 청나라 민중은 쪼갠 기왓장을 모아 담을 쌓고, 말똥을 쌓아 올려 거름으로 비축하며, 조약돌을 집 앞 도로에 깔아 진탕을 막는 실용주의가 몸에 뱄다. 연암은 중얼거린다. "이제 북벌론을 거두고 청 문물을 수용할 때다." 명나라 사대부가 가진 '흰 손'과 여인들에게 강요된 '작은 발'은 청나라 변발과 준마에 무릎을 꿇었잖은가.

청나라와 주변 정세를 예리하게 읽어낸다. "황제는 천하 두뇌인 러허를 깔고 앉아 몽골의 숨통을 죈다." 연암을 포함한 사절단도 예상 못 하다가 급박하게 러허로 불려갔다. 연암은 그곳에서 주변국을 순치하는 현장을 포착한다. 건륭 황제는 티베트 라마교 지도자를 스승으로 초대해 화려한 사찰을 지어 머물도록 만들었다. 부드러운 감금이다. 이런 다스림이 언제 조선을 덮칠지 알 수 없었다. 실상을 자세히 들여다봤다. 그랬던 연암이 현재 미국과 중국이라는 두 열강에 낀 한국 상황을 본다면 달리는 호랑이에 올라탄 처지라고 걱정하지 않았을까. 우리나라 의원들이 선진 지역을 보러 외국을 방문할 때 연암의 우국충정을 떠올려야 할 터이다.

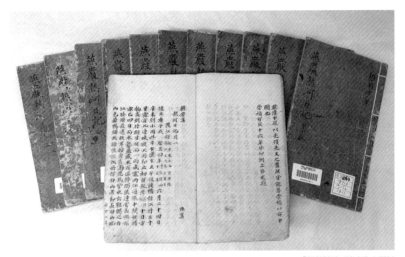

「열하일기」 전남대 소장본

「열하일기」는 저자 생전에 출판되지 못한 채 필사돼 읽혔다. 현존 「열하일기」 초고·필사본은 40종을 넘는다. 「열하일기」는 당시 공공연한 금서였다. 청을 배척하는 시류가 드셌던 때였다. 개혁 군주 정조는 자유분방하면서 구어를 사용하는 연암의 필체를 잡문체라며 비난한 후 순정한 옛 문체로 되돌리라文體反正, 문체반정고 다그쳤다. 이런 겁박은 우의정을 지낸 손자 박규수1807~1877가 「연암집」1932년 박영철이 17권 6책으로 처음으로 활자 출간 간행을 미루는 사태로 이어졌다. 「열하일기」는 1911년 최남선이 세운 〈조선광문회〉가 처음으로 단독 출간해 많은 독자와 만나게 됐다.

연암은 이런저런 압박을 받았고 마음고생을 했다. 친필 초고본과 이본을 대조하는 과정에서 발견되는 자기 검열 흔적이 그 증거다. 연암은 청 여행 중 일행 모르게 숙소를 이탈해 현지 지식인을 만나 필담하며 밤을 새우고 돌아왔다. 다음 날 아무도 간밤의 자기 행적을 모르자 '심리암희心裏暗喜, 속으로 기뻤다'라 적었다가 먹으로 지웠다. 청 농민이 닭 기생충을 없애기 위해 털을 뽑은 채 키우는 장면, 당시 박해를 받았던 종교인 천주교와 관련된 교리, 지구는 작은 별로 태양을 중심으로 돈다는 지동설을 주장한 대목은 국내 다른 책에선 보기 힘들었다.

필사하는 이가 이 고전을 멋대로 윤색·수정하는 사례가 많았다. 연암은 유교 도덕관과 숭명반청崇明反淸을 내세운 국시 따위를 좇지 않았다. 필사자는 「열하일기」에 나오는 청나라의 연호건륭를 삭제하거나 명나라를 높여 표현하는 식으로 고쳤다. 예를 들어 청나라에 입국해 든 여관에 사는 주인장 모친을 본 연암은 '젊은 시절의 모습을 상상할 수 있겠다'라 묘사했는데 번역본박영철본에는 '그 자손들이 앞에 가득하다고 한다'로 고쳐 놓았다. 다행히도 한학자 이가원1917~2000 선생이 소장했던 「열하일기」 초고본이 2012년 공개된 후 원본이 회복되는 추세를 보인다. 연암의 실체에 다가가는 과정.

당대 주류 세력은 연암이 가진 시대 인식을 타박했지만 탁월한 필력 앞에선 백기를 들었다. 「열하일기」 중 러허 기행문인 산장잡기山莊雜記에 실린 글 9편. 이 중 야출고북구기夜出古北口記·일야구도하기—夜九渡河記·상기象記는 연암을 조선 최대 문장가이자 사상가로 밀어 올린 산문이다. 연암은 코끼리에 대한 단상인 '상기'에서 주자학은 경직된 사고이며 끝없이 변화하는 만물을 열린 시각으로 탐구해야 한다고 썼다.

이 고전은 청나라 다큐멘터리다. 예나 지금이나 어리숙한 여행객은 꾀바른 현지 장사치에게 먹잇감. 연암도 길가에서 참외 파는 늙은이에게 바가지를 쓴다. 앞서 지나간 일행이 참외값을 떼먹고 자기를 욕보였다고 눙치는 데 깜빡 속아 참외를 비싸게 산다. 큰 체구에 목소리가 우렁찬던 연암. 술고래인데다 시서화에 능하고 박학다식해 현지 지식인을 압도하면서 환대받았다. 그런 그도 청나라 평민 앞에서 서예 실력을 뽐내다 실수해 뒤늦게 얼굴을 붉혔다. 장신구 가게 주인에게 밀가루를 파는 상점에 내거는 글씨를 써줬기 때문. '그래서 주인이 글씨를 받고도 인상을 썼구나. 속으로 날 무식쟁이라 얼마나 욕했을꼬.' 초상집 구경에 나섰다가 생면부지 상주에게 손목을 잡혀 꼼짝없이 문상하는 소탈한 연암이었다.

그는 창작 정신이 뜨거웠다. 가령, 우리 일상용어를 한자로 새롭게 만들어 썼다. 가게를 '假家', 상모를 '象毛'로 적었다. 정통 중국식 한문은 각각 '巷肆'와 '耗'.

연암은 중화中華와 오랑캐胡란 두 단어 사이에서 고뇌하며 조선이 나갈 길을 찾았다. 우리는 지금도 그 중국을 머리에 이고 산다. 아래쪽엔 중국보다 더한 일본이 도사렸다. 오늘날 중국은 말을 타고 칼을 휘두르며 타국을 침범하지는 않는다. 그 대신 다른 방법을 쓴다. 일본도 마찬가지다. 한국은 이 두 나라에 제대로 대응하고 있는가. 17세기 연암의 고민은 현재진행형이다.

*읽고 인용한 책 : 「열하일기 1~3」, 박지원 지음, 김혈조 옮김, 돌베개

- 조선 사절 청나라 여정

조선 시대 명나라 다녀오는 걸 조천朝天, 청나라 방문을 연행燕行이라 불렀다. 연암 일행은 조·청 육로를 택해 한양~베이징~러허熱河, 왕복 9200여 리3,600여㎞ 길을 갔다가 왔다. 여름에서 가을로 건너가는 환절기였는데 더위와 폭우에 자주 발목이 잡혔다. 늦을세라 목숨 걸고 강을 건넜다. 초행길인 베이징~러허 420리 행로가 가장 고됐다.

조선 시대 중국을 방문했던 사절단

　건륭 황제가 베이징이 아닌 러허에 머물렀는데 사절이 그걸 몰랐다. 그쪽에서 빨리 오라고 독촉해 일행의 규모를 줄여 74명, 말 55필이 5일 간 숙박 없이 줄곧 달렸다. 원래 전체 인원은 300여 명. 핵심 관리인 삼사정사·부사·서장관, 하급 관리대통관·비장, 비복에 비공식 인력이 따라붙었다. 연암은 정사이자 팔촌 형인 박명원1725~1790.영조의 사위의 친척 신분으로 동행했다.

　조선 시대 연행은 500여 회. 연행록으로 「열하일기」와 더불어 홍대용의 「담원일기」, 김경선의 「연원직지」, 김창업의 「연행일기」가 잘 알려졌다. 통상 최종 목적지는 베이징. 연암 일행이 처음으로 변방 러허까지 갔다. 「열하일기」란 서명書名은 이때 가서야 등장한다. 이전은 '연행음청기燕行陰晴記, 러허까지 갈 줄 몰랐다'라 적었다. 음청기는 날씨 기록이란 뜻. 첫 번째 글은 1780년 6월 2일음력 의주에서 출발해 압록강을 건너 국경 촌락

인 주롄청九連城에 이르는 여정을 기록한 '도강록渡江錄'이다. 마지막 일기
는 8월 15~20일 러허에서 베이징으로 돌아온 과정을 담은 '환연도중록
還燕道中錄.' 5월 27일 한양을 떠나 10월 27일 돌아왔으니 156일 만이다.

- 연암 일생

　과거科擧를 멀리했던 연암은 50세에 음직蔭職. 과거 합격이 아닌 조상 공덕으로 벼슬
함으로 관직에 올랐다. 첫 지방 근무처는 경남 안의현 함양. 1791년정조 15
현김으로 부임해 1796년까지 다스렸다. 그는 용추계곡 물을 끌어와 물
레방아를 돌리는 이용후생의 실학 정신을 실전해 보았다. 면천 군수, 양
양 부사를 지내며 지방 목민관으로 선정을 펼쳤다.

연암 박지원

한양 토박이로 명문 가문 출신이나 부친이 벼슬을 하지 않아 어린 연암을 할아버지가 데려와 길렀다. 16세에 처사 이보천의 딸에게 장가들었다. 장인은 사위에게 맹자를 가르쳤고, 벼슬을 권하지 않았다. 연암의 둘째 아들이자 문사인 박종채1780~1835는 부친의 행적을 담은 「과정록過庭錄」을 지었는데 "부친은 가난 때문에 과거 응시를 꺼렸다"라고 썼다. 연암은 얽매이기 싫어하는 성정을 가진 데다 주변 일부 지인이 이렇게 바람을 넣었으니 관직을 멀리한 게 이상한 일이 아니었다. 각박한 세태에 마음을 상해 청년 때 우울증과 불면증을 앓았다.

그는 1787년 50세에 아내를 잃은 후 독신으로 지냈다. 주변에서 재혼을 권했지만 사양한 채 2남 2녀를 돌봤다. 지방 목민관으로 지낼 때 한양의 자식들에게 직접 담은 고추장을 밑반찬과 함께 부치는 자상한 부성애를 보였다.

허생전·양반전 같은 단편 소설을 11편 지었고 문집인 「연암집」, 「과농소초」와 「열하일기」를 썼다. 68세인 1805년 한양에서 병으로 숨졌다.

연암 작 〈묵죽도〉

햄릿·오셀로· 리어왕·맥베스·베니스의 상인· 말괄량이 길들이기·한여름 밤의 꿈· 뜻대로 하세요·십이야

셰익스피어1564~1616

▸ 4대 비극 : 「햄릿」·「오셀로」·「리어왕」·「맥베스」

▸ 5대 희극 : 「베니스의 상인」·「말괄량이 길들이기」· 「한여름 밤의 꿈」·「뜻대로 하세요」·「십이야」

영국인이 가장 아끼는 문인과 그림은? 윌리엄 셰익스피어와 런던 테이트 브리튼 미술관이 소장한 〈오필리아〉존 에버렛 밀레이 작가 아닐까. 셰익

밀레이 작 〈오필리아〉. 「햄릿」에 등장하는 오필리아가 냇물에 빠져 찬송가를 부르며 죽어가는 장면이다

스피어 희곡들을 읽었고, 오필리아란 명화를 아는 이는 고개를 끄덕이기 마련이다. 가련한 오필리아는 「햄릿」에서 슬픔을 한껏 끌어올리는 아가씨다. 애인인 햄릿 왕자는 오필리아 부친을 실수로 죽인다. 딸은 실성해 숲속을 헤매다가 냇물에 빠져 눈을 감는다. 대문호의 글이 명화를 낳았다. 「햄릿」을 셰익스피어 4대 비극 중에서 첫 자리에 내놓을 이유가 여기서 하나 더 생겼다.

셰익스피어란 인물보다 이 두 대사가 더 유명할지 모른다. 첫 번째. "약한 자여, 그대 이름은 여자이니라!"_{햄릿 1막 2장.} 덴마크의 햄릿 왕자가 부도덕한 어머니 거트루드 왕비를 향해 내뱉은 탄식이다. 지아비 햄릿 왕이 죽은 지 한 달도 못 돼 시동생과 재혼한 어머니를 대해야 하는 아들. 그 심경을 셰익스피어는 이 대사로 관객에게 전한다. 요새 여성을 향해 이렇게 말한다면 '마초'란 딱지가 붙는다. 삼촌 클로디어스는 왕의 귀에 독약을 부어 그를 죽였다. 삼촌과 간통한 햄릿 어머니는 살인자와 결혼한 셈이다. 아직 그 범죄를 모르는 햄릿 왕자는 중얼거린다. "오, 어머니! 어쩌면 이렇게 빠르게 재혼을 결정하셨나요?"

두 번째 명대사. "사느냐 죽느냐, 그것이 문제로다. 가혹한 운명의 화살을 맞고도 죽은 듯 참아야 하는가. 아니면 성난 파도처럼 밀려드는 재앙과 싸워 물리쳐야 하는가."_{햄릿 3막 1장.} 첫 문장만 놓고 보면 햄릿 왕자는 우유부단한 인간의 전형이다. 하지만 누군들 그런 상황에 놓인다면 번뇌하지 않으랴. 끔찍한 범죄를 눈치챈 아들은 혈관이 얼어붙는다. 죄악을 확인하기 전 섣부른 언행은 금물. 아들은 냉철한 복수자로 변해간다. 대사가 이렇다. "분별심은 비겁으로 비치기도 하지." 햄릿 왕자는 우유부단한가? 모든 인간이 그러하듯, 불완전할 뿐이다. 셰익스피어가 내민 인간의 표징이다.

「오셀로」는 남자가 질투에 눈멀면 어떤 일이 벌어지는지를 그렸다.

덕망 높은 무어인 장군 오셀로는 무도한 부관 이아고가 짠 사악한 그물에 걸려든다. 오셀로는 결백한 아내 데스데모나를 목 졸라 죽인다. 아내를 향한 남편의 애정은 그녀가 불륜을 저질렀다는 모함에 허망하게 무너지고 그 결과는 너무 참혹하다. 셰익스피어는 인간 내면에 도사린 악마를 봤다. "의심이란 스스로 생겨나거나 태어나는 괴물이다."

조지 프레드릭 벤셀 작 〈리어왕〉.
폭풍 치는 광야로 내쫓겨 절규하는 리어왕과 그를 돌보는 시종인 광대

「리어왕」에서는 딸인 두 공주에게 버림받아 미쳐버린 리어왕이 천둥 치는 벌판에서 내지르는 절규가 관객의 가슴을 찌른다. 생각이 짧았던 아버지와 불효녀가 부딪쳐 파국이 인다. 효녀인 막내딸 코델리아를 몰라보고 내쫓은 쓰디쓴 후회가 섞여 더욱더 통절하다. 이런 대사가 나온다. "무서운 세상이다, 몸조심해라." 악을 징벌하는 결말은 그나마 위안을 준다. 온갖 불행을 다 겪은 리어왕이 내뱉는 씁쓰레한 독백. "우리가 세상에 태어날 때 그토록 울부짖는 건 이 거대한 바보들의 무대에 서는 게 너무 서글프기 때문이야."

「맥베스」는 분별없는 야망이 부르는 파멸, 운명에 농락당하는 허망한 인생에 대한 성찰이 돋보인다. 후덕한 스코틀랜드 왕을 죽이고 왕좌를 차지한 맥베스 장군과 그 부인은 승리감에 취한다. 전공을 뽐내며 개선하던 맥베스는 마녀들에게서 왕이 된다는 예언을 듣는다. 그들은 '여자 배 속에서 태어나지 않은 자만이 맥베스를 쓰러지게 한다' '숲이 옮겨지지 않는 한 패전하지 않는다'라는 말을 덧붙였다. 여자에게서 나오지 않은 사람은 없고, 숲이 움직일 리 만무하다고 확신한 맥베스. 권력욕에 불타 잇단 살육을 벌인다. 나중에 밝혀지지만, 마녀들은 맥베스에게 말장난을 쳤다. 어머니 배를 갈라 태어난어머니가 낳은 게 아니라! 맥더프 영주가 맥베스를 죽이기 때문이다. 제왕절개와 자연분만이 다르다는 언어유희에 놀아난 맥베스. 맥더프의 병사들은 나뭇가지를 덮어써 위장한 채 다가왔다. 멀리서 보면 숲이 움직인다는 말이 나오기 딱 알맞다. 맥베스는 애매한 예언을 믿은 자신을 저주하지만 엎질러진 물.

셰익스피어는 희극으로도 인간을 들여다본다. 현대 코미디물도 그 뿌리는 이런 고전 희극이다. 인간의 오욕칠정, 사회의 모순과 불합리를 경쾌하게 꼬집었다. 「베니스의 상인」에서는 피보다 진한 우정과 사랑이 악을 제압한다. 베니스의 무역 상인 안토니오는 친구 바사니오를 위해 앙숙인 고리대금업자 샤일록에게 제때 못 갚으면 심장에서 가까운 살 1 파운드450g를 뗀다는 조건으로 돈을 빌린다. 하지만 안토니오는 파산해 기일 내 빚을 갚지 못한다. 악질 유대인 샤일록은 안토니오를 증오해 안 토니오의 가슴에 칼을 견주지만…. 통쾌한 반전이 기다린다. 한편으론 남편을 꼼짝 못 하게 제압하는 아내들에게 남편들이 쩔쩔매는 장면도 나온다. 웃음이 터진다. 대사 하나. "사랑에 빠진 연인들이란 언제나 약 속 시각보다 일찍 오는 법이지." 지금도 그런가?

　"죽음은 나이순으로 찾아오지 않는다."「말괄량이 길들이기」에서 청 혼하는 그레미오가 한 말이다. 셰익스피어 초기 작품 중에서 예술성이

워싱턴 올스턴 작 〈말괄량이 길들이기〉

떨어진다고 하지만 대중은 여전히 사랑한다. 부잣집 맏딸 카타리나가 페트루치오란 능구렁이 남편에게 제압당해 양처로 변하는 과정이 흥미진진하다. 현실 부부 세계를 부풀린 듯한 내용이 관객 몰입도를 높인다. 극 속에서 극이 펼쳐지는 액자 희극.

「한여름 밤의 꿈」은 신화와 연극이 악수한 작품이다. 아테네 공작 시시어스와 아마존 여왕 히폴리타, 청년 라이샌더와 처녀 허미아, 또 다른 연인 디미트리어스와 헬레나가 혼례를 올리기까지 겪는 우여곡절이 주 내용. 요정들이 노래하고 춤추는 장면이 많아 뮤지컬 느낌이 물씬 난다. 17세 멘델스존이 이 연극에서 영감을 받아 1826년 극음악 〈한여름 밤의 꿈〉을 지었다.

재산 분쟁은 재벌이든 평인이든 대개 뒤끝이 좋지 않지만, 「뜻대로 하세요」에서는 해피엔딩. 주인공들이 원하는 대로, 뜻대로 됐다. 사랑이 맺어지는 낭만 연극이다. "인생은 7막" "이 세상은 하나의 무대요, 모든 인간은 각기 맡은 역할을 위해 등장했다가 퇴장해버리는 배우"란 대사는 한 번만 들어도 기억에 남는다.

매년 12월 22일~이듬해 1월 6일은 성탄 휴일이다. 1월 6일은 성탄절 후 12번째 날로 구세주 강림일. 「십이야+二夜」는 성탄 휴일 마지막 날 밤에 농담과 장난을 즐기며 유쾌한 축제가 이어진다는 내용이다. 일란성 쌍둥이 남매인 세바스찬과 올리비아가 벌이는 결혼 대소동. 셰익스피어 희극 중 가장 유쾌하다. "자정이 넘도록 잠자리에 들지 않았으니 일찍 기상한 것이나 다름없군." 술꾼 토비 웰치 경의 말이다.

귀로 들은 셰익스피어의 명성은 잊으시라. 37편을 완독하기에 너무 많다고 포기하지 마시길. 부담 없이 읽는 게 가능하다. 극본이 그리 길지 않다. 저자는 심오한 사상을 늘어놓지 않는다. 우리가 평소 느끼는 오욕칠정이 단골 소재. 셰익스피어 읽기는 '엉덩이'에 달렸을 뿐 '머리'

완 상관이 없다. 단, 그 깊이는 함부로 말하지 못한다. 같은 작품을 여러 번 읽는 이가 많다. 그 속엔 때때로 저자도 모르거니와 의도하지도 않았던 '셰익스피어 코인'이 숨었다. 그걸 캐내시라.

＊읽고 인용한 책 : 「한 권으로 읽는 셰익스피어 4대 비극 5대 희극」, 셰익스피어 지음, 셰익스피어연구회 옮김, 아름다운날

- 화제를 모는 이름, 셰익스피어

윌리엄 셰익스피어

셰익스피어란 이름은 곧살 화제와 어깨동무한다. 전 세계가 코로나19 방역에 머리를 싸매던 때 뜬금없이 셰익스피어가 백신을 맞았다는 외신이 떠난리가 났다. 2020년 12월 영국에서 두 번째로 코로나 백신 접종을 한 81세 할아버지 이름이 윌리엄 셰익스피어. 백신 방역을 오매불망 밀어붙였던 당시 영국 보건부 장관 매트 핸콕은 이 장면을 인용하며 울컥하는 모습을 보였다.

대문호 셰익스피어도 이 동명이인 할아버지처럼 당시 전염병과 맞섰다. 1592·1603년 두 차례의 페스트 엄습에서 살아남았고, 이때 '집콕' 하면서 희곡을 열심히 썼다.

셰익스피어 사망일도 이야깃거리다. 그는 1616년 4월 23일 숨졌고,

또 다른 대문호 세르반테스는 그 전날 죽었다. 유럽에서 문학을 크게 빛낸 두 별이 하루 차이로 잇달아 떨어졌다. 1995년 유네스코는 4월 23일을 두 대가의 사망일로 묶고 '세계 책의 날'로 삼았다.

셰익스피어는 생애 기록이 적다. 셰익스피어의 생일 1564년 4월 26일은 유아 세례일. 육필 원고를 남기지 않아 훗날 작품 진위 논란을 불렀다. 공동 창작설, 심지어는 타인이 쓴 희곡이 끼어들었다는 주장까지 나왔다. 전체 희곡 37편 중 절반가량만 생전 출간된 탓이다. 사후 7년만인 1623년 극단 지인들이 셰익스피어 희곡을 모아 첫 번째로 대형 판형인 이절판Folio을 펴냈다. 전집은 1653년 처음이자 단독으로 나왔다. 생전 동료 배우였던 존 헤밍, 헨리 콘델이 편집인이었다. 호사가는 셰익스피어가 여럿이라고 주장한다.

- 셰익스피어 일생

1564년 영국 중부 소읍인 스트랫퍼드 어폰 에이번에서 장남으로 태어나 런던으로 가서 자수성가해 고향으로 돌아와 52세로 숨졌다. 이재에 밝은 대문호였지만 명은 짧았다. 뜻대로는 되지 않는다는 저자의 인생관이 증명된 걸까.

가세가 기운 13세부터 집안일을 도왔고, 18세에 8살 연상인 여인과 결혼해 쌍둥이 남매를 낳았다. 21세 때 고향을 떠났다. 7년여 떠돌다 28세 무렵부터 런던에서 살았다. 연극배우로 활동하기 시작한 즈음이다. 첫 희곡은 3부작 역사극인 〈헨리 6세〉. 1594년 런던 2대 극단 중 하나인 〈체임벌린스 멘〉에서 배우로 활동하면서 극작가로도 명성을 얻었다.

재건한 런던 〈글로브〉극장. 셰익스피어 연극이 초연된 곳이다

　1599년에 템스강 옆에 상설 극장 〈글로브〉를 세웠다. 이때까지 셰익스피어는 인간 내면 심리, 삶에 대한 통찰, 서정성을 주제로 한 낭만극·역사극·비극을 쏟아냈다. 「리처드 3세」, 「로미오와 줄리엣」, 「베니스의 상인」, 「십이야」 같은 희곡. 마지막 작품은 「헨리 8세」다. 저자는 14행 시가인 소네트를 잘 쓰는 시인으로 1609년 소네트집을 펴냈다.

　1600년부터 셰익스피어는 어려운 시기를 보냈다. 후원자였던 샤우샘프턴 백작이 반역으로 투옥되자 크게 실망한 나머지 작품 성향이 어두워졌다. 4대 비극이 이 시기에 나왔다. 당시 관객은 비극을 반겼다. 인생 후반 들어 제임스 1세의 후원으로 주름살을 폈다. 저자는 부동산을 보는 눈이 밝았다. 일찌감치33세 고향에 큰 저택을 마련한 후 런던 글로브 극장을 신축35세하고 3년 후 고향 땅을 사들였다.

"이것이 나라냐." 집단 지성이 드러나는 포털 댓글에서 심심찮게 접하는 탄식이다. 정말, 궁금하다. 진정한 나라는 어떠하며, 정치는 무얼 좇아야 하는지. 고대 그리스 철학자 플라톤에게도 마찬가지였다. 그는 명저 「국가폴리테이아 Politeia, 政體정체」에서 앎과 정의가 구현되는 정치체제제체, 지혜를 사랑하는 철인이 다스리는 칼리폴리스Kallipolis를 그려 보였다. "나라가 올바르게 돼야 한다"는데 그 '올바름'은 무엇인가.

도시 국가 아테네를 상상해 1846년 레오 폰 클렌체가 그린 그림.
아크로폴리스에 거대한 아테나 청동상 아테나 프로마쿠스과 그 아래 광장에 모인 군중이 보인다

2,600여 년 전, 이런 주장은 혁신이었다. 서양 정치철학이 여기서 싹 텄다고 한다. 남녀 모두 통치자가 되는 게 가능하다며 양성을 평등하게 보았으니 한참 앞서 나갔다. 우리가 지금도 아리송해하는 철인 개념을 그는 명쾌하게 풀었다. "최선자最善者다. 훌륭함덕·좋음·아름다움이 깃든 혼마음·성향을 지녔다. 지성 교육을 받고 신체를 단련한 뒤 나라를 통치할 유일한 인물." 통치자는 앎지성을 기반 삼아 나라를 다스려야 한다고 봤다. 민중에게 좋은 삶을 제공해야 하는데 그러자면 나라가 담당하는 '평생 교육'이 중요하다. 여기서 플라톤이 강조한 점. "어린이에게 교육을 강제하지 말라. 억압한 교육은 혼에 남지 않는 탓에 쓸모가 없다." 놀이하듯 자유롭게 교육하라고 외쳤던 플라톤, 지금 봐도 호감 가는, 깬 교육자다.

플라톤은 자신이 구상하는 정치공동체가 유토피아나 다름없기에 현실에선 구현하기 어렵다는 걸 알았다. 하지만 '올바른 삶'을 갈구하는 사상만큼은 끝까지 지켰다. 가령, 통치자는 어떠한 재산도 사유私有해선 안 된다고 선을 그었다. 지도자는 엄격한 도덕성을 갖춰야 하니까예나 지금이나. 플라톤의 정치공동체는 의식주·배우자·자녀를 공유하며, 출산·교육도 함께 책임진다. 이성으로 욕망을 통제해 행복한 사회를 이룬다는 논리. 인

고대 아테네를 잘 통치했던 군주 페리클레스

류가 지금껏 못 이룬 이상향이다. 하지만 '빈익빈 부익부'가 심해지는 이 시점, 솔깃해진다. 이상理想은 역사 수레바퀴를 미는 보이지 않는 힘이니까.

「국가」는 10권이지만 권당 50~80여 쪽 분량이어서 단행본으로 묶인다. 소제목 없이 소크라테스와 아데이만토스·글라우콘플라톤의 형들이 나눈 대화가 이어진다. 플라톤이 소크라테스의 입을 빌려 발언한다고 보면 된다. 소크라테스 주장을 옮긴 「대화편」과는 다르다. 플라톤 고유의 색채를 보인다. 분량상 플라톤 전집 중 20% 정도이니 비중이 크다. 다루는 주제가 정체에서 형이상학·윤리학·인식론·예술론·교육론·혼심리학까지, 아주 폭넓어 플라톤의 주저로 손색없다. 소크라테스의 제자인 플라톤이 자기 세계를 열어 보였다.

당시 도시 국가 폴리스를 보자. 플라톤의 고향 아테네는 페리클레스 BC 495~429 통치 때가 가장 번성했고, 31만여 명이 살았다. 폴리스들은 정체에 대한 고민이 많았다. 이런 시대의 과제가 신진 지식인 철학자들을 불렀다. 이전까지는 호메로스와 헤시오도스 같은 대시인들이 쌓은 시가詩歌 중심인 정신세계가 주축이었다. 철학이 여기에 도전장을 내밀었다.

「국가」 1권의 서두는 이렇다. 아테네 외항에서 열리는 축제를 구경하고 돌아오던 소크리테스를 만난 그곳 유지가 소그라테스를 자신의 집에 초청한다. 여기서 여러 사람과 대화한 내용을 다음날 다른 사람에게 들려주는 형식으로 1권이 시작된다. 올바름올바른 상태, 정의이 화두. 강한 자의 편익이 올바름이라고 강변하는 소피스트 트라시마코스를 소크라테스가 논박과 산파술 대화로 깨우친다. "올바름은 훌륭함이자 지혜이며, 올바르지 못함은 무지이며 나쁨이다." '정직하면 손해 본다'라며 트라시마코스는 올바름을 부정했었다. 올바름의 실체를 찾아 2권부터 여정이 시작된다.

2, 3권에선 어린이 교육을 다뤘다. 어린이는 장차 통치자가 될 동량. 2권 전반부에서는 교육이 이뤄지는 곳, 나라를 설명한다. 나라가 건국돼 커지면 그 수준이 드러난다. 올바른 나라를 유지하려면 합당한 혼을 가진 어린이가 필요하며 그것은 교육에 달렸다. 이전엔 시인이 그걸 담당했고 '시가詩歌'가 교재였다. 철학가들은 "시가의 대부분은 신화와 설화를 다루는데, 등장하는 신들에 대한 묘사가 어린이가 보기엔 저질"이라고 딴지를 길다. 3권이 그러한데, 여기서 시인들이 지켜야 할 규범이 제시된다. 그들은 허황한 지옥 묘사, 신성 모독, 지나친 희로애락 표출, 사리사욕과 부정 얘기로 젊은이들의 혼을 어지럽힌다고 꼬집었다. 교육엔 체육도 중요하다는 요지가 3권에 나온다. 체육과 적절하게 조화를 이룬 혼화크라시스 교육이 바람직하다.

4권에서는 올바름이 나라와 개인을 대상으로 고찰되고, 5가지 정체·혼을 보여준다. 올바른 나라에선 지혜·용기·절제가 실행되며, 개인은 제 것을 갖고 제 일을 하게 된다. 정치판을 기웃대는 교수, 정치색을 강하게 드러내는 법조인, 직무로 알게 된 정보로 축재하는 공기업 직원을 플라톤이 봤다면 '악인'이라며 손가락질했을 터. "용기를 가진 수호자통치자는 바르고 준법하는 소신으로 나라를 올바르게 만든다." 5권에 '남녀 평등권'이 등장한다. 올바른 나라를 운영하려면 최고 자질을 갖춘 남녀 수호자가 필요하다. 앞에서 설명한 유토피아 정치공동체다. 이는 스승 소크라테스에게선 볼 수 없는, 플라톤의 고유 사상. 그는 나라 구성원이 네 것과 내 것을 구분해 '기쁨과 고통'을 함께 느끼고, 이런 훌륭한 '본'이 생기면 나라는 분열되지 않고 하나를 이룬다는, 살짝 가슴 설레게 하는 말을 한다. 최고 수준의 남녀와 그렇지 않은 남녀로 가른 것은 옥에 티다. 평등사상 속 차별.

당연히 이런 나라가 가능한지 질문할 수밖에 없는데 기다렸다는 듯 답이 나온다. "철인이 나라를 다스리면 됩니다." 철인 치자 사상이다. 이 즉답은 당시로선 목숨이 위태로울 수도 있는 폭탄 발언이었다. 이를 의식한 플라톤은 방어막을 쳤다. 철인이란 직업 철학가를 뜻하지 않는단다. 이어 지혜를 사랑한다는 철인이 어떤 사람이며, 철학 인식에 필요한 교육에 대한 논의를 펼쳐 나갔다. 6권에서는 철학자의 자질이 제시된다. 철학자는 실재에 대한 앎을 추구한다. 철학자가 현실에서 환영 못받고, 철학은 무용한 학문으로 낙인찍힌다는 푸념이 나온다. 이런 철학자는 교육으로 양성되며 '좋음德의 이데아'를 배움에서 가장 큰 목표로 삼는다. 이를 '태양·선분의 비유' 같은 인식론으로 풀었다. 남녀 통치자가 탄생하는 과정이 7권에서 묘사된다. '내리막 동굴 속 죄수' 비유가 유명하다. 청년은 20세부터 10년간 수론과 화성학 같은 5가지 교과로 예비 교육을 받고 변증학 공부와 신체 단련, 실무 경험을 쌓은 후 50세가 되면 통치자가 될 자격을 얻는다. 8권은 바람직한 최선자王道 정체가 변질한 내 정체, 명예지배·과두·민주·참주정과 이에 해당하는 통치사 유형을 보여준다. 이 중 참주정Tyrannis이 최악. 이에 견줘 최선의 지도자를 "시가와 혼화된 이성을 갖춘 자"로 봤다. 참주정형 통치자는 9권에서 비난받는다. 욕망을 충족하려 어떤 악행도 서슴지 않는 그는 가장 올바르지 않고, 최고로 비참한 자이다.

마지막 10장에서 플라톤은 훌륭하고 '올바른 나라칼리폴리스'는 철학으로 운영돼야 한다고 재차 강조한다. 철학은 실재와 진실을 보여주기 때문. 생전에 훌륭한 삶을 보내면 영혼이 불멸하는 사후에도 값진 보상을 영원히 받는다는 주장으로 「국가」를 마무리 지었다.

이 고전은 저자의 사상이 무르익은 60대에 나온, 서양 첫 정치 철학서이다. 칼리폴리스를 이루고자 평생 고민했던 플라톤. 대한민국도 그

고민 앞에 섰다. 이 땅에 '칼리코리아'가 들어서고 그에 걸맞은 지도자를 국민은 고대한다. 플라톤「국가」는 잊힌 이상향 정치공동체를 향한 꿈을 다시 일깨운다.

＊읽고 인용한 책 :「국가 政體」, 플라톤 지음, 박종현 역주, 서광사

- 플라톤의 변신

플라톤

고대 그리스 정치 1번기인 아테네에서 명문가 출신인 플라톤이 정치를 마다한 이유는? 스승 소크라테스가 당한 억울한 죽음이 결정타였다. 기원전 403년 30인 과두 정권을 무너뜨리고 집권한 민주파는 막 정치에 발을 내디딘 플라톤에게 큰 환멸을 안겼다. 70세 소크라테스를 재판정에 세운 후 사형을 선고했기 때문. 기원전 399년 플라톤이 28세 때였다.

그 후 플라톤은 이상 정치를 실현하는 꿈을 접었다. 그 대신 철학자를 기르는 고등 교육기관인 아카데미아를 설립해 간접으로나마 소망을 이루려고 애썼다. 아테네가 융성할 때 태어난 그는 조국이 펠로폰네소스 전쟁에서 패한 후 쇠락하자 무척 안타까워했다.

폼페이에서 발굴된 바닥 모자이크화.
플라톤이 세운 학원 아카데미아에서 토론이 벌어지고 있다

　스승 사망 후 40세까지 10여 년간 플라톤은 대부분 시간을 저술로 보
냈다. 이때 「소크라테스의 변명」 「크리톤」 「프로타고라스」 「소小히피아
스」 「고르기아스」 같은 초기 대화편을 썼다. 40세에 시칠리아섬 시라쿠
사이를 여행한 후 42세 때인 385년 아테네로 돌아와 학원 〈아카데미
아〉를 세워 교육자로서 새롭게 발을 내디뎠다. 현대 대학교 체제가 여
기서 움텄다. 〈아카데미아〉 설립 후 60세까지 플라톤은 「파이돈」 「메

논」「국가」「향연」「파이드로스」같은 중기 대화편을 펴냈다.

플라톤은 60대에 다시 한번 현실 정치를 비웃는다. 기원전 367년 시라쿠사이 참주인 디오니시오스 2세가 철학에 관심을 가져 플라톤을 초빙해놓고도 제대로 대우하지 않았다. 플라톤은 거기에 2년간 잡혀있다가 겨우 아테네로 귀환했으나 361년 다시 그쪽 측근이 간청해 시라쿠사이를 또 찾았다. 하지만 이번에도 참주와 정치를 제대로 논할 수 없었고 이듬해 아테네로 돌아온다. 현실에서 철인 치자를 실현하는 구상은 물거품으로 끝났다. 이후 플라톤은 347년 80세로 숨지기까지 「티마이오스」「정치가」「법률」을 포함한 후기 대화편을 썼다.

- 플라톤 시대의 사회상

그때도 철학은 '비호감'이었다. 이 책 8권엔 그런 시류에 대한 플라톤의 불만이 가득하다. 아테네 대중이 철학을 공부하기가 사회 여건상 지극히 어렵다고 한숨을 쉬었다. 총명한 이는 정치가가 돼서 명성과 부를 누려야지 철학자로 사는 건 어리석다고 여기는 사회 풍조에 저자는 열을 낸다.

이런 상황은 당시 아테네 민중의 문맹률이 높았다는 점과 연결된다. 당시 아테네 민회에선 참석한 시민이 도편[도자 파편]에 이름을 적어 추방을 결의하는 제도를 시행했다. 하지만 글자를 쓸 줄 몰라 이름을 표시하지 못하는 시민도 많았다고 한다.

책값이 비싸고 구하기도 어려워 시민에겐 사치품이었다. 「소크라테스의 변명」엔 '아낙사고라스 책 한 권이 1드라크메인'이란 대목이 나온다. 당시 장정 두어 명이 하루 일해 받는 품삯에 해당한다. 필사할 때 쓰는 파피루스를 이집트에서 수입했으니 책값이 비쌀 수밖에 없었다.

첫 도편 추방자인 테세우스가 아테네를 떠나는 장면

　아테네인들은 신체 조건을 따졌다. 잘 생기고 키가 큰 남성이 인기를
끌었다. 운동을 잘해 올림피아에서 우승하면 평생 국비로 식사하는 혜
택을 누렸다. 요즘 말로 '셀럽'. 이들 체육인에겐 육식하는 특전을 줬다.
일반인은 육식을 멀리하는 채식주의자였다.

185

이처럼 신체를 신이 내린 선물로 보는 가치관은 장애를 갖고 태어난 아기를 아테네 외곽에 내다 버리는 폐습을 낳았다. 다행히 이 악습은 점차 자취를 감췄다.

그리스 비극

오이디푸스왕·아가멤논·결박당한 프로메테우스·안티고네·메데이아

아이스킬로스·소포클레스·에우리피데스

아르고스 고향 집 앞에 남편이 망토 자락을 휘날리며 우뚝 섰다. 트로이 전장에서 10여 년 만에 돌아온 그리스군 총사령관 아가멤논이다. 아내 클리타임네스트라가 버선발로 뛰쳐나왔다. 환영사를 쏟아내는데 끝맺는 말이 왠지 섬뜩하다. "이제 뒷일은, 잠도 정복하지 못해온 내 마음이 신들 도움으로 적절히 알아서 처리할 것이다."

처리한다는 게 뭘까. 남편이다. 아내는 한에 사무쳤다. 아가멤논이 딸 이피게네이아를 산 제물로 바쳤기 때문. 그리스 연합군 함대는 트로이 원정을 앞두고 아울리스 항구에 발이 묶였다. 여신 아르테미스가 역풍을 보내 출항을 막자, 아가멤논은 딸을 죽여 제단에 바친 후 출전했다. 여기서 솟아오르는 질문. 아가멤논은 애국자인가, 딸을 희생양으로 삼은 비정한 아버지인가. 어머니 클리타임네스트라는 마땅한 응징을 한 게 아닌가.

고대 아테네인들은 이런 의문을 떠올렸고 그 답은 구하려 애썼나. 원형 극장에 오른, 인기 높은 장르인 비극이 그중 한 통로였다. 이 같은 민중 욕구에 잘 부응했던 비극작가 3명이 명성을 누렸다. 첫머리 얘기는 '맏형' 비극작가인 아이스킬로스가 쓴 「아가멤논」에 나온다. 단독 작품은 아니다. 「오레스테이아오레스테스, 아가멤논의 아들 이야기란 뜻 3부작」 중 1부다. 2부 '코에포로이'제주祭酒를 바치는 여인들, 3부 '에우메니데스'자비로운 여신. 줄거리는 그리스신화에서 왔다. 아테네 관객이 비극 내용을 잘 알았던 이유.

대사가 애매해도 숨은 의미를 알아챘다. 클리타임네스트라의 대사가 살인을 예고한다는 걸 안다는 말이다. 연극 용어로 '극적 아이러니'. 무대 위 등장인물은 모르고, 관객은 아는 상태다. 이것이 극에 긴장감을 부여하고, 관객은 숨을 죽이며 손에 땀을 쥔다.

트로이 전장에서 10여 년 만에 돌아온 남편 아가멤논을 살해하기 위해 접근하는 클리타임네스트라와 정부

기원전 5세기 아테네 시민은 노천 연극을 즐겼다. 매년 3월 말~4월 초 아테네 주관으로 공동체의 결속을 다지는 디오니소스 대제전이 열렸다. 비극 경연 대회는 여기서 가장 인기를 끄는 부대 행사. 온 아테네 시민이 지켜보는 가운데 우승하는 영예를 누리고자 많은 극작가가 도전장을 던졌다. 기원전 458년, 아이스킬로스는 13번째이자 마지막으로 월계관을 썼다. 이때 수상작이 「오레스테이아 3부작」. 고대 그리스 비극 작품 중 유일하게 남은 3부작이다.

이 3부작 중 1부 「아가멤논」은 얼핏 보면 치정 살인극 같다. 귀향한 남편이 아내와 정부 아이기스토스에게 참살당하니까. 하지만 관영 경연 대회에서 우승한 작품이다. 시사하는 바가 없을쏜가. 디오니소스 대제전은 시민 축제이면서 한편으론 권력 의지가 실현되는 장이었다. 당시 아테네는 대내외로 융성기를 맞았다. 이런 시대 배경 아래 시민은 타국에서 벌어지는 비극에 빠져들었다. 그들은 안락한 객석에 앉아, 폭풍 치는 날 실내에서 바깥 풍경을 감상하듯, 살벌한 무대 위를 보며 안도하고 우월감을 즐겼다. 위정자는 시민들이 보호받고 선진 문화를 누린다는 인식이 들도록 머리를 굴렸다. 비극 우승작 속엔 은밀한 통치 의지가 일렁인다. '시민이여, 우리를 따르고 복속하라.'

인파가 아크로폴리스 내 디오니소스 극장으로 몰려들었다. 그렇다고 관객이 죄다 정치판에 놀아난 건 아니었다. 크고 작은 전쟁을 직접 치러 온 그들. 자신들과 닮은 주인공을 보면서 속을 풀었다. 슬프고 잔혹한 운명을 대리 체험하면서 자기 삶을 돌아봤을 터이다. 울고 웃고 분노하고 탄식하면서 디오니소스 극장은 거대한 마음 씻김 터가 됐다. 아리스토텔레스가 말한, 카타르시스가 실현되는 신성한 장소. 현대인이 잃어버린 곳이다.

「오레스테스」 2부는 '코에포로이'다. 아가멤논의 아들 오레스테스가 어머니와 정부를 죽여 앙갚음한다. 3부 '에우메니데스'에선 아테네 법정이 주 무대. 오레스테스의 죄과가 가려진다. 극작가는 민주 법정을 보여주며 당대 선진 사회였던 아테네를 내세운다. "인간은 신이 펼쳐놓은 그물에서 벗어나지 못하지만, 자신이 한 행동에는 책임을 져야지요. 신은 '피의 복수'를 방치합니다. 인간이 복수를 멈춰야 합니다." 오레스테스가 이렇게 자각하는 순간 그를 추격하던 '복수의 여신들'은 온화한 여신 '에우메니데스'로 변신한다.

얀 코시에 작, 〈불을 옮기는 프로메테우스〉

아이스킬로스는 「결박당한 프로메테우스」란 작품도 썼다. 티탄 신족 프로메테우스가 금지된 불을 인간에게 전하자, 제우스는 그를 바위에 묶어 두는 벌을 내린다. 제우스는 예언자 프로메테우스가 자기 미래를 알려주지 않자 벼락을 쳐 그를 바위 더미 속에 묻어 버린다. 독재제우스에 맞서는 '자유 의지'프로메테우스를 그렸다는 분석. 극본을 보면 '힘폭력'이라는 등장인물이 나온다.

「오이디푸스왕」은 후대 프로이트가 이름값을 높여놓기 이전인 고대 그리스 시절에 이미 절찬리에 공연된 비극이었다. 소포클레스의 대표작. 테베왕이 된 오이디푸스가 신탁을 전해 듣는 장면으로 막이 오른다. 내버린 젖먹이 아들 오이디푸스는 장성해 얼굴을 모르는 탓에 친부를 죽이게 된다. 게다가 남편 잃은 어머니와 결혼해 자식까지 낳는다. 한참 후에야 이 비극을 알게 된 오이디푸스왕은 스스로 눈을 찔러 시각장애인이 돼 방랑길에 오른다. 어머니이자 아내였던 왕비는 목매 죽고 비극은 잠시 발길을 멈춘다.

비극이 다시 발걸음을 옮겼다. 소포클레스의 극작 「안티고네」. 오이디푸스가 남긴 혈육인 두 아들폴리네이케스·에테오클레스과 두 딸안티고네·이스메네은 참상을 겪는다. 두 아들은 창으로 서로 찔러 같이 죽는다. 문제는 시신 처리. 에테오클레스는 테베를 침략하는 폴리네이케스와 싸우다 전사했기에 시민들은 그를 경건하게 장례 치른다. 하지만 크레온 왕은 배반자 폴리네이케스를 묻어주는 자는 돌로 쳐 죽인다는 포고령을 내린다. 여동생 안티고네는 이를 거역하고 들짐승이 뜯던 오라비 시신을 수습해 장례를 치르다가 잡혀 동굴에 갇힌다. 안티고네는 묻는다. "지상테베이이 세운 원칙만 따라야 하나? 죽은 이를 묻어야 하는 지하저승세계 법칙은 어겨도 되나?" 파국이 이어진다. 안티고네가 목을 매 자결하자, 약혼남인 크레온 왕의 막내아들 하이몬도 뒤를 따른다. 어머니인 왕비도 스스로 목숨을 끊어 아들과 저승으로 동행한다.

고대 그리스 3대 비극작가 중 '막내' 격인 에우리피데스는 극작 「메데이아」를 썼다. 남편에게 배신당한 아내가 일으키는 비극. 메데이아는 콜키스의 공주였다. 그녀는 그리스에서 온 코린토스 왕족 이아손에게 반해 아버지와 조국을 배반하고 함께 도망친다. 추격해오는 오빠마저 죽였다. 메데이아는 결혼해 두 사내애를 낳고 행복하게 살았다. 하지만 이아손이 코린토스 공주에게 새장가를 들려 하자 복수극을 펼친다. 남편에게 고통을 주려고 예비 신부와 장인, 이아손의 두 아들을 차례로 죽인다. 이 비극은 신의 후손인 메데이아가 두 아들 시신을 용이 끄는 전차에 싣고 코린토스를 떠나는 장면으로 끝난다.

〈승천하는 메데이아〉

아이스킬로스 작 「아가멤논」에서 트로이 전쟁의 제물이었던 이피게
네이아가 에우리피데스가 쓴 희곡 「타우리케의 이피게네이아」에선 생
존 인물로 나온다. 여신 아르테미스가 그녀를 빼돌려 크림반도의 타우
로이족 타우리케로 데려가 여사제로 삼았다. 이피게네이아는 아르테미
스 여신상을 훔치러 왔다가 붙잡혀 제물이 된 남동생 오레스테스, 친구
필라데스와 재회한 후 그들과 같이 고국 그리스로 돌아온다.

비극은 감정을 낳는 어머니다. 비극을 품을 줄 아는 이는 기쁨이 가진 가치를 안다. 캄캄한 어둠 속에서 올려다보는 빛이 더 환하다. 비극, 사귀어 볼 만하다.

＊읽고 인용한 책 : 「그리스 비극 걸작선」, 아이스킬로스·소포클레스·에우리피데스 지음, 천병희 옮김, 숲

- 고대 그리스 3대 비극작가의 생애

　기원전 5세기 아이스킬로스·소포클레스·에우리피데스는 알아주는 비극작가였다. 3인은 서로 영향을 줬다. 그리스신화 속 신을 중심으로 한 종교관을 인간 쪽으로 끌어당겨 재해석한 사상을 공통으로 품었다. 현대 비극을 잉태시킨 세 아버지다.

▸ 아이스킬로스BC 525~456

아이스킬로스

　　　　90여 편 비극을 썼지만 7편만 전한다. 24세에 비극 경연에 나갔고, 40세에 처음 우승을 맛봤다. 아테네 근교의 귀족 집안 출신으로 마라톤 전투와 살라미스 해전에 참전한 경력을 명예로 삼았다. 신의 섭리를 증명하고 악행을 대대로 응징하는 가치관을 내세웠다. 등장 배우를 2명으로 늘리고, 합창대 역할을 줄여 대화를 중시해 '그리스 비극의 창시자'로 불린다. 69세로 숨졌다. 사망과 관련해 '웃픈' 얘기가 전해진다. 거북을 낚아채 공중을 날던 독수리가 아이스킬로스의 대머리를 바윗돌로 알고 거북을 떨궈 아이스킬로스를 죽게 했다는 내용이다.

▸ 소포클레스BC 497~406

아이스킬로스보다 28세 연하지만 결국
선배를 넘어섰다. 총 18회 경연 우승. 아
테네 근교에서 무기 제조업자의 아들로 태
어났다. 배우 경력도 쌓았다. 인간 운명은
신이 아니라 인간이 결정한다는 세계관을
가졌다. 각기 다른 소재를 잇는 3부작을
선보여 아이스킬로스와 차별을 두었다. 배
우 수2명→3명와 합창단12명→13명을 늘려 극중
긴장감을 높이고, 등장인물의 성격을 달리
내보였다. 무대 배경, 그림과 소도구를 개

소포클레스

발해 '고대 그리스 비극의 완성자'란 칭호를 얻었다. 91세까지 산, 보기
드문 장수 작가.

▸ 에우리피데스BC 485~406

에우리피데스

앞서 태어난 두 선배보다 덜 알려졌다. 신
을 중심으로 한 도덕관에 매달렸고, 혼자 동
굴에 살 정도로 무뚝뚝한 성격. 비호감이어
서 그랬는지 비극 경연에서 한 번도 우승하
지 못했다. 하지만 현대의 시각으로 볼 때
그는 시대를 앞선 감각을 지닌 작가. 창조적
비판 정신을 바탕으로 영웅보단 평민을 등
장인물로 삼아 인간 내면을 충실하게 그렸
다. 여성 심리 묘사에 뛰어났으며, 신에 대
한 회의와 전쟁 참상 고발 같은 비전통 주제
를 무대에 올렸다. 79세로 숨진 후 진보 작가로 재평가받았다.

카오스Chaos 이론은 '무질서 속 질서'를 찾아낸다. 형용모순 같지만, 이 이론은 현대 과학에 새로운 눈을 달아 주었다. 도저히 정체를 파악할 수 없는 존재들, 가령 날씨·주가·신경망·교통체증을 예측 영역으로 끌어들이고 특성을 알게 해주는 신기원을 이뤘다.

등장한 지 50년이 넘었지만, 이 이론은 자연과학은 물론 인문과학에도 직접 영향을 미친다. 당연히 전염병 부문에서도 카오스 이론을 활용한다. 코로나19 바이러스가 확산해 대규모 감염이 일어난 2020년 5월 이후 펼쳐진 상황을 더듬어 보자. 럭비공 같은 이 전염병이 앞으로 보일 양상은 어떠할지, 어떤 주기로 유행할지 같은, 막막한 예측을 방역 당국은 거의 매일 내놓았다. 초기에 코로나 백신 접종자가 사망한 사례가 나오면 방역 당국은 이랬다. "백신 접종과 인과 관계를 찾기 어렵다." 이제 관련 정보가 쌓이면서 인과성을 인정하는 경우가 생겼다. 그간 방역 당국의 입장은 변명처럼 보였다.

하지만 카오스 이론에 대입하면 이런 음성이 나온다. "인체라는 복잡계, 카오스계에 백신 접종 같은 새로운 초기 조건이 미치는 영향들을 단기간에 규명하기는 어렵다." 초기 조건백신 접종은 복잡계기저 질환자의 신체에 영향을 주지만 확증이 어렵다. 사인을 분석할 때 백신은 유력한 '범인'이긴 하지만 '범행 증거물'을 확보하는 게 쉽지 않다는 얘기다.

우주·자연·인체 같은 복잡계를 설명하는 새 틀을 찾는 노력이 잇달았다. 운동·관성·중력 이론을 주축으로 그동안 과학 세계를 지배한 고전

물리학으로는 역부족이었다. 그 결과 양자역학에 이어 카오스 이론이 나왔고 비선형 동역학계, 정보 네트워크가 후속 타자로 나섰다.

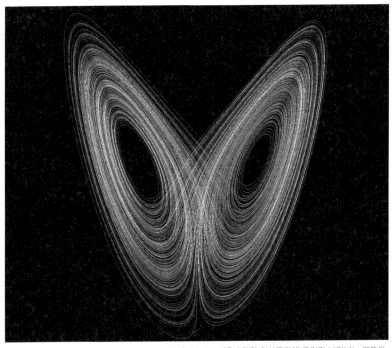

간단한 날씨 모델을 3차원 위상공간에 올리면 나타나는 궤도들.
예측하기 힘든 궤적이지만 전체로 보면 '로렌츠 끌개'라는 카오스 이론 모형을 보여준다

앞서 말한 '초기 조건은 민감하다'란 얘기는 카오스 이론에서 선두에 놓인다. '나비 효과'로 잘 알려졌다. SF 영화 〈쥬라기 공원〉1993에서 "나비 한 마리가 베이징에서 날개를 한 번 퍼덕이면 화창하던 뉴욕 센트럴 파크에 비가 내릴 수도 있다는 얘기지실제로는 그런 일은 일어날 수 없다"란 말콤 박사의 대사에서 유래했다는 게 정설이다.

제임스 글릭이 1998년 출간한 「카오스-새로운 과학의 출현」은 이런

카오스 이론을 대중에게 친근하게 알려주는 과학계의 '젊은 고전'이다. '나비 효과'란 단어는 카오스 이론을 대변하는 유행어가 됐다. '작은 움직임이 예상 못 한 결과를 가져올 때' 단골로 쓰인다. 이건 자연과학 그 중에서도 수학과 물리학으로 설명된다. 글릭은 이 고전에 그런 일을 하는 과학자들을 등장시키고, 애정 어린 목소리로 그들의 얘기를 들려준다.

수학자 앙리 푸앙카레　　　　　기상학자 에드워드 로렌츠

"아수 작은 원인이 엄청난 결과를 부르기도 하지요." 사실 이 말은 일찍이 프랑스 수학자 앙리 푸앙카레1854~1912가 「과학과 방법」에서 했시만, 당시엔 주목을 못 받았다. 그를 따른 유일한 제자가 조지 버코프. 그는 에드워드 로렌츠1917~2008를 잠깐 가르쳤다. 세 사람은 초기 카오스 학자였다. 푸앙카레가 선봉에 섰고, 3대 제자인 기상학자 로렌츠가 홈런을 쳤다. 변화무쌍한 날씨를 숫자나 그림으로 변신시켰다. 연구 결과가 뜻깊었다. 기후를 장기간 정확하게 예측하는 게 불가능하다는 사실을 수식으로 증명했기 때문. 훗날 그는 당시 연구 상황을 떠올렸다. "3

개의 비선형 미분방정식을 사용해 날씨 데이터를 컴퓨터에 입력했지요. 식사하고 돌아와 보니 3차원 공간 좌표상에 그림이 나타났습니다. 나비 날개를 닮았더라고요." 카오스 이론의 상징물인 '로렌츠 끌개Lorenz Attractors다. 여기서 '초기 조건 민감성'이란 명제를 얻었다. 여름철 날씨 예보가 빗나가면 여론은 기상청에 천둥 번개를 때린다. 너무 그러지 마시라. 일기 예보엔 인간이 접근 못 하는 영역이 존재한다고 로렌츠가 증명했으니까. 로렌츠는 1972년 논문 〈결정론적 비주기성 흐름〉에 이 내용을 담았다. 하지만 주류 과학계는 그 가치를 알지 못했고, 이 논문은 〈대기과학저널〉 20권 속에서 한동안 잠갔다. '카오스'라는 이름을 만들어낸 제임스 요크가 이를 발굴해 세상에 알리기 전까지는.

비행기가 날 때 뒤쪽에 생기는 공기 흐름에 색깔을 가미했다. 난류와 와류의 서로 다른 특성이 한눈에 읽힌다

더 멀리 자세히 보고 새로운 방식으로 생각하려는 과학자들은 로렌츠 끌개에 자극받았다. 1970년대에 뉴턴 역학에 한계를 느낀 학자는 로렌츠 한 명만이 아니었다. 여기저기서 서로 알지 못한 채 비슷한 목표를 향해 움직이는 연구자가 자꾸 생겼다. 그들은 로렌츠 논문을 공유하면서 모여들었다. 상대성 이론과 양자역학에 이어 세 번째 과학 진보가 이뤄질지도 모른다고 생각하면서.

자연계에서도 프랙털 구조는 쉽게 발견된다. 공중에서 내려다본 미 그랜드캐니언 침식 지형

그들은 남들이 무심히 지나치거나 관심을 주지 않는 데 눈길을 두는 괴짜였다. 구름을 연구하려는 목적 하나로 줄곧 비행기를 타고 다니다 연구비를 낭비한다고 지원이 끊긴 과학자가 그 예다. 수도꼭지에서 떨어지는 물방울을 보며 규칙을 찾으려는 연구자는 무모한 사람으로 보였다. 불붙인 담배에서 피어오르는 연기, 자연 속 동물 개체 수, 주가 변동선…. 움직임을 종잡을 수 없고, 축척에 따라 모양이 바뀌는 데에서 질서를 발견하려는 카오스 연구가 진행됐다. 무질서·혼돈이 숫자나 그림으로 나타났다. 수학자·물리학자·생태학자·천문학자 같은 각 분야 과학자가 손을 잡은 결과, 규칙을 파악하면 무질서를 통제하게 되고 실용으로 이어져 세상에 유익하다는 결론을 냈다. 21세기 새 과학 패러다임이었다. 뉴턴이 쌓은 고전 과학에 카오스 이론이 가세하자 이 세상을 보는 눈이 더욱 밝아졌다.

1980년대에 이르자 카오스 이론은 생리학 부문을 파고들었다. 신체를 진동과 운동이 일어나는 동역학계로 보았다. "이젠 프랙털이란 단어를 사용하지 않는 생리학 교과서는 찾아볼 수 없죠."심장 전문의 에어리 골드버거 심장 분야에서 큰 진전이 일어났다. 심장 세동잔떨림을 일으킬 위험이 큰 사람을 미리 알아내고, 제세동기심방이나 심실에 세동이 있는 경우 피부 표면에 부착된 전극을 통하여 심장에 전기 충격을 주어서 정상 리듬을 회복하거나 세동을 제거하는 데 사용되는 장치 기능을 높였으며, 새 심장병 치료제를 내놓았다. 심정지로 급사할 위험이 크게 줄었다.

저자는 새 과학이론이 인정받기까지 연구실 안팎에서 어떤 일이 일어나는지 치밀하게 포착해낸다. 기존 과학에 안주하지 않고 세계를 보는 새로운 눈을 찾으려는 노력,비주류이며 내향성이고 창의력이 뛰어난 성향. 카오스 이론이 인정받기까지 고전분투한 로렌츠, 미첼 파이겐바움 1944~2019, 스티븐 스메일, 알베르 리브샤베르, 로버트 메이, 브누아 망델브로1924~2010가 그랬다.

수학 없이는 카오스 이론을 설명할 수 없다. 나비에-스토크스 방정식, 레일리-베나르 대류, 리아푸노프 지수, 미르버그 연속, 복소평면, 상전이, 소수 차원, 자기 유사성, 2차 차분방정식. 이런 걸 저자는 쉽게 풀어 썼다. 1975년 브누아 망델브로가 명명한 '프랙털fractals'을 보자. 이 용어는 '나비 효과'만큼 잘 알려졌다. 프랙털 구조는 우리 주변에 흔하다. 자기 유사성을 가진 다면체이니까. 구불구불한 해안선, 펼치면 테니스장만큼 넓은 면적을 가진 허파꽈리 돌기, 모양이 다른 육각형인 눈 결정, 실핏줄처럼 번지는 식물 잎맥, 굽이치는 산 능선…. 지구와 생명체가 가진 변화무쌍한 차원을 파악하는 데 유용하다. 프랙털 구조는 새 방식으로 세상을 이해하고 연구하는 길을 열었다. 인공 심장을 만들고, 디지털 자료를 압축해 전송하는 IT 기술로 이어졌다. 금속 강도나 타이어 마찰력도 프랙털 구조를 알아야 해결된다.

카오스 이론은 결정론이 지배했던 세계관을 밀어내고 보편성을 가진 자연을 보여줬다. 컴퓨터를 수학·물리학과 결합해 신세계를 열었다. 세상을 운동·형태·순서로 읽어 보라. 더 많은 선택이 가능하다. 하지만 카오스 이론도 이 세상에 남은 마지막 비밀이 아니라는 걸 우리는 경험해 봐서 잘 안다. 어디선가 새로운 빛이 흘러나오는 중이라 봐야 한다. 각계 학자가 머리를 맞대고, 손을 서로 잡아야 할 이유. 기초 과학이 영글어 가는 우리나라에서도 그 문이 서서히 열리고 있다.

＊읽고 인용한 책 : 「카오스」, 제임스 글릭 지음, 박래선 옮김, 동아시아

- 재미있는 카오스 이론들

「카오스」엔 복잡한 수식만 난무할까? 그랬다면 과학 부문 명저가 되지 않았을 것이다. 보통 독자의 눈높이에 맞춰 맛깔나게 풀어낸 대목이 많다.

셰익스피어 5대 희극 중 하나인 「베니스의 상인」에서 악당 샤일록이 곤경에 빠진 이유가 카오스 이론으로 설명된다. 피를 한 방울도 흘리지 않고는 살을 1파운드는커녕 1g도 떼어낼 수 없다는 걸 보여준다. 이를 카오스 학자 망델브로는 '베니스의 상인 증후군'이라 불렀다. 모세혈관이 프랙털 구조이기 때문. 세포 사이를 빼곡하게 메운 혈관을 손상하지 않고 살을 모기 눈물만큼이라도 베어낼 수 없다. 원에 무한하게 내접하는 '코흐 곡선'처럼 한정된 신체 공간에 혈관이 무진장 분포한다. 그 길이가 12만km지구 3.5바퀴. 인체의 신비를 카오스 이론이 밝혔다. 의대생은 이 이론을 공부해야 한다.

코흐 곡선

하이힐 굽이 부러져 접착제로 붙였다. 원래대로 완벽하게 맞춰졌을까? 두 접촉면을 확대해 보면 각각 불규칙하게 울퉁불퉁하다. 딱 맞물릴 수 없다. 프랙털 구조이므로. 지구 연구가인 크리스토퍼 숄츠가 '험프티-덤프티 효과'라 불렀다. 리아스식 해안선이 가진 정확한 전체 길이는 잴 수 없다. 근사치만 얻을 뿐이다.

제임스 요크는 카오스 이론이 세상에 유용하다는 사실을 좀 별나게 입증했다. 연방 정부가 시행하는 임질 억제 정책이 미흡하다고 보고 임질 전파 경로를 다룬 보고서를 내놓았다. 당국이 반전 시위대 숫자를 줄여 발표한 증거를 제시해 한 방 먹였다. 경찰은 워싱턴 기념탑 주변에 모인 시위대를 정찰기로 공중 촬영한 사진을 공개하면서 시위 인원이 많지 않았다고 주장했다. 하지만 요크는 사진 속 기념탑 그림자 위치를 분석해 시위대가 해산한 30분 후 찍은 사진임을 증명해 보였다.

- 제임스 글릭은

제임스 글릭

1954년 미국 뉴욕 출신이다. 하버드대에서 문학과 언어를 전공했지만, 과학과 과학자에 대한 글을 쓰면서 필명을 떨쳤다. 뉴욕타임스에서 10여 년 기자와 편집자로 뛰었다. 첫 저서인 「카오스」가 미국에서만 100만 권 이상 팔려 인기 작가가 됐다. 언론에 글을 기고하며 일반 독자와 교감해 왔다. 방대한 자료를 바탕으로 과학과 인문학이 교감하는 글이었다. 1989~1990년 프린스턴대 초빙 교수였다.

과학사가이기도 하다. 카오스 학자 이외에도 스티븐 제이 굴드, 더글러스 호프스태터 같은 명민한 과학자들을 취재한 글을 묶어 책으로 펴냈다. 국내엔 「카오스」 이외에 「천재」리처드 파인만 평전 「빨리 빨리-초스피드 시대의 패러독스」「아이작 뉴턴」「임포메이션」「제임스 글릭의 타임」이 출간됐다. 「뉴욕타임스 수학」은 공저. 「임포메이션」은 인간과 우주에 담긴 정보의 역사와 이론을 다루면서 정보 혁명이 지닌 의미를 캐냈다.

다섯 번째 식탁

고전식탁

"여기를 떠나면 어디서 살아야 할거나?"

조선 시대 한양 토박이 벼슬아치라면 마음에 숨겨온 근심이었을 것이다. 온 가족을 먹여 살리는 녹봉이 언제 끊길지 알 수 없는 일. 당쟁의 불똥이 날아들어 관직이 홀랑 타버리면 끝장이다. 미래를 불안해하던 사대부들은 어느 날 홀연히 등장한 책 한 권에 눈을 번쩍 떴다. 책 이름이 「사대부가거처士大夫可居處」1751, 글 잘 쓰는 청담淸潭 이중환李重煥이 저자다. "관직 잃고 산하를 떠돈다더니 책을 지었구먼."

금강산 절경을 한눈에 보여주는 정선 작 〈금강산전도〉

207

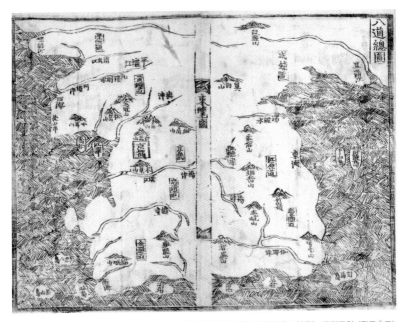

조선 주요 산과 강을 간략하게 보여주는 고지도인 〈팔도총도〉

　서명書名을 풀어보니 '사대부가 살 만한 곳'. 팔도의 좋은 집터를 콕콕 찍어주었다. 조선에서 처음으로 나온 실용 지리서. 읽어 본 이들이 감탄사 연발이다. 지리뿐만 아니라 정치·경제·사회·문화·명승·인물·역사까지 다룬, 보통 책이 아니다. 이 고전은 우리나라에서 첫 '인문 실용 지리'로서 전무후무한 새 장르를 열었다.

　나라가 국토의 정보를 독점하던 그 시절. 개인이 저술한 이 책에 대중의 관심이 꽂혔다. 필사되고 이본이 잇달았다. 우리말 이본은 규방의 애독서. 이본 200여 종, 서로 다른 책 이름이 50여 개였다. 모방이 많기론 우리 고전 중 으뜸이다. 성균관대 안대회 교수는 6년여 노력 끝에 「정본 택리지擇里志」를 번역해 내놓으면서 그렇게 설명했다. 청담은 초고본 「사대부가거처」를 다듬은 후 여기에 서문과 발문6명을 덧붙여 1756년께 개정한 책을 내놓았다. 이때 서명이 「택리지」로 바뀌었다. '살 만한 새로운 마을을 선택하는 뜻'이란 의미다. 서명에서 지리 평론 냄새가 훅 난다. 청담과 역자가 기울인 노고 덕분에 우리는 18세기 한반도에서 일어난 일과 국토의 상황, 사농공상의 생활상을 한눈에 그려보게 됐다.

「택리지」 속 세평, 날카롭다. 청담은 당쟁에 밀려나 청운을 접었다. 하지만 조선을 사랑하는 청담이 고언을 아끼랴. 이상주의자였기에 결론은 이렇다. "조선 팔도에 사대부인 내가 거처할 곳은 없더이다." 양반이 농공상農工商에 섞여 새 삶을 이룰 정도로 조선 사회가 유연해지지는 않았다고 봤다. 한반도 정황을 혹독하게 표현했다. "조선은 사람이 사는 곳이 아니더이다." 진심일까. 청담은 언외를 살펴 달라고 썼다. 조선이 잘되길 간구하는 청담의 시선이 느껴진다. 당쟁에 멍든 조선이 건강을 회복하고, 사농공상이 신분 차별 없이 같이 잘 사는 대동 사회를 갈망했기에 택리지를 펴냈다는 사실을 알아채는 게 어렵잖다.

청담은 어떤 마을을 눈여겨봤을까. 흔히 은퇴한 선비가 좋아할 만한, '나물 먹고 이 쑤시는' 은둔지가 아니었다. 무엇보다 경제성을 높이 샀다. 땅이 기름지고, 교통이 발달해 물자가 흐르며, 시장이 활기를 띤 곳. 가령, 충청 강경이 그랬다. 그는 이곳 팔괘정에서 이 책을 썼다. 당시에 국토를 경제성으로 값 매겼으니 참신한 시도. 본론 '팔도론八道論'은 지역별 고찰 기록이다. '복거론卜居論'에서는 지리·생리生利, 이익을 냄·인심·산수라는 네 주제 아래 호불호를 가렸다. 이익이 나서 생계를 유지케 하는 터가 우선이며, 그다음으로 편안히고 후덕한 동네 분위기가 중요하다. 주변 풍경은 부드러워야 한다. 성정이 삭막해지지 않으려면 말이다.

국토를 훑는 방식도 독특하다. 한양 중심이 아니라 백두대간을 따랐다. 평안도와 함경도를 거쳐 황해도로 비켜 내려갔다가 강원도로 내려선 다음 경상도에 도착한 후 북진해 전라도 충청도를 거쳐 왕도인 경기도에 닿았다. 평안도·전라도는 직접 가보지 않았다고 밝혔다.

「택리지」독자라면 자신이 사는 지역이 어떤 평가를 받았는지 궁금하기 마련이다. 경상도 편을 보자. '지리가 가장 아름다운 곳'이라고 치켜세우며 설명을 시작했다. 풍수지리상 수성水星, 산이 구불구불 흘러간 지형 형국에, 강원도 태백시 황지에서 발원한 물이 흘러 낙동강을 이룬다. 낙동은 상주옛 지명이 상락上洛 동쪽이란 뜻. 인조반정 이후 한양 세족을 우대하는 인사 풍조가 굳어져 영남인이 피해를 보는데도 학문을 숭상하는 풍속은 남았다고 썼다.

김중휴 작 〈천조장사전별도〉.
수레에 탄, 포르투갈 흑인 용병으로 추정되는 해귀원쪽와 그 아래로 행진하는 원숭이 병사들이 보인다

부산지역 묘사는 간략하다. 밀양 동남쪽이며 왜관이 설치된 곳. 동래와 대마도 간 교역을 언급하면서 이 섬을 토벌해 복속시켜야 한다고 열변을 쏟았다. 대구 동남쪽에서 동래에 이르는 8개 고을은 토지는 비옥하되 왜국과 가까워 살 만한 곳이 못 된다는 평을 내렸다.

저자는 당대에선 드문 환경·생태주의자. 황폐해지는 산하를 안타깝게 들여다보았다. 아버지 이진휴가 강릉 부사로 부임할 때 운교역~대관령 길을 14세 청담이 동행했다. 그때 보았던 울창한 숲이 수십 년 전부터 벌목되면서 끝내 휑해졌다고 장년 청담은 한숨 쉬었다. 이런 남벌은 다른 고을에서도 마찬가지. 이렇게 되면 대관령에 홍수와 산사태가 일어나 한강으로 흙이 밀려들어 이 강의 수위가 낮아진다는 진단을 내렸다. 대관령 숲이 황폐해지면 수도가 물난리를 겪을 위험이 커진다고 내다봤으니 예리한 통찰력이었다.

「택리지」엔 인문이 풍성하다. 충남 직산에서 1597년 벌어진 임진왜란 소사전투를 상세하게 그렸다. 당시 왜구는 남원에서 승리를 거둬 기세등등하게 공주로 북상 중이었다. 구원 온 명나라 장수 양호가 급보를 듣고 나섰다. 명군은 들판에 매복했다가 왜구를 쳤다. 특이하게도 이때 크게 활약한 병력이 원숭이 기병. 이 특수부대원은 적진을 꿰뚫고 지나가 일대 혼란을 일으켰고 뒤이어 명군이 뛰어들었다. 왜구는 조총 한 번 못 쏘고 박살 났다. 원숭이 기병은 〈세전서화첩〉 중 일부인 천조징사전별도_{김중휴 작,1850}에서 확인된다. 이 그림에는 또 다른 전사로 '해귀_{海鬼, 포르투갈 출신 흑인 용병으로 추정}'가 수레를 타고 가는 모습이 나온다. 청담은 지역사를 언급하면서 자기 견해를 덧붙이는 지식인다운 면모를 보인다. 문장가인지라 자신이 지은 한시도 실었다. 1723년 당쟁에 연루돼 파직당한 후 승지 이인복과 태백산을 유람하며 쓴 시들에 담긴 비분강개하는 심경이 참 절절하다.

지역 전설을 발굴해 사료로서 가치를 높였다. 전북 군산시 옥구읍 자천대에 얽힌 최치원 전설을 채록, 문자로 남겼다. 이른바 돌 항아리 전설. 신라 최치원은 태수를 지낼 때 이곳 돌 항아리 두 개를 비밀문서 보관용으로 썼다. 이 항아리를 건드리면 비바람이 몰아쳤다. 이곳 사람들은 가뭄이 들면 항아리를 일부러 만져 큰비를 얻어 고비를 넘겼다. 하지만 번번이 사신들이 항아리를 구경하러 와 민폐였다. 옥구 사람들이 정자를 허물고 돌 항아리도 묻어 감춘 후 인적이 끊겼단다. 강원 강릉시 경포대 적곡합곡식이 쌓이는 밥조개 전설은 이 책이 사상 처음으로 소개했다.

인물 얘기가 구수하다. 충북 충주시 중앙탑면엔 신라 우륵이 가야금을 탔다는 탄금대가 자리 잡았다. 강을 건너면 북창인데 이곳에 기묘사화에 얽혔던 탄수 이연경1484~1548이 살았다. 그 자손이 10대를 이어 과거에 급제해 이곳이 명당으로 소문났다. 지리-인물-역사가 절묘하게 얽힌 서사에 독자는 저절로 무릎을 친다. 그 관세가 오묘하다. 가령, 사대부가 살 만하지 않은 곳에 자리 잡은 명승지는 빛을 잃는다. 강원도 통천군 학포 호수가 그 예. 30리에 달하는 흰 모래사장이 둘러싼 이 호수, 중국 서호와 견줄 정도로 아름답다. 하지만 사대부의 거처로선 별로란다. 함경도에 편입된 후 길손이나 들러 구경할 정도로 한적해졌다.

260여 년 전 청담이 살았던 조선과 지금 대한민국을 견줘보자. 가장 큰 변화는 우리나라가 세계에서 유일한 분단국이 됐다는 점이다. 택리지 속에선 한 몸이었다. 청담처럼 남북에서 두루 살 곳을 찾아보는 날이 올까. 남북은 등을 돌렸고, 좁은 땅을 놓고 이익을 좇는 다툼만 드세지는 게 현실이다. 이 고전은 더는 우리 땅을 이대로 둬서는 안 되겠다는 각오에 불을 지핀다.

＊읽고 인용한 책 : 「완역 정본 택리지」, 이중환 지음. 안대회 이승용 외 옮김. Humanist

- 청담이 본 사색 당쟁

청담은 조선의 망국병인 사색 당쟁을 온몸으로 받아내고 그 폐해에 죽는 날까지 눌렸다. 택리지를 관통하는 저자의 정서 중 하나는 끝없는 당쟁을 향한 처절한 회한. 고위 관료뿐만 아니라 평민까지도 당쟁에 물들었다. 조선 마을 중 이를 피해 간 곳이 없었다. 본문 복거론 중 '인심' 편에서 청담은 상당한 분량을 들여 조선 당쟁사를 보여준다. 모함하고, 귀양 보내고, 서로 죽이는 당쟁이 섬뜩하다. 조선을 지키고, 백성을 살리는 데 쓸 힘과 시간이 당쟁으로 없어지는 과정을 보면서 청담은 눈물지었다.

서울 종로구 성균관대 정문 왼편 소공원 내 자리 잡은 영조 탕평비 누각

알려진 대로 당쟁은 감투싸움. 인사권의 집중을 막으려 한 애초 의도는 좋았다. 관리 추천권을 최고위 관료인 정승이 아니라 하위 직급인 전랑에게 주었다. 선조 때 김효원이 전랑에 천거됐는데 외척 이조참의 심

의겸이 반대했다. 조정 의견이 갈리며 1583~1584년 붕당이 생겼다. 김효원 집은 동쪽한양 건천동에 자리 잡아 그를 지지하는 세력을 동인, 심의겸은 서쪽정릉동에 살아 그 동조파를 서인이라 불렀다.

이후 동·서인 관료가 귀양 보내고 가는 일은 다반사. 1589년 정여립 옥사로 1591년까지 문초가 이어져 조정에 남은 신하가 없을 정도였다. 양파는 밀고 당겼다. 1598년 왜구가 물러나자 대간 남이공이 영의정 류성룡을 탄핵하면서 동인은 다시 남·북인으로 갈렸다. 영남 출신 류성룡을 편드는 이들을 남인, 남이공을 조종한 이산해를 지지한 일파는 북인. 이산해는 집을 한양에 두었는데 영남에서 보면 북쪽이다. 북인은 인목대비 폐비를 주장한 대북, 반대한 소북으로 갈라졌다.

1682년 허새許璽의 옥사로 서인은 노·소론으로 쪼개졌다. 인조 때는 탕평책이 시행돼 사색당파가 같이 근무하자 이번엔 그저 자리만 보전하려는 풍조가 생겼다. 이처럼 당쟁은 나라와 민심을 망가뜨리고 피폐하게 만들었다. 예나 지금이나 권력에 대한 탐욕은 나라를 결딴낸다.

- 이중환 일생

본관이 경기도 여주인 외아들 이중환은 남인 명문 출신이다. 24세에 문과에 급제해 홀조선 시대 벼슬아치가 임금을 만날 때에 손에 쥐던 물건을 쥐었다. 30대까지 승정원 주서, 병조정랑 같은 여러 관직을 거쳤다. 숙종, 경종 때는 당쟁이 절정이었는데 소론 위세에 남인은 숨죽였다.

관료 초기, 30대의 청담은 문인 활동으로 주목받았다. 1721년 서울 서대문구 백련봉 정토사에서 강박·강필신·이인복·이희와 함께 시詩 동인 〈정토시사〉를 만들었다. 청담이 주도한 이 단체는 청명한 정치를 좇았다. 윤휴·허적·민암 같은 당시 주류 남인 정치가가 보인 노선과는 달라 문외파로 불렸다.

강경 팔괘정. 청담이 이곳에서 「택리지」를 썼다

  관료와 문인을 겸해 활동한 청담은 운이 따르지 않아 오래 버틸 수 없었다. 1723년 노론은 목호룡을 경종 시해 혐의로 고발했는데 1725년영조1 여기에 청담이 엮였다. 4년 전 저자가 김천 도찰방으로 재직할 때 목호룡에 역마를 내준 일이 화근. 이후부터 그는 투옥·고문·유배·출옥을 반복하면서 정치를 내려놓아야 했다. 재기할 기회조차 없었다. 1728년 노론·남인이 일으킨 반란이 결정타가 됐다. 여기에 청담의 처가 쪽인 사천 목씨 집안이 연루되면서 불똥이 저자에게 날아들었다. 일족이 몰살당하다시피 하자 청담의 아내는 충격을 받아 갑자기 세상을 떴다.

  저자는 20년 후인 1753년, 말년에야 명예만 회복됐다. 하지만 30대

중반 이후부터 공식 기록에 저자의 이름은 등장하지 않는다. 북학파에 큰 영향을 준 택리지를 말년에 저술한 게 유일한 공식 행적이었다. 그는 1756년 66세로 숨져 황해도 설라산 선영, 부친 묘소 옆에 묻혔다.

잃어버린 시간을 찾아서

마르셀 프루스트1871~1922

갑자기 사용하는 언어가 달라진 노아의 후손들은 바벨탑을 완성하지 못했지만, 프루스트는 홀로 한 가지 언어로 거대한 탑을 쌓았다. 50여 년 삶에서 찾은 수만 개 벽돌로 탑을 만들기 위해 스스로 13년간 글 감옥에 들었다. 누구나 눈꺼풀을 내렸던 밤, 그는 빛과 소리가 차단된 파리 집필실에서 펜을 들었다. 그런 날 파리의 밤은 더 어두웠다. 프루스트 방에서 불빛이 전혀 빠져나가지 못했으니까. 그는 탑을 완성해 세상에 내놓았다. 그것에서 나오는 빛이 환하게 세상을 밝혔다. 언어로 지어져 보이지 않는 거대한 탑, 대하소설「잃어버린 시간을 찾아서」이다.

저자는 마지막 숨을 쉬기 직전까지 소설을 다듬었다. 자기 세포 한 톨보다 단어 한 개를 더 아꼈다. 글 쓰다 죽는 게 소원이라던 프루스트.

프루스트는「잃어버린 시간을 찾아서」를 통해 자기 삶을 고백한다. 프랑스 황금기라는 19세기 벨 에포크가 시대 배경. 파리에 자리 잡은 부유한 부르주아 가정에서 태어난 병약한 소년이 문인으로 성장하는 여정을 그렸다. 20세기 신심리주의 소설로 가는 다리를 놓았다. 흘러가는 의식과 심리를 좇아 인간 존재와 근원을 캐는 소설이다. 조이스·울프가 이 계열 작가. 이들의 작품은 읽어내기 힘들고 분량이 많은 게 공통점이다. 원본「잃어버린 시간을 찾아서」는 7편인데 국역하면 14권까지 나온다. 프루스트만이 구사하는 독특한 문체와 서술이 깔렸다. 작가가 주관으로 전개하는 서술, 복잡하고 길디긴 신심리주의 문체. 처음 읽을 땐 낯설다.

「잃어버린 시간을 찾아서」속 나오는 주인공 고향 콩브레의 모델이 된 프랑스 파리 근교인 일리에

프루스트는 소설을 통해 이 세상 모든 얘기를 할 수 있다고 믿었다. 오만 걸 끌어와 자세히 쓴 이유다. 야심만만하고 박식한 작가였다. 이 고전엔 숱한 실제 사물과 인물이 나온다. 저자는 여기에 허구를 보태 가공한다. 자전 소설이면서도 현실과 가상 세계를 넘나들고, 백과사전처럼 자세히 기록한 작품. 이 같은 소설은 예전엔 없었다.

이런 성취는 그가 평생 '백수'여서 가능했다. 집안이 부유했던 까닭에 저자는 어려서부터 유럽을 여행하고 청년이 돼선 문화·사교계를 쏘다녔다. 그 결과 이런 문장이 나온다. "나는 라 베르마가 이런 시 구절을 낭송하는 걸 들으면 마치 곤돌라를 타고 프라리 성당의 티치아노 그림 밑이나, 혹은 산조르조델리스키아보니에 있는 카르파초 그림 밑에 서 있을 때와 똑같은 황홀감을 맛볼 수 있을 것 같았다."2편 '꽃핀 소녀들의 그늘에서¹ 이처럼 주해가 필요한 문장이 이어진다. 그러다 보니 본문보다 주해가 더 많은 경우가 자주 생긴다. 프루스트식 글쓰기·창작론·문예론·인생관은 마력을 지녔다.

앞서 언급한 '벨 에포크'는 '좋은 시대'란 뜻으로 19세기 말~20세기 초다. 이때 프랑스는 잘나갔다. 에펠탑으로 기억되는 1회 파리 만국박람회, 인상주의 예술, 아르누보 물결, 드레퓌스 사건…. 남녀 귀족들이 정장으로 한껏 멋을 내고 호화로운 살롱에서 즐겼던 풍경이 떠오른다. 프루스트는 이런 세태 속으로 독자를 불러들인다.

벨 에포크를 살았던 프루스트맨 뒷줄 왼쪽에서 세 번째와 지인 남녀들이 한자리에 모였다

긴 얘기이다 보니 각 편에 달린 부제목만 연결해도 줄거리가 윤곽을 드러낸다. 1·3인칭 소설이다. 화자는 거의 '나'로 지칭된다. 주인공 이름이자 저자 세례명인 '마르셀'은 전체를 통해 두 번 나온다.

각 편 제목은 시어다. 1편 '스완네 집 쪽으로'. 여기서 '스완'은 인명이다. 그는 화자의 고향이자 파리 근교인 콩브레에 살았던 지인이자 동네 어른. 이 책 속 500여 명 등장인물 중 비중이 크다. 그의 외동딸 질베르트는 화자의 첫사랑이다. 스완은 화류계 출신인 오데트를 부인으로 맞는다. 이걸 사랑이라 부를 수 있나 하는 회의가 들 정도로 스완은 극심한 고통을 받으며 오데트를 사귄다. 이를 보여주는 심리 묘사가 압권. 프랑스식 사랑인지, 불가사의한 애증이다. 심리를 밑바닥까지 들여다보는 내성소설內省小說, 그 정수를 프루스트가 보여준다. 1편에 세운 시간 기둥은 화자가 보낸 유년. 어머니를 지독히도 사랑하는 화자를 묘사한 대목은 한 번 읽으면 잊을 수 없다. 외할머니가 죽어가는 과정을 묘사한 부분에선 죽음의 숨결과 고통이 지면에서 피어오른다. 외할머니가 죽어가는 과정을 검시관처럼 냉정하게 지켜보는 방식으로 애도하는 주인공. 성인이 된 '나'는 티 쿠키인 마들렌을 홍차에 적셔 먹다가 그 냄새와 맛에 끌려, 의지와는 무관하게 과거 기억시간을 '살려내게' 된다. 프루스트 소설을 논할 때 감초처럼 소환하는 대목.

무의식 속에 잠겨 잊힌 과거는 잃어버린 시간이다. 그 시간 속에 내 모든 삶이 들었다. 과거를 기억해내 기록하는 작업은 죽었던 과거, 내 삶을 되찾아 생명력을 부여하는 일이자 문학에 부여된 사명. '나'는 이를 깨닫고 글을 쓰기 시작한다. 마지막 7편 '되찾은 시간'에서 '나'는 시간이 가진 불가역성을 깨고, 과거를 다시 찾아 영원히 소유하게 됐다. 1~6편은 이런 결말을 얻기 위해 시행착오를 거듭하며 전진하는 긴 여정이다.

2편 '꽃핀 소녀들의 그늘에서'는 '스완 부인의 주변' '고장의 이름-고장'이라는 두 소주제로 엮었다. '소녀들'이란 화자에게 두 사랑, 질베르트와 알베르틴을 뜻한다. '그늘'이란 단어에서 느껴지듯 이 사랑은 영글지 않았다. 5편 '갇힌 여인'은 알베르틴 얘기다. 6편 '사라진 알베르틴'에서 화자는 집 안에 그녀를 감금할 정도로 광기 가득한 사랑을 이어간다. 사라졌다는 건 알베르틴이 갑자기 행방불명이 되기도 하고 결국 사고로 죽는 비운을 암시한다.

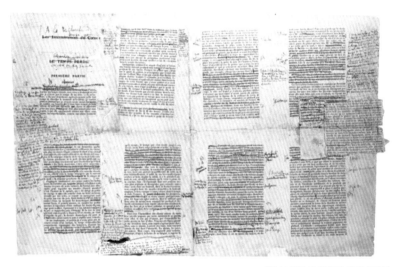

1편 '스완네 집 쪽으로' 육필 교정본.
저자는 "교정 보면서 새 소설을 썼다"라고 말할 정도로 원고를 치열하게 고쳤다

　3편 제목은 '게르망트 쪽'. 게르망트는 프랑스 귀족 가문의 이름이다. 화자는 집을 나서 서로 반대 방향으로 난 두 산책로까지 간다. 각가 스완 씨 저택과 게르망트성城으로 향하는 길이다. 첫사랑이 보고 싶은 화자는 '스완네 집 쪽으로' 가는 산책로를 서성댄다. 그 사랑을 잃자 화자는 게르망트성 쪽을 바라본다. '스완'이 당시 신흥 사회 세력으로 떠오른 부르주아를 상징한다면 '게르망트'는 세기말 토박이 귀족 계층을 대변한다. '게르망트 쪽'을 쳐다보는 부르주아 시선엔 귀족 신분을 탐내고 모방하려는 욕망이 타오른다. 프루스트는 부르주아에 깊이 스민 '속물

근성'스노비즘을 꼬집는다. 기존 귀족들 역시 비판한다. 저자는 그들이 모여드는 '살롱'에서 벌어지는 위선·협잡·잔혹성을 까발린다. 그 끝에는 쓸쓸한 환멸과 허무감이 깔렸다. 이 고전이 당대 사회를 고발하는 성향이 강하다는 평가가 이 지점에서 나온다.

시간·사랑·죽음 같은 단골 소재뿐만 아니라 유대인 차별드레퓌스 사건이나 동성애 같은, 당시로선 민감한 사회 문제도 다뤘다. 프루스트는 어머니에게서 유대인 피를 이어받았고, 동성애자였다. 남녀 동성애를 다룬 4편 '소돔과 고모라', 이 제목엔 어머니를 극진히 사랑했던 화자가 느끼는 죄의식이 배었다. 여기서 잠깐 생각해 보자. 이 소설을 부유한 집안 자제로 태어나, 평생 직업을 갖지 않고 귀족 살롱과 사창가를 들락거린 동성애자가 썼다는 사실을 어떻게 받아들여야 할까? 소설이 가진 가치를 폄훼하지는 않아야 한다. 프루스트는 적어도 정직한 작가다. 부족하고 어두운 자신을 숨기지 않고 소설을 통해 그대로 드러냈다. 독자 앞에 발가벗고 섰다.

저자 문체는 양파를 닮았다. 여러 사람과 대화하는 자리에서 탐탁지 않은 내용이 나와 듣고 싶지 않은 마음을 이렇게 적었다. '…청각이 일시적으로 불필요하다는 것을 깨닫고는 그 청각 기관을 쉬게 함으로써, 진정한 기능 수축을 감내하게 할 정도였다…'. 겹겹이 둘러싼 단문, 의미를 거듭 품는 문장을 따라가다 보면 독자는 주어를 놓치기도 한다. 맥락을 이해하며 천천히 읽어야 한다.

이 고전은 화자가 꿈을 이루는, 해피엔딩 소설이다. "우리 삶에서 하찮은 건 없다." 프루스트는 이 말을 전하며 힘겨운 세상살이에 지친 이들을 달래준다.

＊읽고 인용한 책 : 「읽어버린 시간을 찾아서 1~7」, 마르셀 프루스트 지음, 김희영 옮김, 민음사

- 프루스트 명성 이모저모

가독성이나 분량 면에서 완독하기가 어려운 데도 명성이 자자하다. 「잃어버린 시간을 찾아서」는 세계 130여 개 도서 추천 목록을 알고리즘으로 분석한 웹 사이트thegreatestbooks.org에서 소설 부문 1위다. 문인들은 싫든 좋든 이 책을 애독서로 꼽는 경우가 많다. 전체 7편 중 1편 '스완네 집 쪽으로'가 단연 인기다. 국역본을 보면, 민음사(총 13권) 등이 완간본을 펴냈다.

영상으로 옮겨지기도 한다. 국내 개봉한 프랑스 영화 〈마담 프루스트의 비밀정원〉은 프루스트 소설에서 영감을 받은 흔적을 잘 보여준다. 주인공 폴이 '마들렌 효과'로 환상 속으로 빠져드는 장면이 그렇다. 마

얀 베르메르 작 〈델프트 풍경〉. 프루스트가 가장 아름다운 풍경화라고 칭찬했다

음을 위로해주는 '최애' 프랑스 영화라는 호평이 많았다.

또 다른 프루스트 효과. 저자는 「잃어버린 시간을 찾아서」를 통해 네덜란드에서 세 번째로 오래된 도시인 델프트를 "세상에서 가장 아름다운 풍경을 가진 곳"이라고 치켜세웠다. 아울러 얀 베르메르1632~1675가 그린 두 점의 풍경화 중 하나인 〈델프트 풍경〉을 언급5편 '갇힌 여인'해 이 도시를 빛내줬다. 베르메르는 초상화 〈진주 귀걸이를 한 소녀〉로 유명한 화가다.

프루스트를 좋아하고 따르는 애독자를 '프루스티앵proustien'이라 부른다. 이들 중엔 T.S 엘리엇 같은 근대 작가는 물론 현대 소설가까지 포함된다. 가령, 우리나라에 잘 알려진 소설가 알랭 드 보통은 「잃어버린 시간을 찾아서」를 "한 인간 삶의 완벽한 재현"이라고 치켜세웠다.

- 프루스트 일생

마르셀 프루스트

걸출한 작가는 꼭대기만 수면 위로 보이는 빙산인지, 세상에 진가가 드러나는 데 시간이 걸리는 경향을 보인다. 프루스트가 그랬다. 저자는 1909년 「잃어버린 시간을 찾아서」 1편 '스완네 집 쪽으로'를 쓰기 시작해 1911년 끝냈으나 출판사를 못 구해 1913년 자비로 책을 펴냈다. 2편 '꽃 핀 소녀들의 그늘에서'는 1918년 나왔는데 이 책으로 1919년 공쿠르상, 다음 해 레지옹 도뇌르 훈장을 받아 유망 작가로 떠올랐다.

프랑스 파리 일리에 지역에 자리 잡은 〈프루스트 기념관〉

1871년 파리 오퇴유에서 의과대학 교수인 아버지와 유대인 증권업자의 딸인 어머니 슬하에서 2남 중 맏이로 태어났다. 10세 때 얻은 꽃 알레르기성 천식은 평생 고질병이 됐다. 야외 활동을 삼갔고 몸이 자주 아팠다. 청년 때 부모의 청을 받들어 법학과 정치학을 공부하다가 문예지나 일간지에 투고하고, 존 러스킨 저서 번역 같은 문학 활동에 힘을 쏟았다. 그런가 하면 창녀촌 환락가도 드나들어 자신을 평생 돌봐준 어머니에게 걱정을 안겼다.

1920~1921년 49세 때 3편 '게르망트 쪽', 4편 '소돔과 고모라 1'을 펴냈다. 1922년 10월 기관지염에 걸렸으나 '소돔과 고모라 2' 출간을 앞둔 때라 원고 수정을 멈추지 않았다. 다음 달 18일 폐렴으로 번져 저자는 엎드려 글을 쓰다가 일어나지 못하고 눈을 감았다. 나머지 5~7편이 1923~1927년 잇달아 유고 출간됐다.

실천이성비판

이마뉴엘 칸트1724~1804

네덜란드 언어학자 가스통 도렌은 신간 「바벨」에서 세계 주요 20여 개 언어 중 독일어가 가장 괴짜 같다고 썼다. 철학 역시 비슷한 계열이다. 독일어+철학, 살짝 골치가 아프다. 여기에 18세기 프로이센 철학자 칸트를 더한 독일어+철학+칸트 조합은 어떠하신지. 칸트는 3대 비판서 「순수이성비판」1781 「실천이성비판」1788 「판단력비판」1790을 펴내 근대 유럽 철학자 중 앞자리를 따냈다.

"그는 고대 그리스에서 전파된 서양 철학에 '코페르니쿠스적 전환'을 안겼다." 중세 신神 본위 세계관이 저물고, 인간 이성을 중심으로 한 계몽주의가 떠올랐던 18세기 초, 칸트는 철학이라는 전함戰艦에 올라 당당하게 돛을 폈다. "자, 출항이다. 이성과 도덕이 출렁이는 바다로 떠나자!"

사변철학을 떠받치는 2대 기둥은 논리학과 형이상학. 논리학에선 순수한 이성이 주인이며, 형이상학은 실질을 다룬다. 후자는 사물·존재가 가진 본질·근원을 사유나 직관으로 캐낸다. 이런 책은 대개 읽기가 힘들다. 3대 비판서도 마찬가지. 하지만 이룬 업적은 크다. 직관과 감각 아래 놓인 이성·도덕·미학을 '학문'으로 자리 잡도록 처음으로 이끌었으니까. 이 점에서 그를 능가할 철학자는 없다. 칸트도 다른 철학자처럼 세 질문을 던졌다. "이성을 가진 존재자인 나는 뭘 인식하는가, 나는 어떤 일을 해야 할까, 나는 무엇을 바라야 하나." 그 응답이 세 비판서에 들었다.

지인들과 담소하는 칸트왼쪽에서 세 번째.
이 철학자는 주변 사람들과 좋은 관계를 유지하는 게 인간이 해야 할 일 중 하나로 여겼다

「순수이성비판」은 서명書名 그대로다. 사변이론 이성을 가능케 하는 원리, 그 원리가 미치는 범위·한계를 살폈다. 이성은 경험하지 않고 감지하는 사유이기에 '순수'하다. 이 책에서 말한다. "감성 없이는 대상이 부여되지 않고, 오성 없이는 대상을 사유할 수 없다. 내용 없는 사유는 공허하고, 개념 없는 직관은 맹목적이다."

「판단력비판」은 칸트 미학이 응축된 책. 미는 도덕적 선을 상징하며, 엄청나게 큰 존재를 대하면 숭고미를 느낀다고 썼다. 미는 '개념 없이 보편적 만족을 주는 객체의 표상'이다. 칸트는 이 책에서 모든 예술 가운데서 시詩가 최고라고 추겨 올렸다. 좋은 시야말로 심성을 고무시키는 가장 효과적인 수단이라며 시인에 존경을 드러냈다. 시 다음으로 훌륭한 예술은 음악이랬다.

칸트 고향인 동프로이센 쾨니히스베르크에 세워진 저자의 동상

「실천이성비판」은 우리에게 친숙한 주제를 다룬다. 인간이 지켜야 할 윤리·도덕. 앞서 출간한 「윤리형이상학 정초」1785에서도 다뤘다. 인간이 왜 고귀한 존재인가를 역설한 역사상 여러 저서 중 수작이다. 칸트는 여기서 인간이 존엄을 유지하는 방법을 알려준다. 저자가 이런 인간 특성에 얼마나 매료되었는지는 이 고전 맺음말 첫 문장에 잘 나타난다. 잘 알려진 구절. 풀어 옮기면 이렇다. "이 두 가지를 생각할수록 새롭고 큰 경탄과 외경이 제 마음을 가득 채웁니다. 머리 위로 보이는 별이 빛나는 하늘과 그 별처럼 내 안에서 반짝이는 도덕법칙이 그것입니다." 이 고백은 칸트의 명언 중에서도 '대장'이다. 이 구절은 저자의 고향을 비롯해

세계 여러 나라에 설치된 칸트 기념비에 어김없이 등장한다.

「실천이성비판」의 목차는 이렇다. 머리말-서론-순수 실천이성 분석학원칙·대상개념·범형성·동기-순수 실천이성 변증학이율 배반, 영혼의 불사성, 신의 현존 등-순수 실천이성 방법론-맺음말. 170여 쪽이니 분량이 많지는 않다. 독파하기는 쉽잖다. 이해를 돕는 글, 주석이 많이 달리는 이유다. 명저들은 첫 문장이 유명한 법. 「실천이성비판」은 어떨까. "이 비판에는 '순수실천이성비판'이 아니라, 단적으로 대개 「실천이성비판」이라는 이름이 붙는다." 건조한 문장. 기억에 잘 새겨지지 않는다. 칸트는 기존 철학이 갖춘 보편 원리를 받들되 비판하는 새 학풍을 세웠다. 3대 주저에 모두 「~비판」이란 서명을 단 데에서도 이런 성향이 잘 드러난다. 기존 철학 정신과 충돌하면 그 부분을 조정해 논변을 한 단계 나아가게 하는 방식, 변증법으로 철학이란 원석을 닦았다.

칸트가 「실천이성비판」에서 사유를 펼쳐나가는 과정은 이렇다. '인간답다는 건 도덕성을 갖추고 실천한다는 의미다. 그런 실천은 덕을 쟁여야 가능하다. 덕 역시 그저 얻어지지 않고, 인간 내면에 스민 경향성감성적 욕망 따위을 잠재우는 수행을 통해 얻어진다. 덕을 닦을 때는 도덕법칙에 따른다. 도덕법칙은 최고 원칙을 내세운다.' "당신 의지가 세운 준칙이 보편 법칙으로서 타당해야 하며, 그에 걸맞게 행동하십시오." 이 말을 「윤리형이상학정초」에서는 "마치 당신 행위 준칙이 당신 의지를 통해 미땅히 보편석 자연법칙이 돼야 하는 것처럼, 그렇게 행위하십시오"라고 썼다. 정언명령定言命令, 아무런 조건이 붙지 않은 명령이란 뜻. 행위 자체가 선善인 까닭에 무조건 수행해야 한다. 준엄한 도덕 명령이다.

도덕법칙에서 '선의지'는 핵심이다. "이 세계와 그 밖을 통틀어 아무런 제한 없이 선하다고 할 수 있는 건 오로지 선의지뿐이다." 선의지는 오로지 옳다는 이유 하나만으로 행동하는 의지를 말한다. 행위에 따르는 결과를 의식하거나, 내부에서 나오는 감성적 욕망에 따라 행동했다면 선의지를 좇지 않았다. 노숙자를 보고 불쌍하다고 느껴 적선한 사람은 선의지에 따라 행동한 게 아니다. 칸트 철학 내에선 그렇다. '옳다' '선하다'라는 판단은 경험이 아닌 순수 이성에서 나온다. 선의지는 이성을 갖춘 존재자인간만이 가지며, 실천이성 법칙을 따르는 의지다. 칸트가 수립한 도덕법칙은 너무나 엄격해서 현실과 동떨어졌다는 지적이 나온다. 저자 역시 이 점을 모르지 않았는데도 왜 이런 절대 이상주의를 내세웠을까. 도덕을 갖춘 인간이 보여주는 무한한 가치를 조금이라도 훼손해선 안 된다는 강력한 의지가 그렇게 만들었다.

선의지와 더불어 인간은 '자유 의지'를 가지기에 더욱 존귀하다. 예컨대, 나는 지금 극도로 배가 고픈데 다행히 빵을 한 덩이 가졌다. 그런데 옆에 똑같이 굶주린 어린애를 발견한다. 이럴 때 먹고 싶은 내 욕망을 누르고, 자유 의지에 따라, 어린이에게 빵을 내주는 존재는 인간뿐이라는 얘기다. 이런 행동은 도덕 이념 자체를 존경할 때 나오게 된다. "자유는 인간이 갖는 하나뿐인 천부 권리다. 타인의 자유와 보편 법칙이 동시에 성립할 때 모든 인간성에 부여되는 근본 권리다."

칸트는 인간을 사랑하고, 인간 권리를 존경하는 건 '의무'라고 못 박았다. 이런 인간 존중 사상은 다음과 같은 언명에 뚜렷하게 나타난다. "당신이나 다른 사람이 갖춘 인격에서 인간성을 늘 목적으로 대하고, 한낱 수단으로 대하지 않도록, 그렇게 행동하십시오." '인간은 귀중하다'라고 늘 말하지만 실천하지는 않는 현실을 칸트는 개선하고 싶었다. 스스로 져야 할 의무도 밝혔다. "자신을 보존하고 능력을 개발·증진하세요." 여기에 비춰 볼 때 자살은 인간에 부여된 의무를 위반하는 행위다. 자신을 죽이는 범죄. 과음 과식, 자기 마취마약 중독, 성적 이상 행위동성애도 그렇다. 칸트는 거짓말을 무척 싫어했다. 거짓말은 곧 비양심이다. 구걸·의기소침·비굴도 의무 위반에 속한다. 타인이 자신을 모욕할 때 그냥 참아선 안 된다. 타인을 사랑해야 하니 남에게 인색해선 안 될 일이다. 타인이 호의를 베풀면 반드시 감사해야 하는데 이는 특히 '신성한 의무'다. 베푼 이를 향한 존경이 포함되기 때문이다. 동감 역시 인간이 져야 하는 의무다. "의무, 위대하고 숭고한 이름이여! 환심을 살 만한 사랑받을 아무것도 갖지 않은 채, 오히려 복종을 요구한다."

칸트는 도덕을 지키는 데 만족하지 않았다. 어린이 교육에 정을 쏟았다. 미래에 이상 사회를 세우는 데 필요한 투자라고 봤다. 시야가 넓었다. 자신·타인·내 나라에만 머물지 않고, 국제·세계시민을 바라보았다. 세계가 영원한 평화를 누리길 갈망한 거인 칸트! 그를 좇으면 우리 내면에서 '별'이 빛난다.

＊읽고 인용한 책 : 「실천이성비판」 이마누엘 칸트 지음, 백종현 옮김, 아카넷

- 이마누엘 칸트 생애

키가 자그마하고 등이 굽었던 칸트는 걸어 다니는 시계였다. 건강 유지는 인간 의무라는 철학을 지키기 위해 매일 같은 시각에 산책하러 나섰다. 고향 주민들은 모자와 정장을 입고 단장을 쥔 채 산책하는 그를 보고 시계를 맞췄다. 이 산책을 루소가 쓴 「에밀」을 읽느라 빼 먹은 적이 있었다. 그때 칸트의 산책 시각에 길든 주변 사람들이 시간을 착각해 지각하는 등 소동이 빚어졌다.

이마누엘 칸트   작고 구부정했던 칸트

칸트는 1724년 4월 22일 동프로이센 쾨니히스베르크현재 러시아 칼리닌그
라드에서 아홉 자녀 중 넷째로 태어났다. 부친은 마구馬具 제작자, 모친은
독실한 기독교인이었다. 이 철학자는 평생 고향을 떠나 본 적이 없었다.
대학 졸업 후 9년간 가정교사로 생계를 꾸렸다. 1765년부터 왕립도서
관 사서로 일했다. 1770년46세 갈망하던 쾨니히스베르크대 철학 교수가
됐다. 1786, 1788년 두 차례 이 대학 총장을 지냈다.

그는 임종 때도 힘겹게 병석에서 몸을 일으켜 왕진 온 의사에게 감사
를 나타냈다. 이런 행동 역시 「실천이성비판」에 제시한 인간의 의무 중
하나다. 그는 시종이 건넨 물 탄 포도주를 조금 머금고 마지막 말을 남
겼다. "좋다Es ist gut." '실천쟁이' 칸트다운 최후였다.

그는 약한 몸을 잘 다스려 80세까지 살았다. 하지만 이런 육신으로는

가정을 이뤄 최선을 다할 수 없다고 판단했는지 결혼은 하지 않았다. 평생 두 번 결혼할 기회가 있었다. 두 여성이 그에게 손을 내밀었다. 그가 책을 펴놓고 결혼과 여성이 무엇인지 연구하며 미적대는 동안 그녀들은 떠났다.

- 철학 책 외에도 다양한 저서를 출간

칸트가 남긴 사변철학은 난해하지만 그게 전부는 아니다. 그는 일반인이 친근감을 가질 만한 책도 많이 펴냈다. 죽기 1년 전까지 논문·서간문·단편·강의록 같은 다양한 글을 썼다. 종교·교육·자연지리·인간학을 포함한 여러 분야에 관심을 쏟았다.

칸트 탄생 200돌을 기념한 주화

그중 「실용적 관점에서 본 인간학」은 그 내용이 식탁에서 오가는 화제처럼 친근하고 흥미롭다. '사이좋게 오래 산 부부는 얼굴이 닮았다'라는 말을 종종 접한다. 칸트가 살았던 18세기도 마찬가지였나 보다. 저자가 이 책에서 이 말을 풀었다. "금실 좋은 부부는 상호 신뢰와 애정을 공유하지요. 마주 보며 대화해 공감하면 비슷한 표정을 짓게 되죠. 그런 얼굴이 고정돼 간직하게 되는 겁니다." 칸트는 자주 사용하는 얼굴 근육이 그 사람의 인상을 결정한다는 인체 해부학을 잘 알았던, 날카로운 '인간 관찰자'였다.

「인간학」이라는 책에선 유럽 각국의 민족성을 '뼈 때리게' 그렸다. 독일인은 정직하고 가정에 충실하다. 정부 정책을 잘 따르며, 정착된 질서에 역행하는 경우가 드물다. 자신들의 창조성이 강하다고 생각지 않는다. 프랑스인은 담화 취향말이 많다는 뜻이다. 통제 못 할 정도로 활달하다. 만연된 자유 정신이 문제. 영국인은 처음엔 이방인에 냉랭하나 일단 마음을 열면 큰일도 떠맡는다. 여성 관계가 프랑스인과는 달리 세련되지 못하다. 완고하리만치 원칙에 따라 행동하되 부인을 향한 배려는 무제한이다. 이탈리아인은 프랑스인활달과 스페인인진지함을 합쳐 놓은 성정을 보인다. 공개된 오락을 즐기며, 잠은 쥐구멍 같은 곳에서도 편히 잔다. 칼을 잘 쓰고, 산적이 많다. 칸트의 독단도 보이지만 대개는 맞아떨어진다.

정치에 대해서도 말을 쏟아냈다. 저서 「영구평화론」에서 정치가에게 한 말씀 날렸다. "도덕을 존중하게 되어야만 참된 정치가 걸음을 내딛게 됩니다." 선거철에 곱씹어볼 만한 말이다.

"세상에 공짜는 없다."

경제학 명언인데, 투자의 달인 워런 버핏은 여기에 코를 걸어 수십억
짜리 점심 식사를 만들어냈다. 중국 전국시대戰國時代도 그 이치대로 굴러
갔다. 사마천司馬遷이 쓴 중국 고대 역사서 「사기史記」가 증명한다.

제나라 맹상군孟嘗君, BC ?~278은 부와 권력을 누렸다. 그는 조나라 평원
군조승, 위나라 신릉군무기, 초나라 춘신군황헐과 함께 전국시대 사공자로
불렸다. 기인과 귀재 3,000여 명을 식객으로 두었다. 떵떵거리던 그였
지만 모함을 받아 재상 벼슬에서 쫓겨나자 북적이던 객사가 텅 비었다.
식객인 책사 풍환이 맹상군을 일으켜 세웠다. 힘을 되찾은 맹상군이 자
신을 떠난 식객들을 비난하자 풍환이 그들을 다시 받아들여야 한다며
한 말. "부유하고 귀하면 사람이 많이 모여들고, 가난하고 지위가 낮으
면 벗이 적어지는 세상 이치를 어찌 모르십니까?"열전 15편

「사기」는 중국 24사 중 으뜸이다. 요순 전설 황제부터 한 무제까지

중국 동한 시대 무덤에서 출토된 벽화. 연회에서 음식을 마련하고 대화하는 장면

서술한 유일한 통사다. 본기-표-서-세가-열전, 5종 합해서 130편이다. 그중 '열전'은 70편으로 최다. 황제·제후·장군·군자·책사·간신·충신·부자·환관·제자백가·명의·왕후·애첩·협객·섬술가·도둑·남색가·모창꾼·익살꾼…. 온갖 인물이 오욕칠정을 쏟아낸다. 핵심어는 권력과 인간.

고대와 현대의 중국은 다르다. 고대부터 권모술수에 능한 건 여전하다. 제후국 간 전쟁을 치르며 이익을 재 왔다. 인仁을 강조한 공자가 발붙일 데가 없었다. 자서 같은 부유한 제자가 보필하였기에 버티었다. 땅은 아주 넓어서 문화와 민족이 천차만별. "조나라 사람은 경박하고 쉽게 변한다"라는 말이 열전에 자주 나온다. 세상 중심에 자신들을 놓는 콧대는 변하지 않았다. 지금도 국제 사회에서 따돌리는 이유다. 공산 정권 이후 모든 게 바뀌었다. 그 후 중국은 세계 1위를 바라지만 요원하다.

「사기 열전」엔 전승戰勝에 눈먼 제왕·제후·장군이 엮어낸 얘기가 많다. 권력층이야 승전해 이익을 챙기는 게 최대 목표. 하지만 전장에 남편과 아들을 내보낸 여인은 무사 귀환을 바랄 뿐이다. 생사가 오가는 전선에서 장군이 남편과 아들을 끔찍이 아꼈다면 그녀가 눈물겹도록 감사해야 하지 않을까. '손자 오기吳起 열전' 편을 보면 그렇지 않다. 장군 오기가 위衛 나라 문후를 위해 출전했을 때였다. 오기는 종기가 난 병사를 보자 환부에 입을 대고 고름을 빨았다. 그 소문을 들은 병사 어머니가 슬피 울었다. 주변 사람이 까닭을 물었다. 어머니 대답. "장군이 아들에게 한 것처럼 제 남편의 종기를 빨아 준 적이 있습니다. 남편은 그 후 적진으로 달려가 물불 가리지 않고 싸우다 죽었는데 아들도 이제 생사를 기약하기 어렵게 되었습니다."

사마천이 '남성'을 빼앗긴 치욕을 안고 쓴 사기는 처음엔 홀대받았다. 경제·무제를 비판한 효경·효무 본기가 한때 사라졌다. 한나라의 건국이념인 유학에 배치되는 제자백가 사상을 다뤄 지식인들도 등을 돌렸다.

중국식 모자와 예복을 갖춘 위구르 왕자 일행을 묘사한 벽화.
고대 중국은 위구르 같은 주변 소국을 흉노라 부르며 강온 정책으로 다스렸다

그러다 당대唐代에 들어 관리 임용 과목이 되면서 활기를 얻었고 그 기세가 송대로 이어졌다. 원대에 다시 주춤했다가 청대 들어 상승세를 탔고 중국 근대화 시기에 명성을 얻은 후 서구에도 소개됐다.

'열전' 각 편에 단 소제목에서 저자의 사관史觀이 드러난다. '백이와 숙제는 정말 원망하는 마음이 없었을까?' '착한 이가 곤경에 빠지는 게 하늘의 도인가?' '창고가 가득 차야 예절을 안다' '때가 아니니 기다리십

시오' '성공하면 충신이고 실패하면 역적이다' '사람의 성격에 따라 조 언도 달라야 한다' '사람의 마음을 잃는 자는 망한다' '독사에게 물린 손 은 잘라야 한다'…. 현실에 발을 딛고 저 멀리 이상을 응시하는 사마천 의 시선이 느껴진다.

「사기」는 역사를 문학작품처럼 읽기 쉽게 서술한 '문사일체文史一體' 필 체로 쓰였다. 19편 '범저 채택 열전'은 대화체다. 책사 채택이 진나라 재상 범저를 만나 부드러우면서도 정곡을 찔러 가며 용퇴를 권유하는 장면이다. 편지글도 보이는데, 병법가 악의가 연나라 소왕에게 띄운 '보 연왕서報燕王書'가 그것이다. 신하가 군주에게 갖춰야 하는 의義가 부언시 적었다. 당대 충성스러운 대장부가 곁에 두고 자주 읽었을 법하다.

진시황에게 진상할 불로초를 구하러 서복이 배를 타고 바다를 건너는 장면

「사기」는 다양한 인물이 보여준 행적을 중심으로 당대 역사를 서술하 는 방식, 즉 기전紀傳을 따랐다. 세계 첫 기전체 역사서다. 본기本紀·12편 표表·10편 서書·8편 세가世家·30편 열전列傳·70편. '본기'는 전설상의 다섯 황제 부터 한나라 무제까지 왕조와 군주가 보인 사적을 실었다. '표'는 시간

과 장소별 중국 고대사를 일목요연하게 보여준다. 서는 치수·천문·정치·경제·문화 같은 각 부문을 다뤘다. '세가'는 봉건 제후와 신하 그리고 나라의 역사를 들여다봤다. 사마천의 부친 사마담이 「사기」 저술을 시작해 아들에게 넘겼다. 후대 저소손이 쓴 글이 일부 보태졌다. 원래 서명은 「태사공서太史公書」 「태사공기太史公記」. 태사는 사마천의 관직명이다. '열전' 본문에 "태사공은 말한다"라며 자기 의견을 당당히 밝힌다. 그러려고 사기를 썼으니까. 궁형을 당한 처지라 어조가 고분고분할 리없다. 비분강개하고 사감을 공공연히 드러내기도 한다.

중국 고대사를 보면, 주나라가 망한 후 50개 제후국이 난립한다. '진 한 위 제 초 연 조'가 살아남아 전국칠웅戰國七雄 시대를 열었다. 형세는 3강진-초-연 4약한-위-제-조. 합종연횡이 나올 수밖에 없는 구도다. 황제와 제후를 좇는 신하는 천태만상이고, 나라를 살리겠다는 유세객이 구름처럼 모여든다. 그들의 운명은 바람 앞 등불. 한비자는 '세난說難' 편에서 신하는 군주가 감춘 역린逆鱗을 건드리지 말아야 목숨을 지킨다고 썼다. 그랬던 그가 진시황에게 불려 갔다가 모함을 받아 독배형을 받고 죽었다. 이를 두고 사마천은 한탄한다. "한비자는 '세난' 편을 짓고도 스스로 재앙을 피하지 못하였으니 슬플 뿐이다."

온고지신溫故知新은 유명한 격언이지만 이와 반대인 "옛것을 따르는 것만이 능사는 아니다"라는 말이 '상군 열전' 편에 나온다. 이 말을 한 위인은 전국시대 법가 정치가인 상앙商鞅이다. 그는 진나라 왕 효공에게 나라를 부강하게 할 개혁안을 제안하지만, 왕이 민심 이반을 두려워하자 이렇게 잘라 말하며 밀어붙였다. "평범한 사람들은 옛 풍속에, 학자들은 자기가 들은 것에만 빠져듭니다." 전제주의와 사상 탄압에 이론적 기반을 제공한 법가를 저자는 좋게 보지 않았다. 그런데도 이렇게 열전에 올린 까닭은? 상앙이 통일 진나라를 탄생시킨 주역 중 한 사람으로 역사

속 비중이 남다르다고 판단했기 때문이다.

'열전' 중 1편 '백이 열전', 69편 '화식 열전'에서 사마천은 현실·실증주의 사관을 강하게 드러낸다. 70편 '태사공 자서'가 뒤에 붙은 머리말이니 사실상 69편이 마지막 편이다. 저자는 '열전'의 처음과 마지막에 자기 색채를 심었다. 1편에서 묻는다. "선한 이안회는 빨리 죽고, 악인 도척은 천수를 다하는 게 하늘 도리인가?" 책 첫머리에 천도시비天道是非란 화두를 던지고 69편에서 답했다. 여기서 도를 하늘이 아니라 땅, 즉 부富에서 찾았다. 속죄금 50만 전이 없어 궁형을 당한 처지라 그런 가치관을 갖게 되었을까. "부에서 권력이 나오며, 재력을 갖추려면 상업을 해야 한다."

대통령 선거가 끝나고 새 지도자가 탄생하면 권력 지형이 바뀐다. 당락은 보이지 않는 손이 빚는다. 이른바 민심이다. 사마천은 천도가 무엇이냐고 물었다. 그 실체가 바로 민심 아닐까. 누가 이끌지 않아도 민심은 자기 뜻을 항상 이룬다.

＊읽고 인용한 책 : 「사기 열전 1·2」, 사마천 지음, 김원중 옮김, 민음사

- 숫자로 읽는 사기

본기-표-서-세가-열전, 전체 130편. 방대한 분량을 자랑하는 사기는 다양한 숫자를 양산한다.

▸ **1억 2만 8000번** : 조선 시대 독서왕 백곡 김득신1604~1684이 열전 첫 번째인 '백이 열전800여 자'을 통독한 횟수. 백곡은 사기 전체를 1,000번 읽었다고 전한다. 어릴 때 천연두를 앓아 둔재였던 백곡에게 부친은 양으로 질을 높이라고 타일렀다.

▸ 52만 6500자 : 전체 130편 중 마지막을 장식한 '열전'에 실린 한자 수. 열전 분량이 전체 절반을 넘었다.

▸ 2000여 년 : 「사기」가 다룬 기간. 전설 속 요순 황제부터 전한 5대 무제BC 156~87까지다. 사마천이 생존한 당대를 기록한 분량이 많다는 점에서 다른 역사서와 구별된다.

공자

▸ **7812자** : 「사기」 전체를 설명하려면 최소한 몇 자가 필요할까. '열전' 마지막 편인 '태사공자서'가 그걸 맡았다. 저자는 7,812자로 해치웠으니 대단한 필력이다. 여기서 사마천은 공자가 지은 역사서 「춘추」와 「사기」는 다르다고 목소리를 높였다.

▸ **130-112-57편** : 「사기」 전체 130편 중 인물을 묘사한 편이 112. 이 숫자 하나만으로도 기전체 역사서임이 증명된다. 그 인물 중 57편이 비극에 속한다. 「사기」는 분위기가 어둡다. 궁형 당한 저자는 비극을 좇았다.

- 사마천 일생

명예를 지키는 죽음, 치욕을 당하되 대업을 이루는 삶 중 하나를 택해야 한다면? 전자가 대세였던 전국시대에 사마천은 후자를 골랐다. 저자의 생몰 연대는 명확하지 않다.

기원전 99년, 한나라 5대 황제인 무제 때 흉노와 싸우던 장군 이릉李陵이 투항하자 조정이 들끓었다열전 49편 '이 장군 열전'. 50편 '흉노 열전'. 3대로 장군이 나온 이릉 집안을 높이 샀던 사마천. 이릉을 홀로 두둔하다 참수형·궁형·벌금형 중 하나를 치르게 됐다. 속죄금 50만 전이 없었던 그는 궁형을 받았다.

이런 비극에 앞서 기원전 110년, 부친 사마담은 아들에게 "너는 사관史官 가문의 자손이니 역사서를 편찬하는 가업을 넘겨받아 완료하라"는 유언을 남겼다. '열전' 70편 '태사공자서'에 그 내용이 나온다. 부친의 유지가 아들을 살렸다. 아들은 후세에 이름을 남겨 울분을 풀겠다는 일념을 불살라 「사기」를 써냈다.

사마천. 궁형을 당해 수염이 없다

　산시성陝西省 룽먼龍門 출신인 사마천은 어릴 때 농사와 목축을 도우며 자랐다. 20살 때 남북 산과 강, 제나라 등 제후국 일대를 둘러보았다. 낭중 벼슬을 하며 정벌에 참여하고, 부친의 관직을 이어받았다. 궁중의 예의와 제도를 관장하고, 역법을 지어 바치는 태사령이었다.

　저자는 왕실 서고인 석실과 금궤를 오가며 사료를 모아 기원전 104년 「사기」 저술에 들어갔다. 한신의 고향을 찾아 현장을 둘러보았다. 궁형을 받은 5년 후인 기원전 93년 「사기」를 거의 다 썼다. 부친의 유지를 받든 지 17년 만이었다. 몇 년 후 50대 중반에 눈을 감았다.

부분과 전체

베르너 카를 하이젠베르크 1901~1976

에르네스트 솔베 1838~1922는 탄산나트륨 생산으로 번 막대한 돈을 과학 발전에 쏟아부은 벨기에 화학자이자 사업가였다. 그는 1911년 벨기에 브뤼셀로 저명한 과학자들을 불러들여 물리학·화학 학술회의를 열었다. '솔베이 회의'다. 그때부터 3년마다 개최됐는데, 28차 회의 2021년는 코로나19 사태로 건너뛰었다.

1927년 5차 솔베이 회의에 참석한 과학자 29명 중 17명이 노벨상 수상자였다.
앞줄 : 왼쪽부터 막스 프랑크 두 번째, 마리 퀴리 세 번째, 헨드릭 로렌츠 네 번째, 알베르트 아인슈타인 다섯 번째.
두 번째 줄 : 닐스 보어 오른쪽. 세 번째 줄 : 왼쪽부터 에르빈 슈뢰딩거 여섯 번째, 베르너 하이젠베르크 아홉 번째

쟁쟁한 과학자가 유달리 많이 모여든 1927년 5차 솔베이 회의는 분위기가 예상대로 뜨거웠다. 이 세미나를 이끈 알베르트 아인슈타인과 닐스 보어가 입씨름을 벌였다. 식사 자리에서 독일 이론물리학자 하이젠베르크가 주창한 '불확정성 원리'를 놓고 두 과학자가 상대를 향해 던진 '말 폭탄'. "신은 주사위 놀이를 하지 않지요."_{아인슈타인} "하지만 신이 어떻게 세계를 다스릴지 신에게 제시해주는 것도 우리 과제는 아닌 듯하네요."_{보어}

결정론자인 아인슈타인은 '불확정성 원리'를 도무지 받아들이지 않았다. 이를 두고 하이젠베르크는 이 책 6장 '신대륙으로 떠나는 길'에서 이렇게 썼다. "아인슈타인은 자신이 발로 디디고 있는 단단한 바닥을 떠날 준비가 되어 있지 않았다." 「불확정성 원리」는 32세 하이젠베르크에게 노벨 물리학상을 안기며 양자역학의 창시자란 명성을 더해줬다. 그는 원자 껍질 안에서는 지금까지 알려진 '언어'로는 원리를 정확하게 묘사할 수 없는 특성이 존재한다는 걸 알아냈다. 원자의 궤적이 그랬다. 원자핵 주변의 현상을 완벽하게 규정하는 데 필요한 모든 결정 요소를 아는 건 불가능하다는 결론을 내렸다. 수식은 $\Delta x \cdot \Delta p \geq h$ 혹은 $\Delta p \cdot \Delta q \sim h$.

이 고전은 자서전의 성격이 강하다. 저자가 1919~1965년 경험한 원자 물리 세계를 탐구하는 여정이 오롯이 드러난다. 20세기 초반 자연과학에 뜻을 품은 청년들이 그 꿈을 이뤄가는 과정은 지금처럼 각박한 세태와는 너무 다르다. 1세기 전 그들은 이런 환경을 누렸구나, 하는 감탄과 부러움이 인다. 틈나는 대로 자연을 찾아 다양한 주제로 진지하게 대화를 나누는 젊은 지성이 참 풋풋하다. 저자를 포함한 청년 여럿이 슈타른베르크 호수를 향해 뻗은 너도밤나무 숲을 통과하는 장면이 책머리를 꾸민다.

프리드리히 훈드, 하이젠베르크, 막스 프랑크왼쪽부터가 1966년 괴팅겐에서 만나 대화를 나누고 있다

이들은 자연과학자가 된 후에도 이렇게 자연 속에서 얘기를 나눴다. 실험하고, 그 실험이 가진 의미를 논의하며, 정중하면서도 치열한 대화를 쟁여 결과를 냈다. 부제 '원자물리학을 둘러싼 대화들'은 학문하는 자세가 어떠해야 하는지를 암시한다. 이렇게 일상 속 대화가 몸에 배어야 제대로 된 토론을 하게 된다. 저자 역시 '과학은 대화에서 나온다'라는 소신을 실행하는 삶을 살았다. '하늘 같은 스승'을 내세우며 제자를 무시하지 않았다. 제자 역시 스승에게 할 말을 숨기지 않았다. 평생 스승이었던 닐스 보어와 저자가 나눈 대화는 철학자들이 주고받는 선문답 같다.

하이젠베르크는 제자 사랑이 남달랐다. 그는 뛰어난 피아니스트였는데 어느 날 나치당원인 대학생과 시국을 토론하게 된다. 두 사람 간 견해 차이는 너무 커서 대화가 겉돌았다. 실망해 돌아서는 제자를 스승이 붙잡아 앉혔다. 스승은 피아노를 쳤다. 피아노에서 흘러나오는 아름다운 선율이 방안을 가득 채웠다. 제자 한 명을 위해 스승은 열심히 건반을 두드렸다. 정치색이 다른 스승과 제자가 이렇게 가슴을 열었다. 로만 폴란스키 감독의 영화 〈피아니스트〉를 다시 보고 싶은 충동을 일게 하는 대목이다.

세상은 무엇으로 이뤄졌고 어떤 질서로 움직일까. 인류가 이성에 눈뜬 이후 늘 가졌던 의문이었다. 인류 과학 발전과 최소 물질 구성단위를 밝히려는 노력은 내딛는 보폭이 같았다. 하이젠베르크는 청년 때 그리스 철학자 플라톤이 쓴 「티마이오스」를 읽은 후 그런 발걸음에 동참하고 싶었다. 이론물리학자가 된 그는 원자 내부의 비밀을 들여다보았다. 1925년 5월 말, 건초열을 심하게 앓아 헬골란트섬에 휴양하러 갔을 때였다. 그곳에서 하이젠베르크는 자신이 생각한 양자역학의 질서를 증명하는 행렬 수식을 세웠다. 에너지 보존의 법칙을 깔끔하게 만족시키는 모순 없는 수식. 그 순간 느꼈던 기쁨을 이렇게 썼다. "마치 표면적인 원자 현상을 통해 그 현상 배후에 깊숙이 숨겨진 아름다운 근원을 들여다본 느낌이었다. 이제 자연이 그 깊은 곳에서 펼쳐놓은 충만한 수학적 구조들을 좇아야 한다고 생각하자 나는 거의 현기증을 느낄 지경이었다." 학자라면 누구라도 부러워할 순간이다. 하이젠베르크는 이런 큰 성과를 올린 후인 1926년 봄, 베를린에서 열린 물리학 걸로퀴엄에 초대받았다. 이 세미나에서 저자는 아인슈타인을 만나 '불확정성 원리'를 설명했지만, 아인슈타인은 머리를 가로저었다. 그와 엎치락뒤치락 나누는 대화가 5장에서 이어진다.

1940년 나치가 자신들을 반대하는 성직자들을 가두기 위해 조성한 다나우 강제수용소

　세계 2차 대전이 몰고 온 먹구름이 유럽을 뒤덮었다. 독일 물리학계에도 파란이 인다. 14장 '정치적 파국에서의 개인의 행동'에 나오는 안타까운 전쟁 상흔. 라이프치히대 교수였던 저자는 가난하지만 명석한 후학인 한스 오일러1909~1941를 아꼈다. 하이젠베르크는 그에게 박사 학위를 주고, 원자에너지를 연구하는 '우라늄 프로젝트'에도 참여시키려 했지만, 공산주의자였던 그는 받아들이지 않았다. 공군 정찰병을 자원해 전쟁 속으로 뛰어들었다. 오일러는 스승이 입대를 만류하자 이런 말을 남겼다. "하지만 이런 무의미한 세상에서 내가 여기서 원자에너지 활용을 연구한들 그것이 무슨 소용이 있는지 잘 모르겠어요." 오일러가 탄 정찰기는 1941년 6월께 아조프해로 날아가 돌아오지 않았다.

　전쟁이 주는 고통은 저자에게도 찾아들었다. 14장에서 하이젠베르크는 '1937년 여름 나는 잠시 정치적 어려움에 빠졌다'라고 짧게 언급하고 넘어가지만, 그 실상은 상상을 뛰어넘었다. 나치는 하이젠베르크를 옥죄었다. 유대인인 아인슈타인이 주창한 상대성 이론을 강의한 사례조차 죄목에 올랐다. 그해 4월 29일 엘리자베트 슈마허와 결혼했던 저자가 얼마나 초조했을지 짐작이 간다. 한순간에 모든 걸 잃고 강제수용소에 끌려가 죽을지도 모른다는 공포! 나치 치하에서 망명하고픈 유혹을 떨치고 조국에 남아 전후 과학 재건에 투신하리라 결심한 하이젠베르크에겐 너무나 가혹한 시련이었다. 다행히도 저자의 친족이 나치 친위대 수장을 설득해 하이젠베르크는 죽을 위기를 벗어났다. 하지만 이때 겪은 충격은 정신에 큰 상처를 남겼다. 저자는 세상을 떠나기 전까지도 게슈타포가 저벅저벅 침실로 걸어 들어와 자신을 체포해가는 악몽에 시달렸다고 한다.

이 책을 다 읽게 되면 하이젠베르크가 「부분과 전체」란 서명書名에 여러 의미를 부여했다는 사실을 깨닫게 된다. 세상이라는 '전체'를 위해 '부분'인 과학자個人가 어떤 책무를 져야 하는가를 되새겨 보게 한다. 책 마지막은 영화 속 한 장면 같다. 저자 부부가 두 아들을 데리고 막스 플랑크 행동학 연구소에서 일하는 에리히 폰 홀스트를 만났다. 홀스트와 저자의 두 아들은 거실에서 비올라·바이올린·첼로로 베토벤 세레나데 D장조를 연주하기 시작했다. 삼중주를 들으며 하이젠베르크는 가슴이 벅차올랐다. '우리 한 사람 한 사람은 커다란 드라마의 관중이자 배우로 짧은 시간을 살다 가겠지. 하지만 삶과 음악, 과학은 영원히 이어질 게 분명해.'

흔히 과학은 이과생이, 인문은 문과생이 공부하는 학문이라고 말한다. 일본이 이과-문과로 이분한 분류가 우리나라에 전해져 그대로 굳었다. 통섭·융합이 표어가 된 지도 오래지만 포털 사이트에는 여전히 '문과 이과 배틀' 얘기가 떠돈다. 하지만 이 고전을 읽게 되면 그런 이분법이 얼마나 부질없는지 절감하게 된다. 문과-이과가 따로 없다. 이론물리학자가 플라톤·칸트·괴테처럼 생각해야 '사실'이라는 문을 열게 된다는 걸 하이젠베르크는 잘 보여준다. 굳은 머릿속을 확 씻어내 실천해야 달라진 세상을 맞게 된다.

＊읽고 인용한 책 : 「부분과 전체」, 하이젠베르크 지음, 유영미 옮김, 서커스

- 하이젠베르크와 핵무기

하이젠베르크가 2차 대전 당시 망명하지 않고 나치 치하에서 핵에너지를 연구한 전력은 지금도 논란이다. 어떤 역할을 했는지 명확하게 드러나지 않기 때문. 하지만 당시 그가 나치에게 핵무기를 제조하려면 비용이나 시간 측면에서 턱없이 부족하다는 보고서를 제출한 사실은 잊지 말아야 할 대목이다. 만일 하이젠베르크를 포함한 연구진이 원자 폭탄 개발을 권해 성공했다면? 상상하기조차 두려운 가정이다. 저자는 훗날인 1957년 4월 16일, 17명의 독일 핵물리학자와 함께 자국 핵 무장을 반대하는 '괴팅겐 선언'을 신문에 발표해 큰 반향을 일으켰다.

1945년 8월 6일 일본 히로시마에 원자 폭탄이 투하된 후 폐허가 된 시가지

저자는 독일이 원자 폭탄을 생산할 능력이 없는 현실에 안도하면서 한편으로는 연합군이 원폭을 개발하지 않도록 망명한 핵물리학자들을 설득하려 애썼지만, 무위에 그쳤다. 오히려 하이젠베르크는 '손발'이 묶였다. '맨해튼 프로젝트'를 추진해 원자 폭탄을 확보한 연합군 측이 선수를 쳤다. 저자는 1945년 5월 4일 미군에 체포돼 영국군 정보부가 소유한 고드맨체스터 안가인 '팜홀'에 동료 물리학자 9명과 함께 이듬해 1월까지 9개월간 머물렀다. 이들은 이곳에서 1945년 8월 6일 미국이 일본 히로시마를 원폭으로 때렸다는 소식을 들었다. 일행이었던, 우라늄 분열 현상을 발견한 오토 한은 자기 방에 박혀 며칠간 나오지 않았다. 그동안 핵물리학자가 져야 할 책임과 국가가 핵을 소유하는 문제를 놓고 긴 토론이 벌어졌다.

핵에너지를 전쟁에 사용해서는 안 된다는 세계적 합의는, 이 고전 속 내용을 굳이 인용하지 않더라도 상식이다. 우리나라가 핵무기를 보유하는 건 국익에 전혀 도움이 되지 않는다.

- 하이젠베르크 생애

2차 세계대전 전란 속에서도 스승 복을 타고난 과학자다. 원자 물리학계에서 양자역학을 공부해 큰 획을 그었다. 1927년 26세로 라이프치히 대학 역대 최연소 교수가 돼 강단에 섰다.

탁월한 과학자이면서 덕망까지 갖춘 경우는 흔하지 않은데 저자가 여기에 해당한다. 그는 청년 때부터 '전체'와 '부분'이 조화를 이루는 삶을 좇았다. 어떤 지위에 있더라도 주변인과 끊임없이 대화해 안팎에서 신망을 얻었다. 독일 청년 운동을 이끄는 지도자로 추대되었다. 2차 대전 때 나치에 체포됐지만, 정중한 대우를 받았다. 1927년 〈불확정성 원리〉라는 논문을 발표한 후 명성을 얻었다. 노벨 물리학상1932, 독일 물리학계의 최대 명예인 막스 플랑크 메달1933을 수상했다.

2차 세계대전 후 허물어진 조국의 과학을 다시 쌓는 데 힘을 보탰다. 막스 플랑크 천체물리학 연구소 소장1946~1970, 훔볼트 재단 총재1953~1976를 지냈다. 1976년 75세로 뮌헨 자택에서 지병으로 눈을 감았다.

젊은 시절의 하이젠베르크

여섯 번째 식탁

고전식탁

한중록 🛎

혜경궁惠慶宮 홍씨洪氏1735~1815

천륜이라는 부모와 자식 간 사랑이 무너지면 큰 고통과 비극이 따른다. 조선 왕조에서 그런 흉사가 벌어졌다. 임금이 세자를, 아버지가 아들을 굶겨 죽이다니. 오죽했으면, 인가. 아니면, 어떻게 그런 일이, 라며 통탄해야 하나. 다가오는 파국이 눈에 보이는데 왜 아무도 막지 못했을까. 그 숨 막히는 현장에서 솟아오른 책이 「한중록」이다.

아들 죽인 아버지는 영조다. 그는 조선 왕 중 가장 오래 살았다. 82년1694~1776 생애, 재위 기간 52년1724~1776. 아들은 만 27세로 죽었다. 어릴 적 효성과 총명이 뛰어났으나 광증을 앓다 뒤주 속에서 숨진 이선李愃 사도세자思悼世子 1735~1762는 덩치도 컸다.

빈 혜경궁惠慶宮 풍산 홍씨는 노론 집안에서 태어나 10세에 간택돼 궁궐에 들었다. 살 떨리는 부자父子의 갈등을 지켜본 세월만 20여 년. 인자한 부모 밑에서 사랑받으며 귀히 자란 혜경궁이기에 그 공포는 남달랐다. 그것도 어린 나이에 낯선 궁궐 속에서. 아들과 손자가 보위에 올랐지만, 그녀의 머리카락과 온몸엔 서리가 내렸다. 칠순에 쓴 「한중록閑中錄」이 한중록恨中錄일 수밖에. 혜경궁은 "보고 겪은 바가 너무 무섭고 끔찍해 죽고 싶었지만 그럴 수 없었다"라고 거듭 술회한다. 행간에 분노·애통·회한이 진하게 스몄다. 한중록은 무명씨 궁인이 쓴 「인현왕후전」과 더불어 한글 궁중 기록물을 대표한다. 궁중 여성 중 최고 지존이었던 혜경궁은 무엇을 적었나.

확실히 정사正史와는 서술이 다르다. 1771년 2월 영조가 내린 살벌한

'궁성호위령'지금의 위수령을 들춰보자. 저자는 이 일이 궁궐 야산에서 딴 밤栗에서 비롯됐다고 썼다. 보름을 맞아 궁인들이 관례대로 그 밤을 궁궐 각 부처에 돌렸다. 혜경궁의 아버지 홍봉한이 이 밤을 사도세자의 서자인 은언군과 은신군에게 갖다줬다. 영조는 이게 못마땅했는지 역모라며 평지풍파를 일으켰다. 동궁훗날 정조이 멀쩡한데 외할아버지가 모반할 까닭이 없지만, 불똥이 홍봉한에게 튀어 그는 벼슬을 잃었다.

이 고전은 저자가 61~72세1795~1806에 쓴 세 편의 글을 모은 것이다. 1부 '내 남편 사도세자', 2부 '나의 일생', 3부 '친정을 위한 변명읍혈록+병인추록'. 글 쓴 순서는 2부환갑 때인 정조 19년→1부순조 초기→3부순조 초기다. 1부는 어린 순조를 대신해 정순왕후가 수렴청정에 나섰던 시기에 친정을 변호할 겸 지었다. 혜경궁과 생일이 같은 손자 순조가 '뒤주 사건'의 전모를 알고 싶다며 글을 청한 게 더 큰 이유.

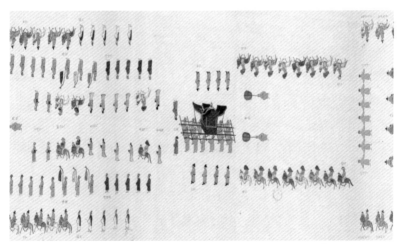

〈사도세자가례도감의례〉 반차도 일부. 혜경궁 홍씨가 사도세자에게 시집오는 장면이다. 국혼인지라 행렬이 화려하다. 1744년영조 20 1월 혜경궁은 별궁어의궁을 떠나 동뢰연신랑 신부가 술잔을 나누는 잔치을 치르러 대궐로 향한다. 그림 중앙에 빈이 탄 가마가 보인다. 유독 이 가마만 입체로 그려 존엄을 드러냈다.
국립중앙박물관 소장

사도세자 관련 내용은 당대의 금기였다. 영조는 상소문에서 '뒤주'를 언급한 선비 한유를 죽였다. 그런 시대였으니 1762년에 일어난 변고라 해서 임오화변壬午禍變, 해당 연도는 모년某年, 사용한 뒤주는 일물一物이라고 에둘렀다. 시중에는 영조가 무고한 사도세자를 죽였다는 소문이 떠돌았다. 이게 사실이라면 영조는 죄인이며 후손인 정조·순조도 마찬가지. 왕통 지키기에 저자가 나섰다. 1부에 그 정치적 해법이 나온다. "부왕에게 사랑을 받지 못한 세자는 갈수록 병환이 깊어지면서 여러 악행을 저질렀다. 영조는 종묘와 사직을 위해 아들에게 죄를 물었다." 세자가 울화병·광증·강박증을 앓은 이유를 밝히고 여러 죄는 '심신 미약'으로 빚어졌다는 논리다. 그에 따라 처분을 받았다. 벌을 내린 영조, 대가를 치른 영조와 사도세자는 무죄라는 얘기다. 이리되면 정조·순조로 이어지는 법통이 자동으로 바로 선다. 친정도 살려냈다. 영의정인 아버지 홍봉한이 뒤주를 들였다는 시중 소문을 잠재웠다. 혜경궁은 잘라 말한

사도세자가 장인 홍봉한에게 보낸 문안 편지

다. "뒤주는 또한 영조께서 스스로 생각하신 것이라." 1771년 9월 세손이던 정조가 홍봉한에게 보낸 편지에서도 같은 증언이 나오니, 이 같은 혜경궁 발언은 신빙성이 높다. 이뿐만 아니라 혜경궁은 셋째 동생 홍낙임을 정순왕후 세력인 정후겸과 억지로 교류하도록 만들었다. 정무 감각이 보통이 아니었다.

　3부에선 풍산 홍씨혜경궁와 경주 김씨정순왕후라는 조선의 양대 외척이 치르는 암투와 살육이 적나라하다. 박힌 돌인 동궁의 외가는 굴러온 돌인 임금 외가에 치어 흔들린다. 사도세자가 뒤주에 갇혀 죽었던 전후가 정점이었다. 1759년 66세의 노인 영조는 첫째 부인 정성왕후가 죽은 후 15세의 왕비를 맞았다. 경주 김씨인 정순왕후소론다. 그녀는 혜경궁노론보다 열 살 어려도 엄연한 시어머니였고 평생 정적이었다. 이들이 조종한 나경언이 사도세자의 허물을 고해바치는 바람에 결국 뒤주 사건이 터졌다. 세자 사후 2년째인 1764년에는 산 자를 죽은 자의 아들로 삼는 갑신처분甲申處分까지 내려진다. 영조가 세손후일 정조을 효장세자영조 맏아들로 10세에 죽었다의 양아들로 삼은 것이다. 저자는 정순왕후 측이 자기에게서 보호막을 제거하려고 벌인 해코지라고 봤다. 1786년 정조는 혜경궁이

순조 연간에 제작된 〈동궐도〉국보 249호, 고려대 소장본. 창덕궁 창경궁을 포함한 궁궐 전경을 그렸다

천하 원수로 여겼던 정순왕후의 오빠 김귀주를 유배 보내 죽였다. 정순왕후는 앙갚음한다. 순조 수렴청정 시기인 1801년, 혜경궁의 남동생 홍낙임은 제주로 귀양 가 사약을 마시고 죽었다. 정순왕후는 3년여 수렴청정이 끝난 1년여 뒤인 1805년 1월 눈을 감았다.

저자는 남편을 경모궁景慕宮. 사도세자의 사당 이름이라고 불렀다. 이 고전의 첫 문장이 직격탄이다. "1762년 경모궁 죽음은 천고에 없는 변이라." 아들을 죽여 죗값을 물었던 아버지 영조가 내린 시호는 사도思悼, 단 두 자. 세자의 죄가 무거웠다. 폭언·폭행·오입·실화失火·자살미수·살인뿐만 아니라 영조를 향한 쌍욕, 역모로 의심받을 만한 평양 잠행…. 세자는 은전군을 낳은 후궁빙애을 때려죽였다. 혜경궁에게 바둑판을 던져 심한 상처를 입혔다. 그는 희소한 강박증인 의대증衣帶症을 앓았다. 부왕을 뵈려면 옷을 갖춰 입어야 하는데 새 비단옷 20, 30벌을 지어 바쳐도 못 입었다. 옷이 피부에 스치면 발광해 시종에게 칼을 휘둘렀다. 이를 두고 소아 청소년 정신과 전문의인 오은영 박사는 "부왕을 극도로 무서워하면서 피부가 예민해져 생긴 현상이다. 당대인은 그 병을 이해하지 못했을 터이다"라는 진단을 내렸다. 세자는 땅을 관 형태로 파서 들어가 눕는 기행까지 보였다.

영조와 사도세자는 성격이 아주 달랐다. 부왕은 화를 잘 내고, 언행이 재빨랐으며, 호불호가 뚜렷한 성품이었다. 영조는 태어난 지 100일 되는 세자를 품지 않고 외진 동궁전에 보내 경종의 나인들 손에 맡긴 후 자주 찾지도 않았다. 저자는 총명하고 의젓했던 세자였건만 열 살이 되었을 때 이미 또래 아이에게서 볼 수 없는 이상 증상이 생겼다고 썼다. 세자는 우직해 언행이 느리고 부왕이 잘못을 추궁하면 변명할 줄 몰랐다. 아버지는 아들이 성에 차지 않았고, 아들은 닦달하는 아버지를 겁냈다. 영조는 세자를 좋은 자리에는 데려가지 않고 모질거나 귀찮은 업무를 맡겼다. 세자20세를 처음으로 능행에 참석시켰을 때였다. 한양을 막 벗어나자 폭우가 쏟아졌다. 아버지는 아들에게 "네 탓이다"라며 능 입구에서 홀로 되돌려 보냈다. 이랬으니 상심한 세자는 신하들이 보는데도 우물에 뛰어들었다. 갈수록 정신이 피폐해져 장검을 가까이 두고, 도술 서적을 즐겨 읽다가 헛것까지 보게 된다. 영조 또한 죽음을 넘나들며 어렵게 왕위에 올랐다. 그도 조울증·과대망상 같은 정신질환을 앓았는지도 모른다. 이런 부자가 사는 궁궐은 생지옥 같았다.

한중록을 읽어가다 보면 조선을 갉아먹는 정치인들이 더는 이 땅에 없어야 한다는 생각이 절로 든다. 사람이 하는 일에 사랑이 없으면 늘 사달이 난다. 겹겹이 둘러싸인 궁궐 담처럼 영조와 사도세자 간에 놓였던 벽은 끝내 허물어지지 않았다. 부자가 따뜻한 공감을 나눴다면 조선 후기 역사는 어떻게 달라졌을까. "세상 이치가 번성하였다가 쇠하고, 화를 입었다가 다시 복을 얻는 법이니 바퀴 돌듯하는지라." 소박한 삶이 지존이 누리는 부귀보다 낫다는 혜경궁의 마지막 말이 독자에게 위로가 된다.

＊읽고 인용한 책 : 「한중록」, 혜경궁 홍씨 지음, 정병설 옮김, 문학동네

- 사도세자 절명기絶命記

1762년 윤5월 13일 아침. 사도세자 어머니 경희궁은 울면서 영조에게 아들을 벌해 달라고 고한다. 마음을 다잡은 영조는 창덕궁으로 가려 한다. 오후 1시. 영조가 정성왕후 혼전인 휘령전에 나타나 사도세자를 불렀다.

영화 〈사도〉. 뒤주에 든 사도세자를 아들 정조가 만나는 장면　　　　　사도세자 초상화

　세자가 예복을 벗고 엎드렸는데 상복인 무명 겉옷세자가 강박증인 의대증을 앓아 그런 옷을 입었다이 드러났다. 아들의 정신질환을 몰랐던 영조는 상복을 입었다며 불쾌해하다가 칼로 돌바닥을 강강 치며 자결을 명한다. 11세 세손 정조가 울며 "아비를 살려 주소서"라고 간청하지만, 영조는 현장에서 세손을 내쫓았다. 세자는 죽으려 하지만 주변인들이 한사코 만류한다. 세자가 칼을 쥐면 빼앗고, 옷을 찢어 목을 매면 끈을 풀고, 이마를 찧으려 하면 손바닥으로 감쌌다. 후일 세자의 죽음을 막지 못한 죄를 묻는 일이 벌어질 게 뻔하니 말리는 시늉이라도 해야 한다.

　세자가 읍소한다. "아버님, 아버님, 잘못하였으니, 이제 하라 하시는 대로 하고, 글도 읽고 말씀도 들을 것이니, 이리 마소서." 담 넘어 이 절규를 듣는 혜경궁, 그 마음이 어떠했으랴. 영조는 세자가 자결에 실패하자 부엌의 뒤주를 가져오게 했다가 크기가 작자 물리고 이번엔 가로세로 160여㎝인 어영청 뒤주를 들였다. "세자. 그 안에 들라." 어느덧 저녁. 뒤주에 들어간 세자가 갑갑해 뛰쳐나오자 영조는 다시 들어가게 하곤 뒤주에 널판을 대어 못질한 후 동아줄로 꽁꽁 묶었다. 뒤주를 승문원으로 옮겨 풀을 덮었으니 한여름 뒤주 안은 숨이 막혔다. 영조는 폐세자 전교를 직접 썼다.

갇힌 세자는 처음엔 뒤주에 난 구멍으로 물과 밥, 약을 건네받아 먹으며 버텼다. 주변에 인기척이 나면 말을 건넸다. 하지만 영조가 완고하니 도움을 주는 손길이 곧 끊겼다. 옆에서 지키던 병졸이 음식을 먹으며 세자를 비웃었다. 영조는 뒤주를 흔들게 해 상태를 살폈다. 7일째, 세자가 작은 목소리로 말했다. "흔들지 마라. 어지럽다." 8일째 영조가 뒤주에 귀를 대었다. 아무 소리도 들리지 않았다. 그는 개선가를 연주케 하면서 거처인 경희궁으로 돌아갔다. 20일 오후 3시께다. 갑자기 폭우가 쏟아지고 천둥 번개가 쳤다고 한다. 공식 사망일은 윤5월 21일양력 7월 11일.

- 사도세자 복권기復權記

과연 아들 정조였다. "내 아버지는 사도세자다." 1776년 즉위한 후 내지른 일성이었다. 그는 앞서 영조에게 간청해 승정원일기에서 '뒤주 참사' 기록을 지웠다. 이어 창경궁 옆에 사도세자 사당을 지었다. 창경궁 북동쪽 담장을 헐어 지름길을 내 아침저녁 찾아가 기렸다. 같은 해 사도세자는 장헌세자莊獻世子로 추존됐다. 1789년 서울 동대문 밖 배봉산에 초라하게 자리 잡았던 사도세자 묘영우원를 화성으로 옮겨 현륭원이라 고쳐 불렀다. 이때 혜경궁 묘가 합장됐다. 현재 융릉인 이곳은 역대 조선 왕릉 중 가장 아름답다는 평을 받는다. 1795년엔 옥책玉冊, 존호를 올리고 추모하는 문서과 금인金印을 갖춰 사도세자 존호를 여덟 자로 올렸다.

정조가 즉위한 해 7월에 혜경궁에게 작은아버지 되는 홍인한이 정후겸과 함께 사약을 받았다. 혐의는 '정조 등극 방해'다. 영조실록을 보면 다른 꼬투리가 보인다. 홍인한은 '뒤주 참사' 당일 여러 신하와 함께 마포에서 뱃놀이를 즐겼다. 정조의 역린을 건드린 것이다.

사도세자 장조와 혜경궁 홍씨를 합장한 화성 융릉. 병풍석과 석등을 세웠다

　1814년 3월 순조는 사도세자 문집인 「능허관만고凌虛關漫稿」와 정조 문집 「홍재전서弘齋全書」를 펴냈다.

　사도세자의 복권은 조선의 마지막 왕이 마무리 지었다. 1899년 고종은 사도세자를 장조의황제莊祖懿皇帝로 추숭하고 광효대왕廣孝大王으로 불렀다. 동시에 혜경궁은 헌경의황후獻敬懿皇后로 추존됐고, 현륭원 이름도 융릉으로 높였다.

　사도세자는 비참하게 죽었지만 피는 이어졌다. 정조22대는 둘째 부인 가순궁에게서 순조23대를 얻었다. 헌종24대은 순조의 손자. 철종25대은 사도세자와 숙빈 임씨 사이에서 출생한 은언군이 할아버지다. 고종26대은 은인군 동생인 은신군의 자손이다.

걸리버 여행기

조너선 스위프트1667~1745

거짓이 진실을 가리는 세태를 읽어낸 작가가 세상 앞으로 경고장을 띄웠다. 풍자 문학이다. 당대 권력을 도마에 올려야 하니 강심장이 아니면 할 수 없는 일. 스위프트도 꽤나 배짱이 두둑했던 모양이다. 이 고전이 얼마나 불쾌했던지 영국 황실은 금서라는 낙인을 찍었다. 어린이 모험 동화로 유명한 이 소설, 원래는 1726년 성인을 대상으로 출간된 풍자소설이다. 인간을 까발려 거울 앞에 세운 원전은 21세기에도 살아남았다.

스위프트는 영국계 아일랜드인이다. 작품 성향이 어떨지 감이 잡힌다. 그는 「통 이야기」1704 같은 풍자성 작품을 발표해 일찌감치 강성을 드러냈다. 「걸리버 여행기」는 그에게 풍자 문학의 대가라는 지위를 안긴 대표작.

책 서두부터 능청을 부렸다. 이 여행기는 진짜이고, 저자는 레뮤얼 걸리버Gulliver라며물론 독자는 거짓말임을 안다 편지에다 일자1727년 4월 2일까지 척 박았다. 걸리버란 이름부터가 풍자다. Gull바보+Ver진실. '진실을 말하는 바보'란 뜻. 책 내용엔 당시 집권한 영국 휘그당을 비꼰 대목이 많았다. 불똥이 튀겠다며 안팎에서 우려가 쏟아졌다. 육필 원고를 저자 친구가 베껴 출판사에 넘겨 걸리버란 이름으로 출간했다. 하지만 진짜 저자가 누군지는 온 런던사람이 알았다. '뜨거운' 초판본이 출판사 안에서 다소 수정돼 그 열기가 좀 식었다. 못마땅했던 저자는 1735년 판본에서 원래 문장으로 원위치시켰다.

〈소인국에서 사로잡힌 걸리버〉, 프랑스 화가 장 조르주 비베르 작

동화는 소인국·거인국 모험담 1, 2부인데 원전 그대로는 아니다. 원본은 1~4부로 360여 쪽. 초판이 출간 3주 만에 1만 부가 팔렸으니 인기 폭발. 후대 평가는 엇갈렸다. 「허영의 시장」을 쓴 영국 소설가 윌리엄 새커리1811~1863는 "스위프트는 생각이 지저분하고, 상스러운 말을 마구 내뱉는 자"라며 욕을 퍼부었다. 「동물 농장」의 작가인 조지 오웰1903~1950은 칭찬 일색. 그게 다 3, 4부 때문이다.

1부는 소인국 편. 앤틸로프호 선상 의사인 걸리버는 표류하다가 소인국릴리펏에 닿는다. 성인 평균 키가 15㎝인 소인국인을 본 '산악 인간' 걸리버는 너그러운 마음이 솟구쳤다고 저자는 쓰지 않았다. 깽판 치고 싶은 욕망을 애써 누르는 길리버였기에. 인간 마음속 비열함에 대한 은유다. 소인국에서 벌어진 밧줄 곡예는 풍자의 전형이다. 이 나라에선 고관 자리를 밧줄 곡예를 통과한 자에게 준다. 많은 도전자가 낙상하거나 목숨을 잃는다. 부정하게 고위직에 오른 자, 출세욕에 눈먼 인사, 능력과 합리가 사라진 정치인에 대한 야유다. 소인국에선 두 당黨, 트라멕산-슬라멕산이 싸움질이다. 이 대목에서 독자들은 당시 영국 여야인 토리당과 휘그당을 떠올려야 했다. 저자의 익살 실력도 만만찮다. 걸리버가 소인국을 떠날 때 그곳 양과 소 암수를 영국으로 데려와 새끼를 쳐 팔아서 돈을 벌었다니! 손톱만 한 양과 소를 보더라도 이상할 게 없다나.

2부는 거인국 모험담. 걸리버는 인도행 상선 어드벤처호를 탔다가 웬 섬에 남겨졌다. 거인국^{브롭딩낵}이다. 걸리버는 농부 집으로 붙들려 가 애완 인간이 된다. 거인국 침대 길이 20m 정도이니 거인의 체구가 얼마나 큰지 감이 잡힌다.

스위프트는 여성 혐오론자였는데 그런 성향이 1부 소인국 편에서 드러났다. 황후궁에 불이 나자 걸리버가 오줌을 눠 진화하는 대목이 그렇다. 영국 앤 여왕이 이런 불충한 묘사에 화가 나서 스위프트를 인사 이동할 때 물을 먹였다고 한다. 거인국 유모가 아이에게 젖을 물리는데 소인 걸리버는 이때 본 유방을 '구역질 나게 하는 물건'이랬다. 스위프트는 이런 여성 혐오 성향을 끝내 고치지 않았다.

거인국에서 걸리버는 개미 인간 '그릴드릭'으로 불리며 유료 구경거리 신세다. 그러다 황실에 들어가는 행운을 잡는다. 거인들은 지성인이었다. 특히 국왕은 걸리버에게 영국이 채택한 입법·사법·행정을 포함해 다양한 체제를 캐물었다. 걸리버 종족에 대해 국왕이 꼬집었다. "너희 동족 대부분은 자연이 땅 위에 기어 다니도록 허용한 벌레 중 가장 자그마하고 해로운 족속이다." 이처럼 스위프트는 국왕 입으로 당시 영국과 유럽 사회에 스민 악惡을 비판한다. 단두대에서 목이 날아가던 시절, 스위프트처럼 당차게 글쓰기가 쉽잖다. 조롱 속 새처럼 살던 걸리버는 드디어 거인국을 벗어난다. 그 탈출을 묘사한 대목은 사실과 상상, 거짓과 진실이 겹쳐 이 소설의 백미를 이룬다. 20세기 후기 근대주의 작품에 큰 영향을 미쳤다.

3부에선 아일랜드를 수탈하는 영국을 빗댔다. 바다에 버려진 걸리버가 맞닥뜨린 곳은 날아다니는 섬라퓨타. 미야자키 하야오의 애니메이션 〈천공의 섬 라퓨타〉나 제임스 카메론 영화 〈아바타〉에 나오는 떠다니는 섬과 같다고 보면 된다. 이 거대한 섬총면적 40㎢이 추진력 없이 비행한다고 묘사해, 우주를 지배하는 중력 법칙을 조롱한다저자는 이 중력 법칙을 밝힌 과학자이자 영국 관리로서 불량동전 주조를 눈감아준 아이작 뉴턴을 간접 비난하고 있다. 라퓨타인ㅅ은 걸리버와 체격이 비슷하다.

걸리버가 하늘에 떠다니는 섬 라퓨타를 보고 놀라는 장면

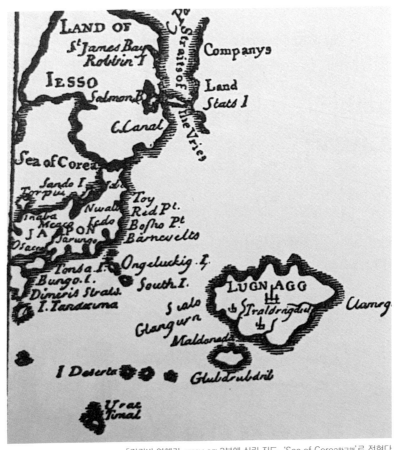

「걸리버 여행기」1726년 초판 3부에 실린 지도. 'Sea of Corea한국해'로 적혔다

 인간을 줄였다 늘였다, 다시 원래 크기로 돌려놓은 스위프트다. 소인
국·거인국·라퓨타에서의 인간 크기가 그랬다. 저자는 약자를 편든다.
'인간다움을 결정짓는 이성'이 존재한다고 강조한다. 이곳 지배 계층인
라퓨타인은 선하기는 한데 사색을 즐기며 건망증이 심해 누군가 입 주
변을 쳐 줘야 명상에서 깨어난다. 3부엔 학자에 대한 야유가 가득하다.

학자들이 대화할 때 단어 제시용으로 사용하려고 온갖 물건을 자루에 넣어 짊어지고 다닌다는 대목이 나온다. 이는 '언어가 진실을 담아내지 못한다'라는 명제를 은유한 것으로 읽힌다. 라퓨타 국왕은 섬을 타고 떠다니며 아래 육지_{발리바비} 신민을 다스린다. 아일랜드를 겁박해온 영국을 떠올리게 한다.

3부엔 일본이 잠깐 등장한다. 개신교를 탄압하는 나라다. 18세기는 서양과 교류하기 시작한 일본을 향해 유럽 국가가 관심을 키우던 시기. 이 고전 초판본의 삽화 지도에 'Sea of Corea'란 표기가 보인다. 이미 이때 국제 사회에서 동해가 한국해韓國海로 불렸다. 당연히 독도가 우리 땅이었다는 사실을 증명한다. 이 고전은 한국민이 사랑할 만하다.

걸리버는 4부에서 선장이 된다. 이번엔 표류하다 이성을 가진 말馬을 만난다. 말이 야만인 '야후'_{지금은 없어진 포털 야후가 이 이름을 땄다}를 지배하는 나라 '후이늠.' 걸리버는 자신을 거두어준 말을 주인으로 섬기며, 사회와 문명을 비판하는 대화를 나눈다. 이 과정에서 판사·정치인·의사·과학자·비평가·귀족·학자가 가진 속물근성이 까발려진다. 걸리버와 망자가 나누는 대화도 흥미롭다. 성현·영웅·악당이 저승에서 소환돼 '청문회'가 벌어진다. 알렉산더 대왕·한니발·카이사르와 브루투스·호메로스·아리스토텔레스·데카르트…. 걸리버는 이들을 만나 위선과 거짓이 가득한 현세를 확인하며 영국으로 돌아가길 거부한다. "우리 하급자가 저 숭고한 위엄을 지닌 고위직 인사들을 마땅히 존경해야 한다고 생각해왔으나 실상은 그럴 만한 자격을 갖춘 사람이 별로 없다는 걸 알게 되었다."

스위프트식 풍자와 독설은 달리 말하면 이상사회를 좇는 갈망이다. 문인이면서 영국 성공회 사제였던 스위프트는 유토피아를 꿈꾸며 이렇게 말했다. "세상에 타락이 슬그머니 들어오는 것을 단계별로 감지하고 모든 단계마다 인류에게 끊임없는 경고와 가르침을 주어 이를 막을 겁니다." 그가 후학인 이마누엘 칸트1724~1804가 쓴 「실천이성비판」1788을 봤다면 무척 위안을 얻었으리라. 생전과 사후에 풍자가 지나치다며 욕먹고, 자기 이익이 깎이면서도 세상 부조리에 끝까지 맞섰던 스위프트에 박수를!

✽읽고 인용한 책 : 「걸리버 여행기」, 스위프트 지음, 이종원 옮김, 현대 지성

- 격변기였던 17세기 속 영국

혁명·추방·반란·학살·음모. 이런 음산한 단어들이 17세기 전후 영국 역사에서 튀어나온다. 같은 시대에 살았던 조너선 스위프트는 이런 시대상을 「걸리버 여행기」에 직·간접으로 옮겼다.

1603년 제임스 1세가 영국 왕위에 올라 스튜어트 왕가 시대가 열렸다. 그는 국교회를 지키면서 가톨릭 신자와 비기독교인을 억눌렀다. 그러고는 빈 국고를 채우기 위해 세금을 올려 의회의 반발을 샀다. 후임 찰스 1세도 중과세를 고집하다가 의회에 발목을 잡혀 권리 청원을 승인하기에 이르렀다.

그 후인 1629~1640년, 의회를 해산한 찰스 1세는 보수 정치를 다지며 스코틀랜드 진압을 서둘렀다. 1641년 영국의 구질서를 밀어내려는 진정서가 하원의 승인을 얻었다. 이런 정국을 반대했던 세력이 왕당파. 이들이 의회에 무력을 행사하자 이에 맞서 1642년 8월 1차 내전이 일어났다. 이른바 영국 최초의 시민청교도 혁명이다. 1648년 2월, 찰스 1세가 이끄는 왕당파와 올리버 크롬웰이 주도하는 의회파가 2차 내전을 벌여 의회파가 승리를 거뒀다. 패장 찰스 1세는 형장의 이슬로 사라졌고 크롬웰이 정권을 쥐었다. 크롬웰은 왕위에 오르지 못하고 1659년 죽었

영국 의회파 지도자인 크롬웰이 출전을 앞두고 병사들을 격려하는 장면

고, 그의 아들은 호국경에 오른 후 왕정복고 시류에 밀려났다.

왕정복고 후 첫 번째 왕이 찰스 2세다. 그는 프랑스로 망명했다가 영국으로 돌아왔다. 제임스 2세는 휘그·토리당 모두를 포용하지 못해 왕위를 잃었다. 윌리엄 3세가 대권을 이어 명예혁명을 이루었다. 이때 영국 입헌군주제의 기초가 놓였다.

윌리엄 3세에게 왕좌를 넘겨받은 이가 앤 여왕. 책임 내각제 후원, 왕실 재정으로 빈민 구제, 스페인 계승 전쟁 승리로 대영 제국의 시대가 막을 올렸다. 1714년 앤 여왕은 후사가 없어 독일 출신인 조지 1세에게 왕위를 넘겨 스튜어트 왕조는 끝나고 하노버 왕조가 시작됐다.

- 조너선 스위프트 일생

조너선 스위프트

아버지를 여읜 채 1667년 아일랜드 더블린에서 태어났다. 더블린 트리니티대를 나와 옥스퍼드대 석사를 딴 고학력자. 1688년 아일랜드에서 지내던 중 퇴임한 제임스 2세와 오렌지공윌리엄이 싸우자 전란을 피해 영국 런던으로 갔다.

어릴 적 어머니가 아닌 유모와 삼촌들 손에서 자랐다. 친·외가 할아버지가 모두 목사였다. 저자는 영국 국교회성공회 사제 서품을 받았다. 주교직을 얻지는 못했다. 당시 앤 여왕과 고관들이 정치·종교계를 비판한 그를 탐탁잖게 여겼기 때문.

진보 성향인 휘그당을 좇았다. 하지만 조국 아일랜드를 휘그당이 핍박하자 후반에는 휘그당의 앙숙인 보수 토리당에 몸을 담았다. 이런 전향은 그가 1714년 귀향할 때 야유를 받는 빌미가 됐다. 고국에서 말년을 보내며 애국지사로 존경받았다. 이때 「걸리버 여행기」를 써냈다.

저자는 청소년기부터 메니에르병으로 고통을 겪었다. 말년엔 스스로 정신질환을 앓는다고 생각했지만 그렇지는 않았다. 1745년 숨져 성패드릭 대성당에 시신이 안치됐다. 그가 남긴 재산은 아일랜드의 첫 정신병원인 성패드릭 병원을 짓는 데 쓰였다.

스위프트 묘비명엔 저자가 평소 써둔 문구가 라틴어로 새겨졌다. "여기 신학박사이자 이 교회 주임신부였던 조너선 스위프트가 누웠다. 이제 더는 맹렬한 분노가 그의 가슴을 찢지 못하구나. 가라, 여행자여

성패드릭 대성당 내 스위프트 흉상

그리고 할 수 있다면 본받아라. 온 힘을 다하여 자유를 옹호하려고 노력한 자를."

감시와 처벌

미셸 푸코1926~1984

   재한在韓 외국인들이 SNS에 자주 올리는 체험담 중 하나. 카페 같은 우리나라 공공장소에서 방치된 개인 소유품이 손을 타지 않는 걸 보고 놀랐다는 내용이다. 한국민의 도덕성이 높고, 이 나라 치안이 잘 유지되는 증거라는 평을 덧붙인다. 하지만 보이지 않는 힘이 내려다봐서 그렇지 않을까, 하는 말은 잘 보이지 않는다. 그런 힘이 있다. 이름은 '규율·감시'.

감시와 규율 아래 놓인 현대 사회의 특징을 꼬집는 뱅크시의 벽화. 그라피티 작가인 뱅크시는 2007~2009년 영국 런던 뉴먼 거리에 자리 잡은 로열 메일사의 건물 벽에 〈ONE NATION UNDER CCTV〉를 그렸다

프랑스 철학자인 푸코가 1975년 펴낸 「감시와 처벌」은 규율과 감시

에 관한 보고서다. 1부 신체형, 2부 처벌, 3부 규율, 4부 감옥으로 짜였는데 부제가 '감옥의 역사'다. 영국 법철학자인 제러미 벤담1748~1832이 제창한 '판옵티콘 감옥'에서 영감을 받았다. 푸코는 3부에서 담론 '판옵티콘 권력Panoptisme'을 펼쳐 보인다.

푸코는 '권력관계' 전공자다. 부모와 자식 간엔 생물학·사회학적 관점에서 두 개의 관계가 존재한다. 혈연과 권력인데 푸코는 단연 후자에 관심을 둔다. 그는 의사-환자, 교사-학생 간 관계 역시 권력으로 푼다. 정상인-비정상인을 구별하는 데에도 그런 권력이 작동한다고 봤다. 대립하는 두 인문 가치인 이성과 광기도 마찬가지다. 인간과 권력관계를 극명하게 보여주는 상징물이 형벌 제도. 푸코는 처벌이 범죄자의 신체와 빚어온 특이한 역사를 들여다봤다. 형벌 형태가 신체형에서 징역형으로 변하는 과정과 의미를 집요하게 파헤쳤다.

1793년 1월 21일 프랑스 파리 콩코드 광장에서 루이 16세가 단두대에 올라 공개 처형된 후 잘린 머리가 군중에게 공개되고 있다

중세인은 절대적 신앙 세계에서 벗어나 근대로 걸어 들어 왔다. 푸코가 보기에 근대인은 자유로워진 듯하지만, 실상은 새로운 통제인 규율과 감시에 직면했다. 페스트나 코로나19 대감염병도 권력이다. 인류 신체를 지배하니까. 방역 당국은 서열 2위 권력쯤 돼 보인다. 그들이 내리는 지침이 우리 일상과 사고를 제한한다. 야외에서도 마스크 쓰기가 필수였을 때, 깜빡 잊고 노마스크로 거리에 나섰다가 쏟아지는 타인의 눈총에 황급히 돌아섰던 경험이 그렇다. 사회 차원에서 추진되는 신체 통제는 반발을 부르기 마련이다. 규율과 자유는 양날의 검. 그 팽팽한 대립 관계를 조명한 고전이 「감시와 처벌」이다. 저자는 이랬다. "감시는 감옥 내 수형자만 받는 게 아니라 일반사회에 사는 보통 사람도 피할 수 없다."

푸코는 1968년 프랑스 사회를 달군 '68혁명'을 지켜본 후 권력 문제에 관심을 가졌다. 〈콜레주 드 프랑스〉 교수가 된 그는 1970년 연구를 본궤도에 올렸다. 수년 후 내린 결론. "권력은 대상을 은밀하게 통제하고 나중엔 대상이 자기 감시하도록 순응케 한다." 현대 IT정보통신는 '빅브라더스'다. 개인을 낱낱이 기록한다. 푸코는 미래를 내다봤다. 올더스 헉슬리1894~1963나 조지 오웰1903~1950처럼.

이 고전은 파리에서 1757년 3월 2일 벌어진 공개 처형을 생중계하면서 첫 장을 시작한다. 군중은 처형 과정을 축제처럼 즐겼다. 범죄자는 프랑스 왕루이 15세 암살미수범인 다미엥이다. 처벌 의지는 죄인이 죽은 후에도 작용한다. 살았을 땐 사지 절단으로 처형하고, 시신으로 변해도 이 세상에 흔적을 남겨선 안 된다며 화장해 재를 날렸다. 무시무시한 신체형을 통해 군주는 막강한 자기 힘권력을 과시한다. 군중에게 범죄에 대한 경각심도 일깨우면서. 당시 공개 처형은 권력이 수형자 신체를 대상으로 펼치는 '정치·사법 쇼스펙터클'였다. 저자가 '호화로운 신체형'이라고 표현한 이유다.

　사법은 죄질에 따라 받아야 할 고통의 총량을 계산한다. 대역 죄인에게는 최대한 고통을 줘야 했기에 온갖 끔찍한 고문 방법을 짜냈다. 신체형 집행에 많은 사람을 동원해 권위를 세웠다. 군주-법관-신부-군중-수형자가 같은 무대에 선 배우. 그들은 각자 맡은 역할을 연기하기에 바빴다.

감옥에서 범죄자 신체는 통제를 받는다. 일정한 행동을 정해진 시간에 강제 이행케 하는 방식이다. 죄수들이 원을 그리며 걷게 하는 장면. 빈센트 반 고흐 작

근대 들어 신체형은 규율 위주인 징역형으로 바뀐다. 그 배경은 여러 가지다. 우선, 수형자의 인권도 보장되어야 한다는 사상이 널리 퍼졌다. 인간 이성을 앞세운 계몽주의 시대였으므로. 저자는 구조주의자였다. 신체형은 권력자에게 부담스러웠다. 군중이 범죄자를 옹호·비난하는 와중에 폭동·혁명 같은 반체제 사태가 발생할 우려가 컸다. 죽기 직전 수형자가 마지막으로 내뱉는 말이 대중에게 권력 불신이나 사회 불안을 일으키게 하는 경우가 적잖았다. 권력은 은밀하면서도 고효율로 유지돼야 하는 법. 자연히 징역형에 관심을 둘 수밖에 없었다.

징역형의 특징은 '감시'. 권력은 자신을 드러내지 않고 범죄자의 신체를 감옥에 가둬 통제한다. 살벌한 고문이 아니라 시간표 준수 같은 규율로 범죄자의 신체를 관리해 폭력성도 줄인다. 징역형은 적은 비용으로 큰 효과를 내니 경제성 또한 높다. 여기서 푸코는 징역형의 장점을 하나 더 내세웠다. '범죄자를 감옥에 가두는 최종 목적은 처벌이 아니라, 교화해 사회로 돌아가게 한다는 데 둬야 한다.' 현실에선 역효과가 만만찮다.

근대 감옥은 감시 체제로 굴러가게 됐는데 여기에 바탕 이론을 제공한 이가 영국 공리주의 법학자인 벤담이다. 그는 판옵티콘 감옥을 설계했다. 중앙에 자리한 건물에서 바깥 원형 감옥을 한눈에 감시한다. 수형자는 중앙에서 항상 감시하고 있다고 느껴 규율을 지키게 된다. 권력은 수형자의 신체를 동작·태도·속도 같은 단위로 나눠 통제한다. 푸코는 자신의 권력 이론에 영감을 준 벤담을 "칸트나 헤겔보다 더 중요한 사람"이라고 치켜세웠다. 그런가 하면 저자는 프랑스 유물론 철학자인 라메트리1709~1751도 끌어들였다. 그가 주창한 '인간기계론'에 기반을 두고 푸코가 한 말. "규율은 유용성이라는 경제적 관점에서 보았을 때 신체의 힘을 증가시키고, 복종이라는 정치적 관점에서 보았을 때 동일한 신체의 힘을 감소시킨다."

푸코는 감옥 속 신체 통제 이론을 근대 사회로 가져와 적용한다. 이 규율 권력 사회는 겉보기엔 민주적으로 보이지만 실제로는 신체를 기계처럼 취급한다. 현대 자본주의 사회의 속성을 잘 짚었다. 자본주의 권력은 노동자의 신체를 관리해 생산력을 뽑아낸다. 근태와 실적을 평가해 기록한다. "개인을 자료 기록 망에 집어넣어 감시 영역에 데려다 놓는다."3부 2장 '효과적 훈육 방법' 이런 권력은 소유에 만족하지 않고 힘을 행사하는 특징을 보인다. 교도소 소장-수형자, 사장-직원, 교사-학생 같은 상하 규율 관계는 고정되지 않고 변화하는 특징을 보인다. 하지만 현대 사회에서 권력인 부와 신분은 세습된다. 그 상하 관계는 여간해선 뒤바뀌

1800년대 초반 미국에서 볼 수 있었던 감옥선. 근대 들어 형벌은 구금 형태가 주를 이루게 된다

지 않는다. 푸코는 알았을까. '빈익빈 부익부'가 대세라는 것을.

푸코는 두 가지 이유에서 오늘날 우리가 기억해야 할 철학자로 남는다. 첫째, 그는 '감시하는 권력'이라는, 강력하면서도 새롭게 사회를 보여주는 창문을 열었다. 개인·단체·국가를 지배하는 권력은 더욱 은밀한 규율과 기술, 정교한 정보와 지식으로 무장한 채 날로 힘을 키우되 모습은 드러내지 않는다. 그래서 푸코는 그런 권력이 '으르릉대는 소리'를 들으라고 외쳤다. 존재를 인식하는 건 실체를 파악하는 첫 몸짓이다. 사이버 유목민이라면 무엇이 이 시대의 권력인가, 나는 아무런 인식 없이 무력하게 조종당한 채 살아가지 않는가, 하는 질문을 해야 한다. 공공과 개인 영역에서 '권력'을 직시하고 감시해야 할 의무가 어깨 위에 놓였다.

둘째, 푸코는 차별이 가진 폭력성을 알려준 작가다. 정상과 비정상을 가르는 경계가 얼마나 모호한지를 증명해 보였다. 흑백논리와 이분법에 상처받는 개인이 타인을 향해 같은 칼날을 드러내는 모순이 보인다. 푸코는 그것을 보는 시력을 주었다.

＊읽고 인용한 책 : 「감시와 처벌」, 미셸 푸코 지음, 오생근 옮김, 나남

- 판옵티콘 감옥

푸코는 사회와 개인 간 관계를 권력과 힘이 작용하는 구조로 봤다. 그런 발상을 일으키게 한 인물이 제러미 벤담. 그가 개발한 원형 교도소 체제 역시 푸코 논리와 잘 맞아떨어졌다. 벤담은 어릴 적부터 신동 소리를 들을 정도로 머리가 뛰어났다. 40대 초반인 그가 1791년 죄수 감화 시설로 '판옵티콘Panopticon, 한눈에 전체를 두루 다 본다는 뜻 감옥'을 설계해 내놓았을 때만 해도 이 '괴물'이 미칠 엄청난 영향력을 감지한 이는 없었다.

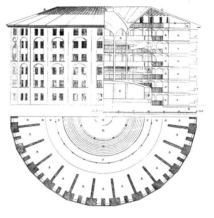

제러미 벤담

벤담이 그린 판옵티콘 설계도

판옵티콘 감옥에서 마주 보이는 중앙 감시탑은 권력을 상징한다. 여기에 서면 건너편 독방을 360도로 휘돌아 보는 게 가능하다. 이 탑에선 감방 쪽으로 난 여러 개의 창문을 통해 재소자를 항상 관찰한다. 독방엔 앞뒤로 창문이 설치돼 내부가 환하다. 재소자 쪽에서 보면 감시탑에 누가 있는지 알 수 없다. 아무도 없어도 죄수는 그걸 알아차리지 못하고 감시받는 중이라고 여긴다. 스스로 감시하는, 감시의 내면화다. 이 자동 감시 기능은 권력이 원하는 바다. 벤담은 감시자권력는 보이지 않아야 하고, 존재 여부가 확인될 수 없어야 한다는 원칙을 세웠다. 푸코는 이 개념을 끌어와 현대를 '팝옵티콘 사회'라 불렀다. 지금도 신축되는 병원·학교·직장 건물에 '판옵티콘 원리'가 적용된다.

쿠바 〈프레시디오 모델로〉는 판옵티콘 감옥의 전형을 보인다.
1926년 건립된 후 1967년 영구 폐쇄돼 현재 박물관으로 사용 중이다

20세기 감옥들이 벤담의 감옥 설계를 따랐다. 쿠바 섬인 후벤투드에
자리 잡은 〈프레시디오 모델로〉 감옥이 그렇다. 독재자 제랄도 마차도
가 1926년 건립해 주로 카스트로 형제 같은 정치범을 가뒀다. 1967년
영구 폐쇄된 후 지금은 박물관으로 관람객을 맞는다.

- 미셸 푸코는 누구

푸코는 죄수·환자·광인·성소수자·매춘부 같은 '타자'를 학문 대상으
로 삼았다. 자신도 동성애자였다. 사회학자 다니엘 드페르가 연인이었
다. 푸코는 1984년 6월 25일 에이즈 합병증으로 숨졌다. 58세였다.

미셸 푸코

이런 성향은 저작을 살펴보면 드러난다. 「정신병과 심리학」1954 「고전
주의 시대」「광기의 역사」1961 「병원의 탄생」1963 「말과 사물」1966 「지식
의 고고학」1969. 「성의 역사」는 1권이 생전에 출간됐고, 드페르가 2~4
권을 유작으로 펴냈다. 1권 '지식의 의지'1976, 2권 '쾌락의 활용'1984, 3
권 '자기 배려'1984, 4권 '육체의 고백'2018.

그는 1977년 13세 아동과의 성관계를 합법화하는 청원에 서명했다.
이런 이력에 동시대 철학자인 기 소르망이 내지른 폭로성 발언이 겹쳤
다. 푸코가 아프리카 튀니지에서 지낼 때 미성년자 성범죄를 저질렀다
며 "식민주의, 백인 제국주의 같은 면모"라고 까발렸다. 푸코가 8~10세
소년에게 돈을 주고 성관계를 맺었다는 내용. 푸코 평가에 그림자가 짙
어졌다. 재소자 인권 개선에 힘을 실었던 생전 경력에 흠집이 났다. 저
자는 1971년 2월 '감옥정보그룹'이란 단체를 만들어 5년여 운영하면서
재소자들에게 환영을 받았다.

그는 1926년 프랑스푸아티에에서 태어나 철학·정신병리학·심리학을 배
웠고 〈콜레주 드 프랑스〉 같은 대학에서 학생들을 가르쳤다.

역사

헤로도토스BC484?~430?

    동양에서 "내가 역사서를 좀 썼지"라며 사마천司馬遷, BC 145?~86?이 재고 나올 때 서양에서도 손 치켜들고 튀어나올 맞수가 한 명 있다. 헤로도토스BC 484?~430?다. 전한前漢 시대 사마천 하면 「사기史記」, 이오니아 할리카르나소스 출신 헤로도토스 하면 「역사Historiae」를 떠올리게 된다. 헤로도토스는 평생 이 책 한 권만 쓰고도 오늘날 우리가 통용하는 '역사' 개념을 만들어냈다. 때론 질이 양을 누른다. 그 전에 '역사'는 '관찰'이란 좁은 의미로 쓰였다.

    모두 9권인 책을 펼쳐보자. 당시 관행대로 권마다 뮤즈그리스신화 속 문예를 담당한 아홉 여신 이름을 소제목으로 올렸다. 저자는 소제목을 달아 단락을 구분하지 않고 그냥 죽 이어지는 긴 글을 썼다. 이를 후대인 알렉산드리아의 편집자가 지금처럼 읽기 좋게 나눠 다듬었다. 1권 소제목은 역사를 관장한 뮤즈 '클레이오', 9권은 '칼리오페'서사시의 여신. 고대 동방의 대

그리스 아테나 니케 신전의 벽면 부조. 페르시아-아테네 병사들이 전투하는 장면이다

제국이었던 페르시아가 서방 그리스를 상대로 3차례 정벌BC 492·490· 480~479에 나서지만 모두 실패하는 전쟁사가 핵심 소재다. 저자는 순혈 그리스인. 서방인 관점에서 역사를 다뤘다. 동양을 바라보는 시선이 자주 기우뚱거린다.

당시 페르시아는 흑해·지중해·홍해 주변인 서아시아 지역을 식민지로 두었다. 기원전 498년 아테네 군대가 페르시아의 식민 도시인 사르디스를 침입해 약탈하고 주민을 죽였다. 페르시아가 그리스에 복수하겠다며 정벌에 나설 수밖에. 이 책은 기원전 420년께 나왔다. 페르시아- 그리스 3차 전쟁이 끝난 지 70여 년 후다. 하지만 그때도 페르시아는 여전히 융성해 그리스는 그들이 다시 쳐들어올지 모른다며 불안해했다. 이런 시국에 「역사」를 펴냈으니 적시타였다. 그리스인들이 용기를 내는 데 한몫했다.

크레타·미케네 문명에 흥미나 지식이 없다면 이 고전을 읽기가 지루할지도 모른다. 그리스어 인명은 발음하기 힘들고, 지명도 낯설다. 연대 서술도 왔다 갔다 하고, 온갖 인종과 문물이 복잡하게 등장한다. 과장· 오류·허언도 보인다. 하지만 역사 자료를 구하기 힘든, 책조차 귀했던 2,000년 전에 이 책을 썼다는 사실을 염두에 두자. 1~6권은 읽기가 힘든 편이고, 7권 3차 전쟁부터는 독서가 수월해진다.

그렇더라도 이 고전은 신화시대에서 새어 나오는 아련한 빛을 담아내 눈길을 끈다. 여기에 사실史實이 겹친다. 이 고전은 신화를 다루되 일정한 거리를 두었다. 사제가 접신接神 운운하면 헤로도토스는 비웃었다. '역사의 아버지'이니까. 1권 첫머리에 이 책을 저술한 이유가 나온다. "인간은 망각하는 존재여서 여러 위업 특히 전쟁이 일어난 이유를 기록해 둬야 한다." "여담을 위해서"4권라고도 했다. 만화 같은, 고대 얘기가 많다. 영락없는 이야기꾼 헤로도토스다. 사료가 드물었으니 직접 보고 들으러 신발 끈을 묶고 여행에 나섰다. 그는 본국에서 쫓겨난 망명자. 바빌론동쪽 리비아서쪽 시에네남쪽 흑해북쪽를 둘러보고 돌아왔다. 교통수단이 변변찮았던 당시로선 믿기 힘든 장거리 여정이었다. 이때 채록한 인종·문화·지리 얘기로 이 책을 지었다.

1권엔 소아시아 강국인 페르시아가 국력을 키워나가는 과정이 나타난다. 고대 왕국인 리디아와 메디아, 고대 도시 바빌론, 유목민 집단 마사게타이가 차례로 무릎 꿇었다. 페르시아 키루스 대왕은 승자, 리디아 왕들은 패자였다. 리디아 왕 칸타올레스는 미인 왕비를 지나치게 자랑하다 모든 걸 잃었다. 또 다른 리디아 왕 크로이소스는 현자 솔론의 충고를 무시한 대가를 톡톡히 치렀다. 키루스에게 잡혀 화형을 당하기 직전 목숨을 겨우 부지하니까. 페르시아와 바빌론의 이색 풍속과 지리 얘기가 흥미롭다.

고대 바빌론에서 신부新婦를 경매하는 대목이 그렇다. 2권에우테르페 이집트 편에서 저자는 지리학자 같다. 그는 지리가 문화를 결정한다고 생

고대 바빌론 마을에서 신부 경매장이 열렸다. 앞줄에 규수들이 앉아 차례를 기다리고 있다.
에드윈 롱 작1875

각해 이 부문을 상세하게 다뤘다. 이 나라의 국토·풍습·생활상·역사와 피라미드를 세운 여러 왕에 대해 설명하는 열정이 남다르다. 그 당시 이집트에서는 여자는 선 채로, 남자는 앉아 오줌을 눈다고 했는데 저자의 허풍 같다. 그러면서도 그리스와 교류가 많았던 26대 아마시스 왕은 지혜롭고, 선정을 폈다고 치켜올렸다.

3권탈레이아에 등장하는 페르시아 왕은 캄비세스 2세와 다레이오스다. 캄비세스 2세는 반미치광이로 이집트를 정벌하는 치적을 쌓고도 7년이라는 짧은 재위 기간을 폭정으로 보냈다. 캄비세스 2세는 허벅지 상처가 덧나 죽었는데 왕위를 차지한 인물은 사제, 가짜 왕이었다. 7명 신하가 합심해 그를 처치하는데 그들 중 다리우스가 술수를 써 경쟁자들을 따돌리고 왕좌를 손에 쥐었다. 다리우스 1세는 사모스를 공략하고, 바빌론을 키루스 2세에 이어 다시 정복한다. 각 왕이 보인 처세는 세간의 평가에 그대로 스몄다. 저자는 "페르시아인들은 다리우스를 장사꾼, 캄비세스는 폭군, 키루스는 아버지였다고 말한다"라고 썼다. 4권멜포메네은 페르시아가 스키타이와 고대 리비아를 복속하는 과정을 간략히 보여준다. 스키타이의 풍습과 하천, 북방 여러 종족을 자세하게 다뤘다. 스키타이와 관련한 서술은 고대 역사 자료 중 희소해 호평을 받는다. 리비아인의 뜸 의술을 소개하면서 그들이 세상에서 가장 건강한 종족이라고 칭찬했다. 5권테릅시코레에서 다리우스 1세는 트라키아와 마케도니아를 공격한다. 등장하는 고대 도시와 인물이 많아 관계도를 그려야 할 정도다. 앙숙지간인 스파르타와 아테네가 티격태격한다. 저자는 아테네를 편든다. 아테네가 독재에 놓였을 땐 어떤 주변 왕국도 압도할 수 없었지만, 자유와 평등을 누리게 된 후에는 단연 최강국이 됐다는 분석을 내놨다. 6권에라토은 노쇠한 다리우스 1세 편. 그는 에게해·헬레스폰토스 해협 인근 왕국과 도시를 차례로 점령해 나가다 좌절한다. 그리스 본토를

자크 루이 다비드 작 〈테르모필레 전투〉. 기원전 480년 스파르타 왕 레오니다스가운데 칼을 쥔 용장와 300 용사가 협곡인 테르모필레에서 페르시아군을 무찌르기 위해 군장을 꾸리고 있다

정벌하려는 시도, 즉 기원전 490년 2차 마라톤 전투에서 무너진 게 결정타. 아테네 북동쪽 40여㎞ 지점인 마라톤 평원에서 벌어진 이 전투에서 발생한 전사자는 페르시아군 6,400명, 아테네군 192명.

7권폴림니아에서 크세르크세스 왕은 직접 그리스 정복에 나선다. 유사 이래 규모가 가장 컸다. 여기부터는 전쟁 역사서다. 잭 스나이더 감독의 영화 〈300〉은 이 '테르모필레 전투'를 소재로 삼았다. 스파르타 왕 레오니다스는 테르모필레의 좁은 입구에서 그리스 연합군 4,000명과 함께 크세르크세스 대군을 맞아 싸웠다. 최후까지 남은 병력은 테스피아군 700명과 레오니다스군 300명. 이 중 298명이 끝까지 항전하다 죽었다. 페르시아군은 2만 명을 희생하고도 이 길목을 돌파하지 못하자 샛길로 넘어가 승리한다. 8권우라니아에서 크세르크세스 왕은 페르시아로 쫓겨간다. 페르시아 대함대는 폭풍우에 찢기고, 아르테미온·살라미스 해전에서 완전히 제해권을 잃었다. 크세르크세스를 대신해 2인자인 마르도니오스가 남아 아테네와 화해를 시도하지만 거절당한다. 9권칼리오페에서 남은 30만 페르시아군이 참패해 그리스 정벌은 물거품이 된다. 저자는 페르시아를 꼬집으며 이 고전을 마무리했다. 침략군에게서 빼앗은 전리품을 공평하게 나누는 그리스 군대, 도망치면서도 여자 욕심을 부리는 크세르크세스 왕을 대비시켰다. 페르시아는 기원전 334~323년 알렉산드로스 대왕에게 짓밟혔다.

「역사」를 들춰보면 이런 교훈이 떠오른다. "지나친 번영은 파멸을 부르며, 조상이 범한 죗값은 자손이 치른다." 언제라도 되새겨볼 잠언이다. 이 고전은 다양한 내용을 다뤘다. 감칠맛 나는 과일이 책 속에 주렁주렁 달려 독자가 따주기를 기다린다.

＊읽고 인용한 책 : 「헤로도토스 역사」, 헤로도토스 지음, 박현태 옮김, 동서문화사

- 「역사」, 이야기의 화수분

"아테네 시민이여, 우리가 승리했습니다!" 아테네 인근인 마라톤 평원에서 40여㎞를 쉬지 않고 달려온 벌거숭이 병사는 마지막 힘을 짜내 대승 소식을 외친 후 쓰러져 숨졌다. 사실史實일까.「역사」6권엔 이런 내용은 없다. 그 대신 '필리피데스페이디피데스'란 아테네 전령이 등장한다. 그는 직업이 장거리 달리기 선수였다. 아테네의 사령관은 마라톤 전투 참선을 요청하기 위해 그를 스파르타로 보냈다. 필리피데스는 달리고 달려 이틀 만에 200여㎞ 떨어진 스파르타에 닿는다. 하루 100여㎞를 뛰었다. 마라톤 평원과 아테네 간 실제 거리도 42.195㎞가 아닌 30여㎞다. '마라톤 전투 승전보' 얘기는 후대가 꾸며냈다고 봐야 한다. 올림픽이 열린 후 미화할 거리로서 가공했다는 분석이 나온다.

페르시아 병사가 바닷물을 채찍질하며 형벌을 가하는 장면

바다를 벌준답시고 채찍형을 가하는 사람이 있을까? 페르시아의 크세르크세스 왕이 그런 일을 벌였다7권. 그리스 원정에 나선 그는 헬레스폰토스 해협에 다리 2개를 놓았는데 폭풍이 쳐 부서졌다. 분노한 왕은 바닷물에 채찍 300대를 가하고 족쇄 한 쌍을 빠뜨리라고 명령했다. 자연인 바다를 벌주는 군주의 위세를 보이면서 군대 사기도 유지하려는 속셈이었다.

페르시아 보병과 그리스 보병히플리테의 모습을 잘 보여주는 그림

　저자가 계산한 페르시아 3차 원정군 규모는 믿기지 않을 정도다. 함선 1,207척에 해상 병력 51만7,610명이다. 보병 170만 명, 기병 8만 명, 낙타·전차 부대원 2만 명. 여기에 현지에서 징병한 병력까지 합치면 전투 부대원은 모두 264만1,610명이라고 썼다7권. 여기엔 동행한 민간 군무원은 포함되지 않았다. 이 정도 대군이니 작은 강을 식수로 쓰면 하루 만에 강바닥이 드러나고, 한꺼번에 화살을 쏘면 태양을 가렸다는 표현이 그럴싸하다.

　어머니를 수레에 태워 아르고스 신선 축제에 모신 후 숨졌냐는 '클레오비스와 비톤 형제' 얘기1권가 나온다. 이 효자들 조각상이 델피 유적지에서 발굴됐다. 리디아 왕 크로이소스가 솔론에게 세상에서 가장 행복한 사람이 누구냐고 묻자 이 현자는 이들 형제의 사례를 인용한다. 「역사」에는 이런 얘기가 푸짐하다.

- 헤로도토스 일생

생몰연대조차 불확실할 정도로 신상 기록이 희박하다. 유일한 저서인 『역사』를 통해 보면, 출신지는 에게해 연안인 할리카르나소스현 터키 보드룸다. 현재 보드룸엔 헤로도토스 동상이 세워졌다. 로마 제정기 동전3종,BC 2~1에선 뒷면 얼굴 초상으로 등장한다.

헤로도토스

파피루스 조각에 적힌 『역사』8권

이곳은 식민지역이라 저자는 어릴 때부터 다양한 인종과 문화, 사상을 접하며 자랐다. 세상과 소통하면서 관찰하는 눈, 즉 역사가가 될 자질을 키우기에 안성맞춤이었다. 이오니아는 수리와 과학적 사고가 움튼 곳. 객관성을 중시하는 눈을 길러주기에도 좋았다.

그는 참주僭主제에 반대하다 사모스섬으로 추방된 '반골'이었고, 평생 직업 없이 글만 썼다. 부유한 명문 귀족 가문에서 태어나 고등 교육을 받았기에 가능했다. 호기심 많은 성격에 추방자여서 유럽·아시아·아프리카를 10여 년 누볐다. 선배 역사학자인 헬라니코스가 모은 자료도 끌어와 썼다. 글에 오류가 없지 않은데 후대 키케로BC 106~43는 그를 '역사의 아버지'라 치켜세우면서도 "거짓말을 한다"라고 일침을 놓았다.

헤로도토스는 '여신 헤라가 주신 자'란 뜻인데 필체에서 신앙심이 우러난다. 그는 기원전 430년 남이탈리아 투리오이라는 신도시에서 숨져 그곳 광장에 묻혔다.

괴델 에셔 바흐

더글러스 호프스태터|1945~

두 가지를 알아 두자. 이 책은 괴델 에셔 바흐를 다룬 전기傳記가 아니라 인공지능을 깊이 판 과학 도서라는 사실. 40여 년 전 출간된 '젊은 고전'인데 당시 각국 독서계를 강타했다는 점. 주제는 인간 정신 활동인 마음·생각·기억·정신·감정·의식·자아를 수치나 형태로 보어주기다. 바로 '인공지능씨'가 하려는 일이다. 우리는 정신 활동을 해도 그 정체는 잘 알지 못한다. 그냥 자연스럽게 받아들여 왔다. 한 가지 확실히 아는 건 정신 활동이 손톱이나 이빨이 아닌 뇌에서 생긴다는 사실이다. 유기물질 덩어리인 뇌에서! 하지만 여기서 생각이 나오는 과정을 수식으로 표현하는 게 가능하기나 한 일인가? 보통 그렇게 생각한다. 여기에 반대표를 던진 이가 호프스태터다. 그런 점에서 그는 유물론자다.

뇌 과학은 궁금증을 꽤 풀어주었다. 기억이 저장되는 곳은? 뇌 신경세포체뉴런 간 접속 부위시냅스. 어떻게? 시냅스가 활성을 띠면 기억은 부호로 그곳에 간직되고, 기억하라는 명령을 받으면 뉴런에서 특수 단백질이 나와 기억 구조물을 허물었다가 다시 조립한다. 기억이 가물가물한 건? 앞서 말한 조립이 시원찮게 되면 그렇다. 이때 잘못 조립되면 착각을 일으키거나, 재생이 안 되기도 한다. 기억은 믿을 수 없다는 말이다.

뇌에서 발생하는 일을 이렇게 언어로 설명하는 건 어렵잖다. 그렇다면 의식이 나오는 과정을 화학·생물학·분자식으로 표시하는 게 가능할까. 저자는 일단 그런 반응식을 쓰는 게 가능하다는 쪽에 손을 들어준다. 문제는 너무 복잡해 현재 인류 기술론 감당할 수 없다는 거다. 그게 성공하면 빅뱅이다. 치매 같은 난치병도 정복될 게 분명하다. 나쁜 기억과 달갑지 않은 욕망을 지우는 게 가능해진다. 현대 문명의 총아로 등장한 컴퓨터는 뇌 연구에 새로운 길을 열었다. 기계 두뇌, 즉 인공지능AI을 불러들였다.

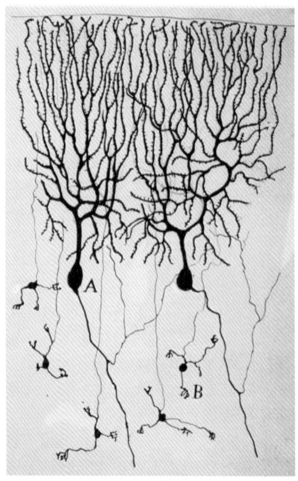

1899년 발표된 비둘기 소뇌의 뉴런을 그린 그림

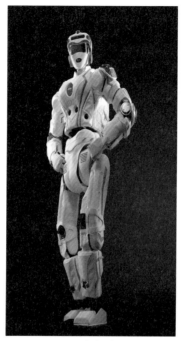

NASA가 만든 휴머노이드 발키리

40여 년 전 AI가 산업에 접목된 시절, 호리호리한 30대 인지과학 전문가가 책 한 권을 내놓았다. AI가 어느 수준까지 인간 두뇌를 재현하는 게 가능한지를 타진한 「괴델 에셔 바흐」1979. Godel Escher Bach 머리글자를 따 「GEB」로도 불린다. 부제가 화려하다. 'An Eternal Golden Braid영원한 황금 노끈'. 저자는 수학자 괴델, 판화가 에셔, 음악가 바흐에게 감탄한다. 그들 3명이 각각 빚어낸 수학 정리, 눈으로 보는 평면인 판화, 귀로 듣는 돌림노래인 카논에서 자신의 주장을 밝혀주는 빛을 찾아냈다. 3명의 지성이 낳은 위대한 창작물에서 이 과학자가 무얼 얻었는지 보자.

저자는 정신의 흐름을 나타내는 '이상한 고리' 법칙을 주장했다.
이런 생각은 바흐의 카논 〈음악의 헌정〉을 들으며 굳어졌다. 이 카논〈 6성 리체르카레〉 중 마지막 악보

저자는 괴델의 「불완전성 정리」에서 인공지능 개념을 떠올렸다.
이 영감은 에서 판화 작품 중 〈화랑〉1956을 봤을 때도 번뜩였다

저자는 현재 미국 인디애나대 교수인 더글러스 호프스태터. 이 「GE
B」는 전문성·대중성이 뛰어난 역저로 인정받아 퓰리처상과 전미 도서
대상을 탔다. 그는 10대 때부터 "유기물질로 이루어진 '물렁물렁한' 뇌
에서 이성이 나오는 과정"을 파헤쳐 보고 싶었다. 저자는 이렇게 결론을
내렸다. "뇌 속엔 무의미한 기호인 무생물 분자와 유의미한 패턴이 다층

구조로 떠다닌다." 이 층들은 회전하고 뒤틀리는 '이상한 고리'로 이어지고, '뒤엉킨 계층 질서'를 보인다. 저자는 오스트리아 수리 수학자 쿠르트 괴델1906~1978이 제창한 「불완전성 정리」에서 영감을 얻었다. 이 영감에 네덜란드 그래픽 예술가이자 판화가인 마우리츠 코르넬리스 에셔1898~1972가 불을 댕겼다. 여기에 기름을 부은 예술가가 독일 작곡가이자 오르가니스트인 요한 제바스티안 바흐1685~1750다. 저자는 번지가 아주 달라 보이는 수학-판화-악보카논에서 공통점인 '이상한 고리'를 찾아냈다. G-E-B가 세 변인 '영원한 황금 펜로즈 삼각형'을 떠올리며 저자는 꼬박 6년간 이 책을 썼다.

수학자 괴델   음악가 바흐   화가 에셔

저자를 매료시킨 세 예술가는 세상에 무엇을 내놓았나. 괴델은 25세 때인 1931년 「불완전성 정리」를 발표해 '수학개벽'을 일으켰다. 수학자들이 사용하는 어떤 체계로도 증명할 수 없는 명제가 반드시 존재한다는 주장이었다. 원자물리학에서 베르너 하이젠베르크1901~1976가 불확정성 원리로 한계에 부딪힌 인간 이성을 보여주었는데 괴델도 같은 일을 해냈다.

에셔는 현실에선 가능하지 않은, 왜곡되면서 무한 순환하는 평면 공간을 판화에 담았다. 판화 〈폭포〉나 〈손을 그리는 손〉은 영구히 출발점_{자기}으로 돌아간다. '무한 자기 재귀성'이라고 한다. 저자는 "뇌 : 유기 분자 덩어리_{무생명체}에서 의식이 생기는 과정을 에서는 판화로 보여준다"라며 흥분했다. 덩어리 도형들이 점차 나비로 변해 날아가는 장면이 담긴 판화 〈나비〉를 보면 공감이 간다. 동형성 원리다.

바흐가 지은 카논 〈음악의 헌정〉은 무한히 상승하는 화성을 선보인다. 카논은 서양 고전 음악 형식으로 '다 같이 돌자 동네 한 바퀴' 같은 돌림노래이다. 이 카논 음부는 꼬리를 물고 순환한다. C단조→D단조→E단조→F#→A#→G#→A#→C단조. 셰퍼드 음계로 폐쇄된 고리가 만들어진다. 저자는 "'음악의 헌정'은 종지부에 도달해 끝나는가 했는데 어느새 새롭게 시작하는 도입부에 닿는, 즉 원래 문자 그대로인 리체르카레"라고 설명을 보탰다. 이 기악곡은 에셔 판화와 괴델 정리에서처럼 뒤엉킨 계층 질서를 갖추었다.

저자는 융합-통섭이 뭔지를 보여준다. 수학·미술·음악·문학·언어·생물화학·선불교·자연과학·인문과학을 넘나든다. 어려운 수학 개념과 주제가 많다. pq-체계, 두문자어 대위법, 자기 증식, 역설, 정수론, 대응, 덩이 짓기, 내포, 적격, 평행선 공준, 문자열, 동형성, 재귀, 칸토어 집합론, 혼계 질서⋯. 르네 마그리트 그림도 가끔 나온다. 어쨌든 읽어내면 머릿속이 배부르다. 이등변삼각형 두 밑각이 같다는 걸 기발하게 증명하는 '폰스 아시노룸 정리'_{AD300} 같은, 간단하지만 평소 접하기 어려운 지식도 접하게 된다.

저자는 서양식 사고, 구성주의의 성향을 보여 미안하단다. 선불교의 무無 화두도 수식으로 표시하려 애썼다_{1장'MU-수수께끼'}. 이 장을 읽으면 일상 행위를 인공지능 방식으로 변환하는 게 가능해진다. 가령, 직장인 A 씨가 신상품 판로를 확대하는 방안을 짜던 중 머리 식힐 겸 인터넷 뉴스를 보다가 원래 하던 일로 돌아간 상황이라고 하자. 인공지능 언어로 설명해 보면 이렇다. '이 직장인은 두 가지 '층위'가 다른 작업을 벌였다. 판로 확대안 작성이라는 '높은 단계' 과제를 '일시 중단'하고 '더 낮은 단계' 과제인 뉴스 보기로 '푸시'한 후 '팝'해 '귀환 주소_{원래 일}로 돌아갔다. 그런 복귀_{재귀}가 가능한 건 이 직장인 두뇌 속 '스택_{임시기억장치}'이 작동하던 일을 잠시 중단했기 때문에 일을 재개해야 한다는 현실을 앎^한 결과다.'^{5장'재귀적 구조와 과정'}

이 책이 42년 전에 발간됐으니 보충할 게 많겠다. 2부 첫 번째 대화 '전주곡…'에 '페르마의 마지막 정리'가 나온다. 저자는 "페르마는 'n〉2인 경우에는 해가 없다'라고 했지만 이에 대한 증명이 최근까지 이뤄지지 않았다"라고 썼다. 하지만 옥스퍼드대 앤드루 와일즈 교수가 1993년 300년 넘게 난공불락이었던 이 난제를 풀었다. 저자는 증보판 출간에 대해 고개를 설레설레. "GEB를 수정하려고 손대면 아예 새 책을 써야 하겠죠."

10장부터 컴퓨터 얘기다. 이 책을 지은 목적을 드러냈다. "정신이라는 소프트웨어를 두뇌라는 하드웨어와 조화하는 방법을 제시하기 위해서." 여성 과학자 에이다 러블레이스는 컴퓨터는 명령받은 것만을 할 수 있다고 봤다. '컴퓨터는 생각할 수 없다'라는 얘기다. 저자는 반대로, 인간 두뇌에 가까운 인공지능을 만드는 희망을 버리지 않는다. 그는 기계가 너무 복잡해지면 그것을 만든 인간이 제어하지 못하는 상황이 올 우려가 크다고 내다보았다. 끊이지 않는 컴퓨터 전산망 사고를 보면 선견지명이다. 그런가 하면 알파고 같은 슈퍼컴퓨터는 일부 능력에서 인간을 넘어섰다.

완벽한 인공지능은 탄생할까. 인간과 기계가 공존하는 시대는 축복인가, 악몽인가. 저자의 뜨거운 창의는 지금도 책장마다 넘실거린다.

＊읽고 인용한 책 : 「괴델 에서 바흐」, 더글러스 호프스태터 지음, 박여성 안병서 옮김, 까치

- 「GEB」에 등장하는 인물들

예사롭지 않은 등장인물들은 읽는 긴장감을 더해준다. 15세였던 호프스태터는 서점에서 '인생 책'을 집어 든다. 「괴델의 증명」. 이 책을 쓴 괴델을 호프스태터는 잊을 수 없다. 자신을 인공지능 연구로 이끈 주역이니까.

괴델은 20세기 천재 중 천재라는 알베르트 아인슈타인1879~1955과 산책하면서 많은 대화를 나누었다. 괴델은 1938년 2차 세계대전을 피해 미국으로 건너와 프린스턴대 고등과학원 연구원으로 일하며, 같은 이유로 이곳에 온 27살 많은 아인슈타인과 친밀하게 지냈다. 하지만 편집증이 심했던 괴델은 '밥값'을 못 한다는 죄책감, 지나친 건강 염려증, 독살 위협 망상에 시달리다 급기야 음식을 거부해 사실상 굶어 죽었다. 시신의 몸무게가 30㎏이었다고 한다.

앨런 튜링

루이스 캐럴

영국 수학자이자 논리학자였던 앨런 매티슨 튜링1912~1954이 42세로 요절한 얘기도 나온다. 컴퓨터의 아버지라 불리는 그는 연산 장치인 '튜링기계'를 만들었다. 2차 대전 중 나치 암호 체계에니그마를 해독해 연합군의 승전을 도왔지만, 사생활은 어두웠다. 동성애자였던 그는 성 정체성이 공개돼 법원에서 화학적 거세형을 선고받았고, 직장을 잃고 1년여 은둔하다가 독이 든 사과를 깨물어 목숨을 끊었다.

저자에게 괴델-에셔-바흐처럼 영감을 준 또 다른 인물은 「이상한 나라의 앨리스」를 쓴 루이스 캐럴1832~1898이다. 그는 다재다능한 동화작가. 캐럴은 필명이었고 본명은 찰스 러트위지 도지슨. 원래 직업은 수학자로 옥스퍼드대 크라이스트처치 교수였다. 그는 사진가로도 명성이 높았다. 어린이를 무척 좋아해 그들을 모델로 찍은 사진이 격찬을 받았다. 수줍음이 많은 그는 말을 더듬었고 평생 독신으로 지냈다.

- 호프스태터는 누구

저자의 독특한 성장 환경을 주목해 봐야 한다. 1945년 미국 뉴욕에서 태어난 그는 아버지가 노벨 물리학상1961을 받은 로버트 호프스태터다. 저자는 우수한 학업 DNA를 물려받은 생물학적 금수저. 물리학·심리학·인공지능·인지과학 부문에서 석학이다.

자연과학 전공자이면서 언어 능력이 탁월하다. 능숙하게 구사하는 외국어가 프랑스어·독일어를 포함해 7개, 기초 공부한 언어가 5개다. 번역 서적도 여러 권 냈다. 200여 개 언어별로 사전을 모으는 게 취미. 청소년기부터 언어에 관심이 많았다. 다양한 언어로 쓰인 책을 많이 읽어 방대한 자료가 머릿속에 쌓였다. 여동생이 뇌 이상으로 말을 못 하는 걸 알고는 언어 창발에 관심을 두게 됐다고 한다.

더글러스 호프스태터

말실수를 일상에서 메모하는 습관을 지녀 지금까지 1만여 사례를 채집해 보관 중이다. 그는 다양한 언어 공부가 두뇌를 자극하는 데 도움을 준다고 믿는다. 자녀들을 복수 언어 환경에서 키울 만하다는 주장이 나온다. 소년 시절부터 작곡가를 지망할 정도로 음악을 좋아했고, 성인이 됐을 땐 피아노 연주 실력이 수준급. 마음이 작동하는 비밀을 캐는 데 관심을 두고 산다.

일곱 번째 식탁

고전식탁

우리 민족 몸속엔 3·4박자 DNA가 흐른다. 박자와 언어가 만나면 음 보音譜가 된다. '이 몸이/죽어 죽어/일백 번/곳쳐 죽어'정몽주 〈단심가〉 1연. 4 박자에 든 충심이 붉디붉다. 배우지 않아도 절로 가락이 나오는 배달 민 족이다. 양반이 자주 짓던 시조만 그런가.

경남 김해 수로왕릉. 허황옥과 수로왕의 사랑을 보여주는 유적이다

'뒤뜰에 우는/송아지/뜰 앞에 우는/비둘기//언니 등에/우리 아기/숨 소리 곱게/잘도 자지.' 풀뿌리 민요인 자장가 속 박자는 어떻고. 현대

표어도 4박자로 지으면 또박또박하다. 시위·선거 구호, 트로트 가사도 3·4음보일 때 찰지다. 고전 시가에는 박자가 살아 숨 쉰다.

시가詩歌는 말로 지어 노래한 시 작품을 말한다. 상고 초기인 고조선 시대에 나타나 현대 시가가 출현한 19세기 이전까지 명맥을 이었다. 원시 시가는 음악이 따라붙어 노래로 불렸다. 그랬다가 음악이 빠지면서 노랫가락은 읊조림이 됐고 이제는 읽는 글로 남았다. 옛 시가는 상고시대 제천의식의 집단 가무가 원형이다. 가무와 몸짓으로 내려오다 문자로 정착돼, 개인이 아니라 모두가 공유해온 무형 자산이다.

상고시대 노래로 〈구지가〉가락 〈공무도하가〉고조선 〈황소가〉고구려 유리왕가 잘 알려졌다. 학계는 〈구지가〉를 가장 이른 옛 노래로 본다. '거북아 거북아/머리를 내어라/내어놓지 않으면/구워서 먹으리.' 대가락국과 5가야 설화가 깃든 〈구지가〉를 소리 내 읽어보자. 수로왕과 대양을 건너온 허황옥이 함께 불렀을 사랑가가 들려오지 않는가. 경남 김해 하늘을 가끔 지나가는 연분홍 면사포구름이 그때 생겼을까.

믿음이 깨지면 마음에 금이 간다. 아득한 신라 시대에 생긴 균열이 시로 전한다. '한참 무성한 잣나무/가을이 되어도 이울지 않으니/너를 어찌 잊으랴 하신/우러르던 그 낯이 변하실 줄이야/달그림자 내린 연못가/흐르는 물결에 모래가 일렁이듯/모습이야 바라보지만/세상 모든 것 여읜 처지여!'

'너'는 신라 시대 대신이었다가 승려가 된 신충信忠이다. '낯이 변한' 이는 재위 6년 만에 세상을 떠난 신라 34대 효성왕. 왕은 즉위 전 신충에게 "내가 너를 잊으면 이 잣나무와 같으리"라며 새끼손가락을 걸었지만 허언이었다. 실망한 신충은 시를 지은 종이를 잣나무에 붙였는데 나무가 이울었다. 효성왕이 그 연유를 알고는 약속을 뒤늦게 실천하자 잣나무가 살아났다고 삼국유사는 전한다. 신충은 왕이 죽은 후 단속사를 짓고 스님이 되었으니 행적과 이름이 같다. 이 시는 2구9,10구인 낙구가 유실돼 10구체 향가鄕歌인 〈원가怨歌,737〉로 우리 곁에 왔다.

향가는 우리식 표기 체계인 향찰을 사용한 우리나라의 첫 정형시다. 신라~고려 중엽이 출현 시기. 성별·나이·신분 구분 없이 작가층이 넓었

김홍도 작 〈무동〉. 한민족은 음악과 춤으로 삶을 표현했다

다. 유교를 좇는 〈안민가〉, 현대판 흑색선전인 〈서동요〉, 불교 색채를 띤 노동가인 〈풍요〉, 지순한 남녀 사랑을 떠올리게 하는 〈헌화가〉…. 다양한 주제를 다뤘다. 향가는 「삼국유사」에 14편, 「균여전」 속 〈보현십원가〉에 11편이 전한다. 경주 사람 최행귀는 중국에 균여 향가를 한역해 알렸다.

'덜커덩 방아나 찧어 히얘/거친 밥이나 지어 히얘/아버님 어머님께 받잡고 히야해/남거시든 내 먹으리 히야해 히야해.' 맞방아相杵, 상저를 찧어 얻은 쌀로 거친 밥이라도 지어 올려 부모를 공양하는 모습이 눈에 선하다. 방아 찧을 때 숨 고르는 소리가 '히얘 히야해'이다. 노동요답다. 가난한 가족이 피워 올린 효심이 따스하다. 소박하고 간명한 표현이 정겨운 이 가사, 「시용향악보」에 실린 고려 농촌 속요俗謠인 〈상저가〉작자 미상다.

고려 시대에 들면서 향가는 한문학에 밀려 쇠퇴하고, 후기에는 생활 시였던 속요를 송축 중심인 궁중 음악이 받아 다듬었다. 조선 시대 들어 「악학궤범」·「악장가사」·「시용향악보」에 선별돼 실렸다. 이 과정에서 속요에 붙은 꼬리표가 '남녀상열지사'. 유교를 받든 조선 사대부는 '사리부재詞俚不載, 가사가 속되어 싣지 않는다'를 내세우며 일부 속요는 '남녀가 서로 사랑하면서 즐거워하는 가사'라고 깔보았다. 하지만 그들은 몰랐다. 조선 후기, 야하기로 속요 뺨치는 사설시조가 등장한다는 사실을. 경기체가景幾體歌 소악부小樂府 무가巫歌 참요讖謠 역시 고려 시가다.

경기체가는 귀족 문학이다. 〈한림별곡〉유원순 등 〈상대별곡〉권근 〈죽계별곡〉안축이 유명하다. 궁중 음악에 맞춰 불렸던 게 악장이다. 제례 형식과 송축 성격이 강한 한계성으로 전승문학이 못 됐다. 「용비어천가」의 〈감군은〉, 〈신도가〉는 악장이다. 중국 한나라 악부가 칠언 절구 한시로 번역된 게 소악부이다. 이제현·이형상·홍양호·권용정 같은 문인이 번역자였다. 무가는 궁중과 민가에서 액막이 의식 때 불렸다. 서낭굿을 할

조선 후기 풍속화가인 혜원 신윤복 작 〈이부침도〉. 농밀한 봄 풍경이다

때도 등장하는 노래. 참요讖謠는 미래에 나타날 일과 인물을 예언하거나 선동하는 내용을 담은 민요다.

고려 속요 중 저자가 밝혀진 유일한 작품이 정서鄭敍의 〈정과정곡鄭瓜亭曲〉. 의종 시절 문인인 저자는 1151년 동래로 유배됐다. 그는 수영구 망미동 배산 사락에 과정瓜亭이란 정자를 짓고 오이瓜를 키우며 한양 쪽을 바라봤다. 하지만 왕은 끝내 그를 불러 주지 않았다.

외설 시비에 시달린 속요 중 으뜸은 작자미상인 〈쌍화점雙花店, 만둣가게〉이다. 이 정도 선정성이 검열을 통과했는데, 제지당한 속요들의 수위가 어땠는지 궁금증을 불러일으킨다. 〈쌍화점〉이다. '쌍화 사러 가고신댄/회회回回 아비 내 손목을 쥐여이다/이 말씀이 이 점店 밖에 나명들명/다로러거디러/조그마한 새끼광대 네 말이라 하리라/더러둥셩 다리러디러 다리러디러 다로리거디러 다로러/그 자리에 나도 자러 가리라/위 위 다로러거디러 다로러/그 잔 데같이 젊거츠니 없다.' '만둣가게에 만두 사러 갔는데 아랍인 주인이 손목을 잡고 수작을 걸었다. 이 소문이 나게 되면 가게 소년 점원이 퍼뜨렸다고 해야겠다, 나도 자러 가야겠다, 그 잠자리가 지저분하기 이를 데 없다 하더라'는 내용이다. 4장 중 1장인데 나머지 장에선 승려, 우물에 사는 용, 술집 주인이 여인 손목을 잡는다. 국운이 다한 고려 말 충렬왕 시절, 향락을 좇는 사회 분위기와 무력한 왕가를 향한 탄식이 읽힌다. 새 나라를 세운 조선이 개국을 선양하려고 고려 속요 〈쌍화점〉을 궁중 악극으로 취했을 수도 있겠다.

우리 궁중 음악의 진수를 보여주는 〈종묘제례악〉. 유네스코 인류 문화유산이다

조선에 이르면 걸출하면서 남녀노소·귀천을 가리지 않는 국민문학인 시조時調를 만난다. 한문학이 주류인 가운데 3장 6구 4음보45자 안팎로 정형미를 갖추고, 우리말로 한민족에 스민 정서와 사상을 이어준, 민족 문학 중 가장 빛나는 별이다. 영조 때 가객 이세창은 가곡 노랫말을 '시절

가조時節歌調'라 불렀는데 이 말이 '시조'로 줄어 통용됐다. 음악성이 없어지고 언어 문학으로 굳어진 예로, 평·엇·사설·연시조로 구분한다.

가사歌辭는 운문과 산문 중간 형태로 시조와 더불어 조선 시가에서 쌍벽을 이뤘다. 전기는 〈사미인곡〉정철 〈상춘곡〉정극인 〈면앙정가〉송순 같은 양반 가사, 후기에는 평민 가사가 두드러졌다. 길고 긴 〈덴동 어미 화전가〉는 강인한 조선 여성의 삶을 보여주는 작품으로 주목받는다. 문학성이 뛰어나며, 당대 사회상도 잘 드러난다. 19세기 말에 이르면 찬송가·창가·신체시 같은 외래 장르와 고전 시가가 맞부딪히는 와중에 잡가가 대중 사랑을 받았다. 12잡가, 휘모리 잡가, 경기소리, 서도소리가 그것이다. 조선 후기엔 국민 민요 〈아리랑〉이 나타났다.

고전 시가는 한반도의 역사요, 우리의 민낯이다. 신명 많고 예술을 즐길 줄 아는 민족성을 확인하게 된다. 크고 강한 건 보기에 그럴싸할 뿐 오래 버티지 못한다. 부드러운 힘이 살아남는다. K-팝과 한류는 상고시대부터 이어온 우리 가락이다. 다른 나라를 해치지 않고 스스로 먹고사는, 동방능력지국東邦能力之國의 후손이다. 얼쑤~.

＊읽고 인용한 책 : 「고전시가선집」e북, 편집부 지음, 두산동아

- 서정성 빼어난 기녀 시조

이념에서 자유로운 조선 기녀들은 서정성이 뛰어난 시조를 지어 시가 문학의 한자리를 꿰찼다. 황진이를 필두로 여러 기녀는 시객이었다. 일류 기녀가 되려면 시詩 서書 창唱을 잘해야 했다.

'솔이 솔이라 하니 무슨 솔만 여기더니/천심절벽 낙락장송 내 그것이로다/길 아래 초동 접낫이야 걸어 볼 줄 있으랴.' 「병와가곡집」에 실린, '송이松伊'라는 기녀가 지은 시조다. 시시한 사내가 지분거리자 기개 높

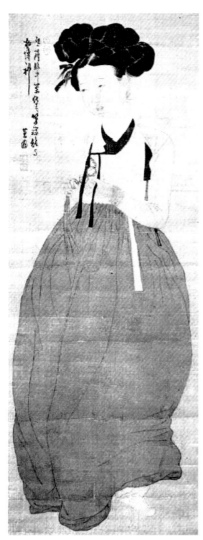
신윤복 작 〈미인도〉.
기녀로 추정된다

은 송이가 맞받아쳤다. '내가 소
나무라 하니 흔하디흔한 작은 소
나무로 보이는가. 이래 봬도 천길
절벽 위 낙락장송일세. 당신 같은
사내가 낫이라도 걸쳐볼쏜가.'

또 다른 기녀 천금은 애인이 얼
굴을 내주지 않아 애달프다. '산
촌에 밤이 드니 먼 데 개 짖어 온
다/사립문을 열고 보니 하늘 차
고 달 떠 있도다/저 개야 공산에
잠든 달을 짖어 무엇하리오.'육당본
「청구영언」 보고 싶은 이가 눈에 삼
삼한 차에 개 짖는 소리가 들려
그가 오는 줄 알고 나가 보니 아
무도 없고 달만 덩그렁 떴다. 허
전한 마음에 괜히 개에게 타박 주
고 돌아서는 여심을 선연하게 그
렸다.

「청구영언」은 황진이의 시조
다섯 수를 전한다. 그중 한 시조
다. 때로는 시 해설은 군더더기
다. '동짓달 기나긴 밤을 한 허리
베어 내어/춘풍 이불 아래 서리
서리 넣었다가/사랑하는 임 오신
밤이면/굽이굽이 펴리라.'

314

- 세련미 가득한 사설 시조

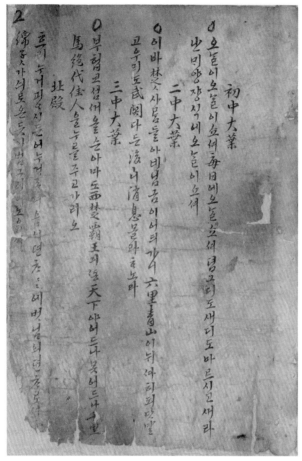

우리나라 최초의 가집인 「청구영언」

조선 시대 사설시조辭說時調, 현대 한국인의 감성도 소화할 정도로 가락이 세련되면서 유연하다. 첫 사설시조는 정철의 〈장진주사將進酒辭〉. '한 잔 먹세그려 또 한 잔 먹세그려 꽃 꺾어 산 놓고 무진 무진 먹세그려// 이 몸 죽은 후에 지게 위에 거적 덮어 거두어 메어 가나 화려한 상여에

만인이 울어 가나/억새 속새 사시떡갈나무 백양 숲에 가기만 하면 누른 해 흰 달 가는 비 굵은 눈 쓸쓸히 바람 불 제 뉘 한 잔 먹자 할까//하물며 무덤 위에 원숭이 휘파람 불 제 뉘우친들 어쩌리.'

연말연시 술 자주 마실 시기나 음주 운전을 경계할 때 곧잘 불려 나오는 시조다. 시인을 탓해 무엇하랴, 술에 놀아난 이가 잘못일 뿐.

영조 때 문신 이정보1693~1766가 지은 사설시조다. '한 몸이 살자 하니 물 것 힘겨워 못 살리로다//피겨 같은 가랑니 보리알 같은 수통이 잔 벼룩 굵은 벼룩 왜벼룩 뛰는 놈에 기는 놈에 비파 같은 빈대 새끼 … 물거니 쏘거니 빨거니 뜯거니….' 자신을 괴롭히는 해충을 나무라는 목소리가 귀에 들리는 듯하다. 백성 피 빨아 먹는 탐관오리를 해충에 비유했다.

야한 사설시조는 어느 정도일까. 조선 영조 때 가객 박문욱이 남긴 시조가 그걸 보여준다. '얽고 검고 키 큰 구레나룻 그것조차 길고 넓다/젊지 않은 놈이 밤마다 배에 올라 조그만 구멍에 큰 연장 넣어두고 훌근할 적 할 제는 애정은 커니와 태산이 덮누르는 듯 잔방귀 소리에 젖 먹던 힘이 다 쓰이매노라….' 익살을 더해 진한 남녀 사랑을 솔직히 그렸다. 「청구영언」에 박문욱 시조 17수가 전한다.

＊읽고 인용한 책 : 「한국고전시가선」, 임형택 고미숙 엮음, 창비

위대한 유산

찰스 디킨스1812~1870

때론 기대가 삶을 꾸려가는 원동력이 된다. 기대는 삶을 부풀어 오르게 하는가 하면 실망을 한껏 안긴 채 낭떠러지로 몰아세우는 두 얼굴을 가졌다. 영국의 전성기였던 빅토리아시대, 헐벗은 시골 소년이 막대한 유산을 상속한다. 그는 무엇을 기대하고 어떻게 삶이 변해 갔는지를 흥미진진하게 보여주는 장편 소설이 「위대한 유산」이다.

디킨스는 인기 작가였다. 그가 낭독회를 열면 유명 인사를 포함한 군중이 몰려들었다

저자 디킨스는 당대 유명 문인이자 사회 지도층 인사였다. 이런저런 기대가 많았고, 그것을 1861년 완결된 「위대한 유산Great Expectation」에 녹였다. 기대하는 자는 뜻을 관철하려고 좌충우돌한다. 주인공 역시 종착 지점에 닿아 '인생 대차대조표'를 받아든다. 꿈은 기대가 되었고 제대로 이뤄졌을까.

로버트 윌리엄 부스 작 〈의자에 앉아서 조는 디킨스〉.
디킨스가 창작해 낸 다양한 등장인물이 허공에 떠다니고 있다. 부랑자 고아 악당 같은 음지 인물이 많다

이 고전은 치밀한 줄거리, 기상천외한 등장인물, 반전을 거듭하는 박진감 넘치는 서사, 익살스러운 필체를 갖췄다. 대중성과 문학성을 겸한 디킨스 대표작. 중년의 주인공이 회고하는 형식이니, 성장소설이기도 하다. Expectation, '기대'는 '유산遺産'으로 싹을 틔웠다. '로또 보이'의 이름은 핍. 갑자기 부자가 되면 어떻게 삶이 변할까. 디킨스는 독이 스

민다고 본 듯하다.

핍은 런던에서 40여㎞ 떨어진 늪지대 시골에 산다. 소년은 신사로 성공해 근사한 숙녀와 단란한 가정을 이루는 꿈을 꾼다. 현실은 악취를 풍기는 늪 같다. 핍이 신사가 된다는 건 개천에서 용 나는 꼴이다. 대장장이와 결혼한 20살 많은 누나에게 모진 구박을 받으며, 학교는커녕 집구석 식탁에서 알파벳이나 겨우 깨쳐야 하는 촌뜨기이니까.

그랬던 소년이 일약 벼락부자가 된다. 신분을 숨긴 재력가가 막대한 유산을 넘겼다. 도대체 누가, 왜? 소설 중반이 넘어야 그 의문이 풀리기 시작한다. 그때까지 디킨스는 시치미를 떼고 독자가 엉뚱한 사람을 '키다리 아저씨'로 여기도록 만든다. 유산을 받게 된 이유도 드러난다. 하지만 핍에게 찾아든 행운은 가시 돋친 장미였다. 만만찮은 대가를 치른다.

디킨스 소설 속 등장인물의 면면을 읽는 재미가 각별한데 이 작품도 그렇다. 남남 같은 등장인물들이 알고 보니 하나같이 질긴 인연으로 연결된 사이다. 비밀스러운 관계가 하나둘 드러난다. 등장인물의 몸에 난 흉터를 통해 과거가 폭로된다. 핍의 유산을 관리하는 변호사인 재거스를 시중드는 하녀 몰리는 손목에 난 흉터를 감추고 산다. 저자는 그 흉터를 독자에게 무심한 듯 보여준다. 문학적 복선이자 기제다.

저자가 창조한 등장인물은 한 번 접하면 결코 잊을 수 없다. 디킨스 소설이 인기를 끄는 이유. 연극과 영화 같은 다른 장르로 각색돼 주가를 높였다. 자기밖에 모르는 이기심을 회개하는 스크루지 영감「크리스마스 캐럴」, 자수성가의 전형을 보여주는 올리버 트위스트「올리버 트위스트」, 천사같이 착한 소녀 넬「오래된 골동품 상점」…. 이 고전엔 기괴한 인물이 등장한다. 결혼에 실패한 '미스 해비샴'이다. 그녀는 인간 박쥐다. 거실 시곗바늘을 파혼이 확인됐던 오전 8시 40분에 멈춰 세워 놓았다. 그때 입은 웨

딩드레스를 계속 벗지 않은 채 늙어간다. 나타나지 않았던 신랑을 증오하고, 세상 모든 남자가 복수 대상이다. 그녀가 사는 저택은 황량하고, 불을 밝히지 못한 웨딩케이크는 썩어 벌레투성이다. 빼빼 마르고 백발이 된 그녀는 복수를 대신해 줄 '여전사'를 키운다. 미모를 무기로 내세운 양녀 에스텔라다. 이 숙녀는 자유를 희생한 대가로 해비샴의 유산을 상속한다. 숱한 남자가 복수의 화신인 해비샴과 에스텔라가 쳐놓은 거미줄에 걸려든다. 핍 역시 에스텔라를 사랑하게 되지만 그녀는 얼음공주처럼 싸늘하다.

디킨스 소설엔 웃음이 흐른다. 이 소설에서도 그리한데, 예를 들자면 이렇다. 일찍 부모를 여읜 핍을 누나인 조 부인이 키우는데 그녀는 무척 거칠다. 걸핏하면 타르가 든 만병통치약을 핍에게 강제로 먹였다. 디킨스는 '핍은 막 칠을 끝낸 울타리에서 나는 냄새를 풍기고 다녔다'라고 썼다. 조 부인은 구토를 부르는 이 엉터리 물약을 핍 머리통을 팔로 끼고 억지로 먹인다. 자형 조 가저리도 옆에 있었다는 죄로 이 물약을 같이 먹어야 했다. 빅토리아시대 웃음 코드. 하나 더 보자. 부자가 돼 런던에 온 핍은 허버트 포켓에게 신사 교육을 받는다. "이곳에는 또 다른 학생 벤틀리 드러믈이 돌머리에 기름을 치는 중이다. 그는 스승보다 머리 하나가 더 큰 덩치였지만 대부분 신사의 머리 여섯 개에 해당하는 지능이 모자랐다." 하지만 이 고전은 뒤로 갈수록 웃음기는 사라지고 진지해진다. 추리소설처럼 긴장감이 흐른다.

후반부에 가서 풀리는 비밀. 핍은 우연히 마주친 탈옥한 죄수를 측은지심에서 도와주었는데 이 선행이 유산을 상속하는 행운을 불렀다. 마을 공동묘지에서 소년은 험상궂은 탈옥 죄수 프로비스와 맞닥뜨린다. 그는 음식, 족쇄를 절단할 줄톱을 가져오라고 핍을 을렀다. 순진한 소년은 공포에 떨며 시키는 대로 음식을 가져다주고 그걸 짐승처럼 먹는 그를 보며 동정심을 느낀다. 이때 프로비스는 마음속으로 결초보은하기로 굳게 결심한다. '위대한 유산'이란 표현은 18장에 가서야 처음 등장한다. 런던 변호사 재거스가 핍에게 막대한 유산을 받게 되었다고 밝히는 대목에서다.

이 소설은 목차에 소제목이 달리지 않아 본문을 읽어야 내용이 파악된다. 줄거리는 크게 세 단계. 첫 번째1~19장는 유산 상속자 핍이 신사 수업을 받기 위해 시골 고향에서 런던으로 떠나는 장면까지다. 두 번째 20~39장 얘기에선 유산을 물려준 이가 정체를 드러낸다. 대반전이다. 미스 해비샴이 아니었다. 「위대한 유산」은 주간지에 연재됐는데 당시 이 대목을 접한 독자들이 꽤 놀랐겠다.

유산을 손에 쥔 핍은 교만한 인성을 드러낸다. 속물 졸부 같다. 사치와 허영에 빠지고, '늪지대 시절'을 숨기고 싶어 한다. 돈독이 스며 정신이 마비됐는가. 결국 핍은 유산을 모두 날려버리고 빈털터리가 된다.

미국 마이클 뉴웰 감독이 만든 동명 영화2012. 미스 해비샴이 어린 핍을 자신의 저택으로 불러 만나는 장면

「위대한 유산」이 완결된 1861년 전후, 저자 삶은 순탄하지 않았다. 마흔 중반의 디킨슨은 17세 여배우와 사귀면서 아내 캐서린과 떨어져 사는 가정불화를 겪었다. 수입이 적지 않았지만, 씀씀이가 헤퍼 대가족 자녀만 10명을 부양하기가 힘겨웠다. 이렇게 노년 삶이 고달팠으니 창작에 영향을 미칠 수밖에 없었다. 행운과 불운이 이어지는 뫼비우스 띠 같은 삶, 회의감이 작품에 깊이 배었다.「위대한 유산」은 해피엔딩을 예상케 하면서 끝을 맺지만, 삶이 가진 불확실성에서 나오는 비애는 그대로 남아 전해진다. 상류 사회 신사였지만 순정하게 살지 못한 디킨스, 핍과 닮았다. 소설 속 펌블추크나 콤피슨 같은 악당에 미운털을 박은 게 눈에 보인다. 이 때문에 이 작품은 속물 신사·숙녀가 넘쳐나는 당대 상류층을 고발하는 사회소설로도 읽힌다.

주인공의 유산이 사라진 건 아니다. 독자에게 넘어왔다. 어떤 유산인가 하면, 세상을 견뎌내는 힘이 그중 하나다. 사람 좋은 핍 친구 허버트를 보라. 그는 가난과 패배를 참을 줄 안다. '코피' 터지더라도 쓱 손등으로 닦아내곤 다시 일어선다. 세상을 살아가는 방법과 행복을 구하는 길은 다양하다. 이 책은 그걸 보여준다. 디킨슨은 독자에게 상속할 유산을 남겼다. 그것을 이 고전에서 찾아내 마음 부자가 되는 계약을 맺어보자.

＊읽고 인용한 책 :「위대한 기대」, 디킨스 지음, 한명남 옮김, 동서문화사

- 신사와 숙녀는 어디로 갔나

"신사Gentleman란 무엇인가".「위대한 유산」을 포함한 근대 영국 소설들이 중요하게 다룬 화두였다. 19세기 중엽 영국 사회에서 바람직한 남녀 가치관은 쟁점이었다.

신사는 원래 영국 유산계급젠트리, 지주나 귀족 같은 제한된 계층을 가

리켰다. 산업혁명 이후엔 변호사·의사·성직자 같은 전문직으로까지 대상이 확대됐다. 상하 계층 간 신분 이동이 물꼬를 텄다. 이상형 남성상으로서 신사가 갖춰야 할 기본 조건은 상류 혈통, 넉넉한 부, 탄탄한 지위였다.

영국 빅토리아시대를 살았던 신사와 숙녀들

소설 속 핍도 이런 조건을 갖추려 안간힘을 쓴다. 디킨스가 그려내는 신사상은 낭대 그것과는 달랐다. 외형보다 덕목이 중요하다고 봤다. 그런 관점에서 소설 속 진짜 신사는 시골 대장장이인 조 가저리 아닐까. 정장을 입어도 태가 나지 않고, 제대로 배우지 못했지만 말이다. 신사 흉내를 내다 파산한 핍이 진 빚을 남몰래 갚은 이가 그였다. 핍이 중병을 앓자 회복될 때까지 그를 간호한 사람도 가저리. 자신을 구박하는 아내 조 부인을 끝까지 책임지고 감싼다.

진정한 숙녀는 비디. 아내를 잃은 가저리를 돌봐 주다 그에게 글을 가르치고 시집가는 여성이다. 핍은 이 두 사람을 존경하고 그들이 일군 가정을 부러워한다.

디킨스는 겉만 신사, 숙녀인 인물들을 등장시켜 대비시킨다. 전용 마차를 몰며 부를 자랑하고 힘없는 이를 깔보며 야비한 성격을 가진 종묘상 펌블추크는 가짜 신사다. 저택에 사는 부자 미스 해비샴과 양녀 에스텔라는 껍데기 숙녀다. 디킨스는 겉과 속이 다른 당대 영국 신사와 숙녀들을 「위대한 유산」이란 침으로 따끔하게 찌른 셈이다. 21세기 신사·숙녀는 살아 있을까.

- 디킨스 일생

찰스 디킨스

갈색 수염을 길게 기른 디킨스는 상당한 발언력을 가진 유명 인사였다. 그가 1870년 58세로 숨지기 직전 가진 마지막 낭독 공연에 영국 왕세자 부부가 참석한 사실은 디킨스의 명성을 방증한다. 음악계는 디킨스를 위해 〈리틀 엠리〉 같은 헌정 연극을 무대에 올렸다.

15세에 변호사실 하급 서기관으로 사회에 발을 들여놓은 후 신문사·잡지사에서 기자 경력을 쌓았다. 21세1833 때 첫 작품 「포플러 가로수 길에서 가진 저녁 식사」가 먼슬리 매거진 12월호에 실렸다. 1837년 편집장을 지냈던 월간지 〈벤틀리 미셀러니〉에 「올리버 트위스트」를 24회 연재했다. 연출가 겸 배우였다. 45세 때 연극 〈얼어붙은 바다〉에 출연한 연하 여배우와 사귀었다.

영국 햄프셔주 포츠머스 마일 엔드에서 태어난 디킨스는 12세 때 아버지의 전근으로 런던에 왔다. 이때 아버지가 빚을 져 감옥에 갇히자 디킨스는 구두약 공장에서 1년여 일하게 됐는데 이게 평생의 트라우마로 남았다. 중류층 '도련님'에서 막노동꾼으로 신분이 추락한 과거는 사후 전기를 통해 알려졌다.

디킨스는 소설 「에드윈 드루드의 비밀」을 집필할 때 찾아든 뇌졸중과 현기증으로 고통받다 작품을 완성하지 못하고 눈을 감았다.

방법서설·정신지도를 위한 규칙들

르네 데카르트1596~1650

「방법서설方法序說」이라고? 서명書名만으론 도저히 무슨 내용인지 짐작이 안 간다. 하지만 1637년 네덜란드에서 익명으로 출간된 이 책의 원래 서명은 「이성을 잘 인도하고, 학문적 진리를 탐구하기 위한 방법서설 그리고 이 방법을 다룬 에세이들인 굴절광학 기상학 기하학」이었다. '서설'은 '서론 형식을 띤 해설'이란 뜻이고, 이 책엔 모두 글 4편이 실렸다는 걸 알 수 있다.

학문하는 방법을 다룬 「방법서설」이 전체 4편 중 가장 널리 읽혔다. 90여 쪽 에세이인 이 책에 늘 따라붙는 또 다른 데카르트 저서가 「정신지도를 위한 규칙들」1701년 유고 출간이다. 이 고전도 130여 쪽. 「방법서설」은 서론, 「정신지도를 위한 규칙들」은 본론이니 두 고전은 '실과 바늘'이다. 여기에 주해까지 더해도 340여 쪽밖에 안 되니 분량 면에서 보기 드문 착한(?) 고전이다.

데카르트는 생각에 근육을 붙이고, 그것이 민첩하게 움직이도록 인도하는 생각 헬스 트레이너다. 쉽고 확실한 철학을 익혀 세계인이 행복해지길 갈망했던 그는 '생각 씨앗'을 심어 근대 철학의 숲을 일궜다. 그 숲 나뭇잎을 한 장 따서 들여다보자. '당신이 세상에서 유일하게 지배하는 게 뭘까요? 바로 생각입니다'란 글귀가 천천히 떠오른다.

「정신지도를 위한 규칙들」은 정신을 잘 다루는 데 필요한 21개 규칙을 설명한다. 규칙마다 제목을 달았는데 제1 규칙은 이렇다. '정신에 나타나는 모든 것에 대해 견고하고 참된 판단을 내리도록 정신을 지도하는 것이 연구 목표다.' 이 책을 저술한 목적과 데카르트 철학의 지향점이 나타난다. 그는 주문한다. "익숙해질 때까지 규칙들을 연습·훈련해 습관으로 만들어라." 그래야만 진리를 얻기 때문.

잘 보존돼 관광객을 맞이하는 데카르트 생가. 데카르트는 프랑스 중서부에 위치한 앵드르 에 루아르주州 '라 에'에서 태어났다. 현재는 저자 이름을 딴 '데카르트시'로 불린다

저자는 철학자가 일반인이 알아듣기 힘든 말을 되뇌고, 대하기 힘든 괴짜여선 안 된다고 보았다. "사물 인식을 추구할 땐 항상 단순하고 쉬운 것부터 시작해야 한다." 데카르트는 명확하게 증명되는 진리를 좇는 수학을 제일 먼저 익혀 학문하는 자세를 잡았다. 그런 다음 과학자로서 세상에 유용한 그릇이 되고자 하는 노력을 기울였다. 여생은 행복을 전도하는 철학자로 보냈다. 「방법서설」엔 이런 데카르트 여정이 흘러간다. 글을 잘 쓰는 철인이자 논란과 소동을 싫어하며, 세상사에 거리를 둔 채 편안하게 학문하는 걸 좋아한 필부 데카르트를 만난다. 싫은 사람에겐 대놓고 불평하고, 수사학을 혐오했다.

「방법서설」은 6부로 구성됐다. 1부 첫 문장은 유명하다. "양식良識은

이 세상에서 가장 공평하게 분배된 것이다." 양식 혹은 이성은 천부 능력. "하지만 양식을 소유만 해서는 의미가 없다. 그걸 잘 사용하는 게 더 중요하다." 그 방법을 데카르트는 깨쳤다. 1부엔 웅변·시詩·수학·도덕·신학·철학·법학·천문학 같은 여러 학문에 대한 견해가 담겼다. 유복한 집안에서 태어나 학문을 밥벌이로 삼지 않아도 돼 감사하다면서도 산 체험을 하고자 '세상이라는 커다란 책' 속으로 뛰어들었다. 9년여간 유럽에서 용병 궁정예술가로 지내며 세상사를 익혔다. 하지만 외도임을 깨닫고 자신이 진심으로 원하는, 은둔하면서 진리를 캐는 철학 광부로 돌아왔다. 데카르트는 인습을 맹신해선 안 되며 때로는 과감하게 끊어버릴 줄 알아야 한다고 강조한다.

2부에 들면 이성 연마를 위한 4가지 규칙을 만난다. '명증성명확하게 증명함·분해·합성·열거' 규칙이다. 그는 이 규칙을 접목한 '해석 기하학'을 창안해 대수학의 길을 열었다. 좌표 기하학xyz축을 생각해냈다. 무리수 x도 데카르트가 찾아냈다. "몇몇 규칙과 대수로 우리를 잡아매는 통에 정신을 계발하는 학문이 아니라 정신을 당황하게 만드는 모호한 기예가 돼버렸다"라며 당시 수학 풍토를 꼬집었다. 그가 수학 탓에 눈물 흘리는 요즘 학생들을 본다면 얼마나 안타까워할까.

3부에선 행복에 필요한 3대 도덕 격률을 내놨다. 그는 우유부단을 가장 경계하고, 확신·단호를 좇았다. 그가 죽기 1년 전인 1649년 집필한 「정념론」에 이런 격률이 잘 담겼다. 첫째 격률은 법률·관습·종교가톨릭를 따르고, 사려 깊은 이들이 취하는 온건하고 극단이 아닌 의견을 받들어 자신을 지도하기. 둘째 격률, 확고·결연하게 행동하고 의심스럽더라도 일단 결정했으면 확실하게 실천하기. 셋째 격률은 운명보다는 자신을 이기려고 노력하고, 세계 질서보다는 내 욕망을 바꾸려고 노력하기.

4부는 형이상학의 토대가 드러나는 장이다. 여기서 그 유명한 데카르트 철학 제1 명제인 "나는 생각한다, 고로 나는 존재한다Cogito, ergo sum/ Je pense, donc je suis"가 등장한다. 데카르트는 이렇게 생각했다. '나는 전혀 의심할 수 없는 진리를 찾기 위해 모든 것을 의심한다 → 내가 다른 것이 가진 진리성을 의심하려고 생각하는 자체에서 내 존재의 사실이 명백·확실하게 드러난다 → 내가 생각하기를 중단하면 내가 존재했다는 걸 증명할 아무런 근거가 없다 → 나는 실체이고 그 본질은 오직 생각하는 것이다 → 정신은 스스로 중단 없이 존재한다.' 이 명제로 데카르트는 신학 중심인 중세 철학과 이별하고 인간 이성을 중시하는 근대 철학으로 가는 문을 열었다. 무신론으로도 읽히는 이 철학 원리는 가톨릭 신자인 그에게 딜레마였다. 데카르트는 바티칸 심기를 살피며 평생 조심스레 살았다. 저술에서도 스스로 검열한 흔적이 보인다.

5부에는 자연과학자로서 가진 견해가 실렸다. 이 세상에 유용한 진리·학문·지혜를 탐구하는 도구로써 자연 과학을 다루었다. 저자는 이 세상이 창조되고 작동하는 원리를 좇았다. 무생물·식물·동물 특히 인간 생체를 들여다봤다. 어릴 때부터 병약해 건강에 남다른 주의를 기울였다. 그는 혈액 순환을 중심으로 인체를 설명하면서 인체와 닮은 '자동기계'가 출현할 것으로 보았다. 휴머노이드다. 하지만 데카르트는 기계가 아무리 발달해도 '진정한 인간'은 못 된다고 식관했다. 기계는 모든 말에 답할 정도로 언어를 정교하게 다룰 수 없다. 또 기계는 인식하지 않고 기관 배치에 따라 일을 수행하므로 인간을 따라갈 수 없다. 이런 판단은 AI인공지능가 인간 영역에 도전하는 요즘 논란거리다. 17세기 데카르트가 AI 시대의 도래를 예측했다니! AI가 인간을 넘어서지 못한다는 그 판단이 맞는지는 지켜봐야 하겠지만.

데카르트는 6부에서 「방법서설」을 집필한 동기를 밝혔다. 첫머리에 해명을 내놨다. 그는 「세계 및 빛에 관한 논고」를 1633년 썼지만, 갈릴레이가 종교 재판에서 유죄 판결을 받는 걸 본 후 출간을 포기했다. 이를 두고 저자가 소심하다는 비난도 나왔다. 이런 평가가 께름칙했던 데카르트. 그는 눈치를 본 게 아니라 자신의 철학에 따른 결단이었다고 자신을 변호했지만, 설득력이 크지는 않다. "개인의 명예가 손상되거나 사회적 논란이 돼 귀찮아질 터이고, 이는 연구 시간 허비로 이어질 뿐이니 출간을 미룰 수밖에 없었다." 이 책은 사후인 1664년에야 간행됐다.

6부에서 저자는 "우리는 자연을 소유한 주인"이라고 외쳤다. 삶을 유용케 하고, 모든 선善 중 으뜸이자 기초인 건강을 유지하는 데 도움을 주는 철학이 필요하다며 사변 철학을 밀어냈다. 자손을 위해 당대인은 이익을 덜 봐도 된다는 주장은 기억할 만하다. 이 고전은 "아무런 방해 없이 한가로운 여가를 즐기도록 배려해 주는 사람을 나는 항상 더 고맙게 여길 것이다"라는 문장으로 끝난다. 하지만 다 알다시피 데카르트의 말년은 뒤죽박죽이었다.

✽읽고 인용한 책 : 「방법서설」·「정신지도를 위한 규칙들」 르네 데카르트 지음, 이현복 옮김, 문예출판사

- 수난 가득한 데카르트 말년과 사후

데카르트는 「방법서설」 1부에서 "운이 많이 따랐다", 마지막 문장에서 "여가를 누리길 소망한다"라고 밝혔지만, 운명은 허락하지 않았다. 그는 스웨덴에서 병사한 데다 고국 프랑스로 이장된 유해는 머리가 없다는 사실이 뒤늦게 드러나 큰 소동이 벌어졌다. 데카르트의 두개골은 스웨덴에서 경매 물품으로 등장한 후 가까스로 본국으로 돌아와 현재 파리 인류박물관에 보존됐다.

스웨덴 크리스티나 여왕앞줄 가운데에게 새벽 강의를 하는 데카르트오른쪽

시간을 되돌려 보자. 1649년 가을, 데카르트가 스웨덴 스톡홀름에 나타났다. 크리스티나 여왕이 개인 강의를 거듭 요청했었다. 데카르트는 강의 대가로 여왕의 지원을 받아 스웨덴에서 편안히 연구하려는 생각이었다. 여왕은 국사를 보지 않는 새벽에 강의해 주길 바랐다. 문제는 데카르트가 아이 때부터 늦잠을 자지 않으면 제대로 힘을 못 쓰는 허약 체질이었다는 점. 게다가 스웨덴의 새벽은 끔찍이 추웠다. 일주일 3회, 새벽 5시에 철학을 가르쳤다. 데카르트는 2주 만에 감기에 걸렸고 1주 뒤 폐렴이 악화해 스톡홀름에서 1650년 2월 11일 54세의 일기로 숨졌다. 당시 가톨릭 신부가 데카르트를 독살했다는 소문이 무성한 가운데 그는 스톡홀름 묘지에 묻혔다.

데카르트의 시신은 1666년에야 프랑스로 이장됐다. 1792년 파리 팡테옹영예사원에 묻기 위해 관을 열어보니 머리가 없었다. 두개골이 사라진 데카르트의 시신은 팡테옹으로 못 가고 교회에 다시 안장됐다. 두개골은 8년 뒤 경매 시장에 나타났다. 두개골 이마에 '1666년 프랑스로 시신을 이장할 때 스톡홀름 근위대장이 두개골을 빼내 스웨덴에 보관해 왔다'란 문장이 적혔다. 스웨덴 학자가 이를 사들여 프랑스로 보냈다.

두개골은 왜 사라졌을까. 크리스티나 여왕을 가톨릭으로 개종하는 데 데카르트가 걸림돌이어서 신부가 독살했다는 설이 떠돌았다. 머리에 독살 증거가 남은 탓에 후환을 없애기 위해 두개골을 빼돌렸다는 추측. 2010년 10월엔 독일 학자가 "문서를 연구한 결과 데카르트는 비소가 묻은 영성체 빵을 먹고 숨졌다"라는 주장을 폈다.

유럽에선 해골에 대한 터부가 동양보다 약하다. 그렇더라도 '생각으로 인간 존재를 증명'한 철학자인데 여전히 머리와 몸체를 분리한 채 두는 건 가혹해 보인다.

- 「정신지도를 위한 규칙들」

이 고전은 데카르트 사상을 이해하는 데 큰 도움을 준다. 「방법서설」 「성찰」 「철학의 원리」에 담긴 자연학·형이상학을 두루 다룬 선행 도서이기 때문이다. 21개 규칙 중 19~21 규칙은 미완이다. 제목만 달렸을 뿐 본문이 없다. 이로 인해 미완성 저작이란 꼬리표가 붙었다. 전체 흐름은 흔들리지만 각 규칙에 대한 설명은 완결성을 보인다. 데카르트가 32세 때인 1628년 썼다고 추정된다. 저자 사후인 1701년 「데카르트 유고, 자연학 및 수학」에 라틴어판으로 수록돼 출간됐다.

이 글에도 '학문론'과 '명언'이 많다. "모든 지식은 확실하고 명확하게 증명하는 인식이며 … 완벽하게 인식된 것, 더는 의심할 수 없는 것을 신뢰해야 한다."2규칙 "어떤 사물에 대한 진리 판단을 내릴 때 추측이 섞이지 않도록 조심해야 한다. 직관과 연역이라는 오성으로 오류에 대한 두려움 없이 사물 인식에 도달해야 한다."3규칙 "분해와 합성이 규칙 중 으뜸."5규칙 "열거는 문제에 대해 올바르고 확실한 판단을 내리게 하고 이해하게 만든다."7규칙 "오성·상상력·감각·기억은 사물 인식에 필요한 4가지 능력."12규칙 "인간 정신은 흔히 두 가지 오류를 범한다. 문제를 규정할 때 필요 이상으로 가정하거나, 어떤 것은 빠뜨린다."13규칙

　프랑스 브르타뉴 지방법원 평정관 아들로 태어난 데카르트는 유산을 쓰면서 돈 걱정 없이 살았고, 강단 철학을 경멸했다. 그는 정혼을 한 적이 없고, 한 여인과 인연을 맺어 얻은 딸은 5살 때 숨졌다. 데카르트는 이 딸과 흡사한 인형을 만들어 여행을 같이했다는 얘기가 전해진다. 근대 철학은 데카르트 철학에 주해를 단 것에 불과하다는 말이 전한다. 그가 이른 나이인 54세로 숨지지 않았다면 인류 철학사는 어떻게 달라졌을까.

르네 데카르트

황금가지

제임스 조지 프레이저 1854~1941

주술呪術, Magic은 언제 어디서 어떻게 생겼고, 지금까지 살아남은 이유는 뭘까. 미신이라고 하는데, 강력한 실제 힘을 가진 건 아닌가. 우리 주변에서 심심찮게 나타나는 주술 논란을 지켜보면서 이런 생각을 해봄직하다.

인류와 주술이 맺어온 관계를 규명하는 일은 인류학의 연구 주제이고 그 방면에서 두각을 나타낸 학자가 프레이저다. 에드워드 타일러의 「원시 문화」를 읽고 원시 종교와 인류 종교사에 빠져들었다. 그가 쓴 「황금가지」는 독창성이 한껏 드러나는 대작이자 인류의 기원을 밝히는 고전이다. 그가 주술의 역사만 연구한 건 아니다. 원시에서 문명으로 인간 정신이 옮겨가는 과정을 보여주는, 동서양에서 수집한 광범위한 서지

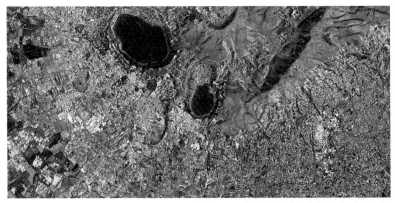

이탈리아 중부 라티움에 자리 잡은 네미 호수오른쪽와 알비노 호수 일대를 공중에서 내려다봤다. 저자가 거작 「황금가지」를 풀어가는 추진력을 준 공간이다. 일대에 성소와 절경이 많아 관광객과 휴양 인파가 잇따른다

자료를 비교하는 방식으로 들여다봤다. 왕권의 기원과 발전, 터부·영혼론, 왕이나 신이 살해당했던 이유, 아도니스·아티스 같은 동양 종교와 신화 속 죽음과 재생 의례, 속죄양 같은 신화학자뿐만 아니라 일반인에게도 친숙한 주제를 두루 다뤘다.

전체 13권이다. 저자가 방대한 동서양 자료를 수집해 집어넣으면서 권수가 늘었다. 한반도와 관련된 사례만 20여 건이 나온다. 1890년 초판2권, 1900년 2판3권, 1911~1915년 3판12권, 1936년엔 3판을 보충한 최종판13권이 나왔다. 1922년 3판 축약본1~69장이 많이 읽힌다. 이탈리아 로마에서 동남쪽으로 24㎞ 떨어진 아리키아 지역의 네미 호수와 숲, 성소 유적을 보며 머리에 떠오른 설화를 펼쳐 보인다. 두 가지 질문을 던지는 형식으로 책을 열었다. 마지막 69장'네미여 안녕', 그 질문에 답하며 책을 닫았다.

저자는 네미 호수 일대를 로마 종교 속 사냥·들짐승·다산을 관장하는 여신인 디아나를 숭배하는 신화가 깃든 곳으로 봤다. 디아나는 그리스 신화 아르테미스 여신에 해당한다. 1885년 이 일대에서 성소 유적이 발굴됐다. 5년 후인 1890년 초판「황금가지」를 출간하면서 저자는 자신이 떠올렸던 설화를 이렇게 설명한다. "네미 호수 숲엔 성스러운 나무가 있었고 길을 든 사제가 그 나무를 지켰습니다. 사제는 숲을 지배하는 왕이었지만, 언젠간 살해돼야 하는 운명이었지요. 도망친 노예가 수호목 나뭇가지황금가지를 꺾어 보인 후 사제와 결투해 그를 죽여 새 왕이 되는 게 반복되는 성소 규칙이었답니다." 여기서 프레이저가 던진 두 질문. 첫째, 사제는 왜 전임자를 죽여야만 했나. 둘째, 살해 이전에 황금가지를 꺾은 이유는 무엇인가.

첫 장면부터 독자를 강하게 끈다. 본문도 흥미진진하다. 인간을 제물로 바치는 의례, 일 년 중 반드시 며칠간 벌어지는 광기 어린 축제 같은 독특한 인류 정신 활동들은 저마다 무엇을 의미하나? 저자는 그 현장들을 보여주고 독특한 관점으로 설명한다. 가령, 희생양 이론과 예수 십자가형을 관련지었다. 기독교계가 강력히 반발하고 나섰다. 정작 저자는 평생 교회에 나가고 예배에 참석한 기독교인이었다. 이런 성향 탓에 「황금가지」는 기독교인이라면 이불을 둘러쓰고 손전등을 비춰가며 읽어야만 했다.

디아나는 로마신화에서 야생동물·숲·달을 관장하는 여신이다. 프레이저는 이탈리아 네미 호수의 인근 숲을 디아나 숭배 성소로 보고 신화적 상상의 날개를 폈다. 루벤스 작. 〈사냥하는 디아나 여신〉

저자는 '인간 정신은 본질상 유사한바 전 세계 여러 문화권에서 나타난 유사한 사례를 비교해 연구한 결과는 가치를 지닌다'라는 관점을 좇았다. "인간 사고는 주술→종교→과학'으로 진화한다"라는 이론을 내놓았다. 그는 모든 사회는 진보·개선하는 쪽으로 발전한다고 봤다. 후대 인류학계·종교학계는 동의하지 않는다. 인류의 정신 역사를 연구한 초창기 학자가 지닌 한계로 보기도 한다. 이외에도 「황금가지」를 향한 비판은 여럿이지만, 인류학의 대작이라는 큰 틀에서 본 위치는 굳건하다.

프레이저를 유명한 인류학자로 떠올린 분야는 주술이다. 사극에서 가

곰 보는, 인형을 바늘로 마구 찌르며 저주를 거는 장면을 연상해 보자. 이 경우는 타인을 저주하거나 해칠 목적인 흑주술. 반대는 백주술이다. 저자가 주창한 두 법칙. 첫째, 대상물이 닮은 데서 원하는 결과가 얻어진다는 '유사 법칙'이다. 저주하려는 사람과 인형은 비슷할수록 주술효과가 크다는 관념을 제시했다. 둘째, 대상과 접촉했던 개체는 분리돼도 그 대상에 영향을 미친다는 '접촉 법칙'. 주술 인형에 해코지하려는 사람이 소유했던 물건이나 머리카락 손톱 같은 신체 일부를 집어넣는 경우가 여기에 해당한다. 전문용어로는 각각 동종 주술, 감염 주술. 프레이저는 주술을 인간 관념이 현실에 잘못 적용된 사례라고 못 박았다.

1733년 쿡 선장이 타이티섬에서 목격한. 인신을 제물로 바치는 현장

　타인이나 자신의 이익을 좇는 백주술을 일상에서 찾아내기는 어렵잖다. 보통은 풍습으로 여긴다. 우리나라를 포함해 세계 많은 지역에서 아이의 젖니가 빠지면 지붕 위로 던지는 사례. 해석은 지역별로 다양하다. 지붕 위를 들락거리는 쥐가 그 이빨을 가져감으로써 아이가 쥐 이빨처럼 튼튼한 새 이를 얻게 된다는 해석이 그중 하나.

터부Taboo, 금기 개념도 흥미롭다. 이 용어는 1777년 쿡 선장이 폴리네시아 섬 통가에서 발견한 토속어에서 왔다. 우리나라 수험생에게 미역국은 터부다. 엿과 포크는 백주술의 상징물이다. 주술과 터부 개념은 주술사 얘기로 이어진다. 저자는 원시인이 자연을 숭배하거나 두려워하다가 자연을 통제하려는 욕망을 가지게 됐다는 추론을 편다. 그런 능력을 갖춘 이가 주술사·사제였고 동시에 권력을 행사하는 왕이었다. 이들이 자연을 통제 못 하는 무능을 보이면 공동체는 위험에 처한다. 이때 왕 등은 책임을 지고 희생양이 되기도 했다.

저자는 21장에서 '매듭 터부'를 다룬다. 트란실바니아 색슨족은 해산이 다가오면 의복에 달린 모든 매듭을 푼다. 매듭은 순산을 방해한다고 보기 때문. 메카를 순례하는 무슬림은 매듭이 들어간 옷은 입지 않는다. 로마인은 중요한 회의나 기도·의식을 행할 때 다리를 꼬고 앉는 자세를 금했다. 반대로 매듭은 영원한 지혜다르마 매듭와 생명력켈트 매듭, 부부 화합한국, 금실 매듭을 상징하기도 한다.

고대엔 가뭄과 홍수도 왕이 책임져야 했다. 6장 '주술사=왕'에서 조선 왕조가 예로 나온다. 9장'나무숭배'에선 조선인이 나무 정령을 위무한다고 썼다. 21장 '사물 터부'엔 조선 정조가 급사한 사례를 들었다. 저자가 내린 정조의 사인은 색다르다. 그는 클로드 샤를 달레의 저서를 인용해 정조가 등에 난 종기를 절제하는 수술을 받지 못해 승하했다고 봤다. 임금 몸에 쇠붙이여기서는 수술 칼를 대면 안 된다는 터부가 낳은 죽음이란 해석이다. 정조실록은 왕이 승하하기 직전인 양력 8월 심한 등창으로 피를 한 됫박 흘렸고 탕약 처방을 받았다고 기록했다. 당시 조선 의술은 심각한 등창을 치료하지 못한 듯하다. 왕의 신체는 다루기 어려웠고, 프레이저는 그런 정황을 터부 이론에 접목했다.

1장에서 던진 두 질문에 대해 저자는 68장에서 답한다. 디아나 숲속

신목은 떡갈나무이고, 그것엔 겨우살이^{황금가지}가 붙었는데 천공신 유피테르가 그 속에 산다고 말한다. 숲의 왕인 사제는 떡갈나무 정령의 화신으로 자신과 신의 생명이 달린 황금가지를 지킬 수밖에 없었다. 이 숲의 왕을 죽이기 위해서 황금가지를 꺾었다는 설명. 프레이저는 마지막 69장에서 이 책이 '인간이 저지르는 오류와 어리석음에 대한 우울한 기록'이라고 말한다. 인류가 지금까지 쌓아온 길에 대한 평가이자, 인간 욕망이 지니는 특성을 요약한 듯하다. 인류 정신이 갖춘 원형이라는 원시인·미개인 의식을 파악해 보려고 몸부림친 여정 끝에 나온 발언, 다소 씁쓰레하다. 저자는 이 역시 '최종'은 아니라며 미래를 응시하는 자세를 보여 위안으로 가는 길을 열어 놓았다.

프레이저는 고대부터 근대까지 이 동그란 지구에서 살아온, 형형색색 인종을 보여주며 시곗바늘을 거꾸로 돌렸다. 문명인은 원시인과 다르면서도 닮았다는 걸 일깨워 준다. 우리 몸속에 여전히 흐르는 '오류와 어리석음'이 어떤 모습으로 돌출될지 모른다는 경고도 아우른다.

✽읽고 인용한 책 :「황금가지 1·2」, 프레이저 지음, 박규태 옮김, 을유문화사

- 「황금가지」가 후대에 미친 영향

이 고전은 후대의 여러 예술 분야에 두루 영향을 미쳤다. 그중 문학 부문에 내린 빛이 찬란하다. 인류학·민속학 분야가 우선이 아니어서 선뜻 수긍이 안 갈 수도 있다. 하지만 이 고전을 서너 쪽 읽으면 이해가 된다. 프레이저의 성찰이 깃든 수려한 글을 만나게 된다.

1장 '숲의 왕'에서 저자는 "이제 우리는 이탈리아 해안을 뒤로 한 채 순풍에 돛을 달고 항해를 시작하기로 하자"라며 우아하게 '황금가지호'를 출범시킨다. 마지막 69장 '네미여 안녕'. 기나긴 항해를 마친 '프레

이저 선장'은 격정을 실어 마지막 문장을 썼다. "왕은 죽었다. 왕이여, 만세! 아베 마리아!"

터너 작 〈황금가지〉. 화면 중앙에 작은 호수가 자리 잡았고 좌우로 여인과 큰 나무가 보인다.
여인은 왼손에 황금색 겨우살이 가지 하나를 쥐고 치켜들었다.
그림 속 호수는 네미 호수가 아니라 전설상의 〈아베르누스 호수〉

23장 '우리가 원시인에게 빚진 것'에서는 원시 문화에 대해 현대인이 가진 자기기만과 부정을 깊게 성찰했다. "이성으로써 옛 사람들원시인을 응시해야 한다."

T.S.엘리엇은 저자의 필법에 매료된 문인 중 한 명. 엘리엇은 「황무지」 주석에 「황금가지」를 인용해 존경심을 나타냈다. 예이츠, 토머스 하디, 테니슨, 에즈라 파운드, 조지프 콘래드, D.H. 로런스도 프레이저의 영향을 받은 문인이다. 주술론에서 사용된 은유와 환유 개념은 언어학로만 야콥슨과 신화학레비 스트로스 이론에 접속됐다.

반면 프레이저는 '반기독교적 우상파괴자' '사회적 맥락을 도외시한 주지론자' '안락의자형 인류학자'와 같은 비판도 받았다. 비트겐슈타인은 프레이저를 몰아붙였다. 저자는 자기가 보인 오류를 부정하지 않았다. 그러면서 "오류는 잘라내도 끊임없이 자라는 히드라'라는 말을 남겼다.

– 프레이저 생애

거의 평생을 영국 케임브리지대학 트리니티 칼리지에서 상임 특별 연구원으로 일하며 인류학과 인문 고전을 파고들었다. 스코틀랜드 기독교 집안에서 태어나 부유하게 자랐다. 청소년기에 라틴어·그리스어를 익혔고 글래스고대학에 들어가 법률·고전학·철학·수사학·물리학을 배웠다. 법정 변호사 자격증을 땄으나 법조계 일은 하지 않았다.

프레이저

60여 년 연구를 통해「황금가지」를 포함해「토테미즘과 족외혼」「인간 신 불멸성」「원시 종교에서 사자에 대한 공포」같은 저서, 번역서를 출간한 공적을 인정받아 1914년 기사 작위를 받았다. 영국학사원 회원이었고, 1925년 메리트 훈장을 탔다. 1896년 42세에 프랑스 여인인 릴리 그로브와 결혼했다. 아내는 남편 책을 불어로 번역·출간해 프랑스에 알렸다. 부부는 자녀를 두지 않았다. 프레이저는 제자나 추종자가 없었고, 내성적 성격으로 논쟁을 꺼렸다. 말년에 시력이 크게 떨어진 병력 이외엔 건강했으며 평탄한 인생을 보냈다.

1941년 5월 7일 스코틀랜드 자택에서 독일 공군의 폭격을 받아 아내와 함께 숨졌다.

과학과 방법
앙리 푸앵카레1854~1912

생명이란 무엇인가
에르빈 슈뢰딩거1887~1961

사람 몸의 지혜
월터 캐넌1871~1945

이곳은 고교 수학 교실. 교사가 학생들에게 극한 개념을 가르치는 중이다.

교사 : 무한순환소수 0.99999…와 자연수 1은 같은 값을 갖습니다. 이해되나요?

학생들 : '뭔 말이래. 한없이 가까워질 뿐이지 1은 아니잖아.'

교사는 말없이 칠판에 증명과정을 적어간다. '0.99999…를 9로 나누면 0.11111이다. 0.111111…은 분수로 1/9, 즉 0.11111…=1/9. 양변에 9를 곱하면 0.99999…=1'.

학생들 : 엉!

자연 과학의 눈으로 보면 새로운 세계가 열린다. 이 교사가 보인 증명이 문제가 없는지를 따져 보는 일도 그렇다. 푸앵카레·슈뢰딩거·캐넌, 19세기 세 과학자가 지은 고전들 역시 직관과 맹신에 죽비를 날린다.

1908년 「과학과 방법」을 발표한 푸앵카레는 독일 다비트 힐베르트 1862~1943와 더불어 당대 수학계를 빛낸 지성인. '푸앵카레 추측1904'으로 유명하다. 증명에 성공하면 상금을 주는 밀레니엄 7대 수학 난제 2000. 클레이수학연구소에 이 '푸앵카레 추측'이 포함됐었다. 그런데 러시아 은둔 수학자 그리고리 페렐만이 2004년 이걸 100년 만에 증명했다. 따라서 현재 밀레니엄 난제는 6개로 줄었다. 이 가설은 푸앵카레가 지구가 둥글지 않다는 당시 일부 주장을 수학이란 방패로 반격하려고 내놓았다. "닫힌 3차원 공간에서 폐곡선이 수축해 한 점이 된다면 이 공간은 구로 환원될 수 있다"란 얘기.

중세에 발간된 유클리드에우클레이데스의 저서 「원론」에 나오는 삽화. 기하학을 배우는 학생과 교사의 긴장한 표정은 수학이 어떤 학문인지를 보여준다

여기서 드러나듯 푸앵카레는 수학뿐만 아니라 물리학·천문학에도 조예가 깊었다. 과학 인식이 지닌 의의와 가치를 중시했던 그의 사상은 후대에 큰 영향을 미쳤다. 선구자 같은 이런 면모가 잘 드러난 고전이 「과학과 방법」이다. 과학을 대하는 자세와 사고를 언급할 때 곧잘 인용된다. '학자와 과학' '수학적 추리' '신역학' '천문학'이란 4개 주제 아래 14개 글을 썼다. 책 앞뒤로 머리글과 맺는말을 실었다. 저자는 과학을 다루는 법을 진지하게 설명한다. 그건 사실을 선택하는 여정. '사실'은 뭘까. 되풀이되고 단순한 일현상. 그것에서 보편성을 찾아내는 게 과학자에 부여된 소임이다. 이는 큰 가치를 지닌다. 인류에게 사고와 노력을

슈뢰딩거는 「생명이란 무엇인가」에서 '합스부르크가의 입술'을 유전병 사례로 제시했다. 이 오스트리아 왕가1273-1918는 잦은 근친결혼을 한 결과 주걱턱과 부정교합 입술이 두드러진 유전병을 앓았다. 막시밀리안 1세왼쪽 가족 초상화를 보면 그 사실이 잘 드러난다

절약하는 이익을 주기 때문. 푸앵카레는 이 대목에서 과학자가 맛보는 희열을 소개한다. "조화로운 배열을 느끼고, 지성 내면에 숨은 아름다움…. 과학자가 길고 고통스러운 연구를 이어가는 이유다."

수학이란 무엇일까. "수학으로 자신을 돌아봐야 한다. 수학을 창조한 인간 정신을 돌아보는 것이다. 수학은 정신이 외부 세계에 빚진 바가 가장 적은 창조물이므로 이런 반성은 더욱 유익하다." '과학을 위한 과학'을 중시하며 실용주의에 치우치는 시류에 경종을 울렸다. 과학 안보를 운운하면서 전문 인력을 다양하게 육성하는 데 미흡한 한국 사회가 귀담아들을 만하다. 그러면서 저자는 수학을 연구하는 건 '쓸모 있는 조합 발견하기'라 규정한다. 그런 유용한 조합은 드물다. "발견이란 식별이고 선택이다." 그런 대발견은 어떻게 이뤄지나. 수학자가 고뇌를 거듭하다가 마침내 충혈된 눈을 크게 뜨며 "유레카"를 외칠 것 같다. 푸앵카레는 자신의 경험을 빌려 대발견을 이룬 사례를 들려준다. 성급한 일반화는 삼가야겠지만, 그런 순간은 평범한 일상에서 불현듯 찾아온다. "무심코 마차 발판에 발을 올렸는데 그때 번쩍하는 사고가 이뤄졌다." 그 문제를 생각하지 않고 있었는데도 말이다. 여기서 푸앵카레는 흥미로운 추정을 내놓는다. "이는 수학자 머릿속에서 그 문제와 관련해 오랫동안 무의식이 작동해 왔다는 걸 의미한다." 문제가 풀리지 않아 휴식을 취하는 동안에도 무의식 세계에서는 최적의 조합을 찾아내는 '뇌 컴퓨터'가 끊임없이 돌아간다는 해석이 가능하다.

저자는 대중을 위해 쉽게 썼다고는 하지만, 논리학과 역학을 다루는 대목이 많아 '수학 공포'를 자아내기도 한다. 다행히 이런 부분은 똑 부러지게 이해하지 못해도 전체 맥락 파악에 장애가 되지 않는다. 푸앵카레는 조국프랑스의 측지학 분투에 존경을 표시하며 얘기를 끝낸다.

슈뢰딩거 역시 푸앵카레처럼 박학다식한 면모와 통찰력을 「생명이란 무엇인가」에서 십분 드러내 보인다. 1944년 90여 쪽에 불과한 분량으로 출간된 이 책은 고전 과학 명저로 지금도 널리 읽힌다. 노벨상을 받은 이론물리학자인 저자는 아일랜드 트리니티대학에서 '생명이란 무엇인가'라는 제목으로 대중 강연한 내용을 이 책으로 묶었다. 목차를 살펴보면 감이 잡힌다. 유전 메커니즘, 돌연변이, 양자역학, 델브뤼크 모델, 엔트로피질서와 무질서, 결정론과 자유 의지…. 저자는 엔트로피 변화로 생명체의 특징을 설명한다. "살아 있는 유기체는 계속 자체 내 엔트로피를 증가시켜어떤 사람은 양의 엔트로피를 만든다고 말할시 모른다 죽음을 뜻하는 최대 엔트로피 상태라는 위험으로 다가가는 경향을 보인다. 그러므로 유기체는 환경에서 음의 엔트로피를 얻어야 죽음으로부터 멀리 벗어나 살게 된다."

저자는 유전물질이 대를 잇는 건 원자·분자가 안정한 양자적 구조를 이루기 때문이라고 봤다. 생명 현상을 양자역학으로 파악한 이 통찰은 DNA 이중나선 구조 규명1953, 윗슨·클릭 같은 후대 분자생물학이 개가를

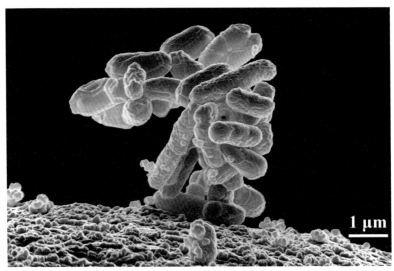

대장균 균주는 생리학의 기초 연구에 널리 사용되는 미생물 자원이다

올리는 길을 열었다. 그는 '비주기성 결정체' 속에 유전정보가 들었다고 보았는데 이는 바로 오늘날 염색체라 부르는 고분자 화합물이다. 분자 생물학에 미시-거시 개념을 제시한 점도 높이 살만하다. 요컨대 물리학자와 생물학자는 상대 분야를 잘 알아야 한다는 결론에 이른다. 맺는말에는 유심론·일원론 색채가 강한 저자의 철학이 흐른다. 보통 독자가 수월하게 이해하기는 어렵다.

처음으로 X선을 생리학 연구에 이용한 캐넌이 1932년 펴낸 책이 「사람 몸의 지혜」다. 저자는 인체가 지혜롭다고 말한다. 생명을 늘 유지하도록 만드는 '항상성Homeostasis'을 띠기 때문이다. 이 개념을 캐넌이 캐냈다. 인체 생리학 부문의 핵심이다. 인체는 여러 가지 현상을 일정한 수준으로 유지하려 한다. 물질 기준으로 보면 수분·염분갈증·영양소허기·산소가쁘게 숨쉬기 등이다. 이 현상을 고찰하고 생체 실험하는 과정, 결론이 이어진다. 이와 함께 고등 동물이 생명을 유지하는 데 필수인 체온과 혈액중성의 항상성을 쉽게 설명한다.

캐넌은 인체가 항상성을 이루는 데 교감신경과 부신경계가 큰 역할을 한다는 사실을 잘 보여줬다. 그는 이 책을 통해 독자가 자기 신체를 따스한 시선으로 보게 만든다. 몸을 귀중하게 여기게 만드는 생리학 지식도 전한다. 인체가 항상성을 유지해 건강을 누리려면 사회적 환경이 제공되어야 한다는 주장은 지금도 주목할 만하다.

저자가 1923년 주창한 '외상성 쇼크'는 현대 생리학에서 큰 비중을 차지한다. '스트레스 학설'을 제시해 심리 불안 요소가 인체에 미치는 관계를 밝히는 연구를 이끌었다. 그는 사회학자나 외과 의사도 생리학을 이해하는 게 필수라고 주장했다. 캐넌은 신체를 상품으로 바라보던 사람들의 시선을 바꿔 놓았다. 초콜릿 복근이 없더라도 인체는 대단한 존재라는 자애심을 선물로 준다. 저자는 사회생리학자가 주목할 만한 말을 던지며 이 책을 마무리한다. "사회가 안정돼야 사회 조직을 구성하는 사람들이 육체적·정신적 안정을 얻는다. 동시에 이 같은 안정은 한층 더 높은 자유와 여가를 만들어 낸다."

19세기를 살았던 이들 세 과학자가 펴낸 책에서는 오류도 발견된다. 2세기가 흐르는 동안 과학이 눈부시게 발전하면서 수정할 게 다수 드러났다. 여러 논란이 빚어진 점도 사실이다. 그렇더라도 이들이 초기에 이룬 통찰과 혜안, 생명을 제일 가치로 내세우는 신념은 여전히 빛난다. 우리 귀에 익숙한 통섭·융합 같은 단어가 흘러온 길을 역으로 거슬러 올라가면 반드시 만나게 되는 세 과학자다. 그들이 보여준 오류를 바로 잡는 노력, 아무도 관심을 두지 않는 의문을 풀려는 순수한 탐구 정신은 지금도 유효하다.

✻읽고 인용한 책 :「과학과 방법」앙리 푸앵카레·「생명이란 무엇인가」에르빈 슈뢰딩거·「사람 몸의 지혜」
　　　　월터 캐넌, 조진남 옮김, 동서문화사

- 세 과학자 생애
▶ 앙리 푸앵카레
　프랑스 로렌주 파리 랑시의 정치·행정가 집안에서 태어났다. 양손잡이에 고도 근시였고 기억력이 뛰어났다. 어릴 적부터 작문을 잘했는데 이런 능력은 훗날 수학과 과학의 가치를 대중에게 전할 때 진가를 드러냈다.

　그는 수학·물리학·철학에 통달해 학계에서 '최후의 만능 과학자'로 불렸다. 에콜 폴리테크닉과 광산전문학교를 졸업했고, 소르본대 등에서 학생들을 가르쳤다. 1881년 파리대에 들어가 논문 500여 편을 쓰며 여생을 보냈다. 삼체태양·달·지구

푸앵카레

궤도이론을 정립하고, 위상수학 발전을 이끌었다. 우주진화론·상대성 이론에 영향을 미쳤다. 수학적 경험은 선험적이며 논리와 무관하다는 주장을 폈다. 58세에 질병으로 숨졌다.

▶ 에르빈 슈뢰딩거

슈뢰딩거

오스트리아 빈에서 태어나 빈대학에서 공부했다. 1921년 스위스 취리히대 교수가 됐다. 1923년엔 새로운 학문인 파동역학을 선보였다. 1926년 슈뢰딩거 방정식_{파동방정식}을 발표했다. 1933년 나치에 환멸을 느껴 베를린대를 떠나 영국으로 건너갔는데 그해 디랙과 함께 노벨 물리학상을 탔다.

1935년 양자역학이 지닌 불완전성을 비판하는 사고실험 〈슈뢰딩거 고양이〉를 내놓았다. 2차 대전 때 아일랜드로 이주해 물리학·과학철학·역사를 파고들었다. 식물학·고대 문법·철학에도 뛰어난 능력을 보였다. 저자는 남성 지상주의자로 비난받기도 했다. 오르가슴 같은 성적 반응과 성행동 연구에 힘을 쏟았다. 기혼자이면서 여러 여성과 사귀었다. 1956년 고국으로 돌아가 빈대학 교수로 활동하다가 73세로 세상을 떠났다.

▶ 월터 캐넌

미국 위스콘신주 개척마을 출신으로 하버드대 의학부를 졸업했다. X선을 사용한 거위 생체 실험 때 방사능에 노출돼 평생 피부 궤양과 백혈병을 앓았다. 공동 저술을 포함해 책 10여 권, 논문 200여 편을 썼다. 〈통증 허기 공포 분노 시 신체적 변화〉₁₉₁₅ 〈외상성 쇼크〉₁₉₂₃ 같은 유명

캐넌

논문은 그가 생리학의 거장임을 증명한다.

생명체의 '항상성' 개념을 제창한 게 제1 업적이다. 이 개념은 자동 제어 이론으로 접맥되고 확장됐다. 윌리엄스와 함께 인체 소화기관 조영 검사법이 자리 잡는 길을 닦았다. 그는 병상에서 아동문학가인 아내 코르넬리아가 대필한 자서전 격인 「연구자의 길」1945을 마지막 책으로 남기고 74세로 눈을 감았다. 이 책은 지금까지 연구자들의 교과서로 읽힌다.